U0940267

全国司法警官院校“十二五”规划教材

总主编　王恒勤

侦查学总论

主　　编　徐为霞　赵向兵
副 主 编　姚秀莲　李永清　段则美
参编人员　（以撰写章节先后为序）
徐为霞　段则美　岑鸿雁
赵天虹　马丽霞　赵向兵
李永清　姚秀莲　朱丽丽
李自云　陈名俊

中国检察出版社

图书在版编目（CIP）数据

侦查学总论/徐为霞、赵向兵主编．—北京：中国检察出版社，2010.8
全国司法警官院校“十二五”规划教材
ISBN 978－7－5102－0283－4

Ⅰ.①侦… Ⅱ.①徐… ②赵… Ⅲ.①刑事侦查学－高等学校－教材 Ⅳ.①D918

中国版本图书馆 CIP 数据核字（2010）第 086579 号

侦查学总论

主编　徐为霞　赵向兵

出版发行：中国检察出版社
社　　址：北京市石景山区鲁谷西路 5 号（100040）
网　　址：中国检察出版社（www.zgjccbs.com）
电子邮箱：zgjccbs@vip.sina.com
电　　话：(010)68650028（编辑）　68650015（发行）　68636518（门市）
经　　销：新华书店
印　　刷：三河市西华印务有限公司
开　　本：720mm×960mm　16 开
印　　张：16 印张
字　　数：308 千字
版　　次：2010 年 8 月第一版　　2013 年11月第三次印刷
书　　号：ISBN 978－7－5102－0283－4
定　　价：32.00 元

全国司法警官院校“十二五”规划教材
编　委　会

薄锡年　河北司法警官职业学院副院长、副教授
刘志刚　四川司法警官职业学院党委副书记
陈志林　四川司法警官职业学院副院长、副教授
肇启军　辽宁警官高等专科学校副校长、副教授
周云伟　云南司法警官职业学院副院长
段战平　陕西警官学院副院长、教授
张　伟　新疆兵团警官高等专科学校副校长、副研究员
胡配军　江苏省司法警官高等职业学校副校长、副教授
周桂祥　黑龙江司法警官职业学院院长助理
李永清　湖南司法警官职业学院司法系主任、副教授

总　序

王恒勤*

为深入贯彻落实科学发展观，实现经济社会又好又快发展，促进社会主义和谐社会建设，我国制定了国民经济和社会发展第十二个五年规划。这一规划，对于继承和发扬新中国成立60年以来的成就，巩固和发展改革开放30年以来的成果，加快推进社会主义现代化建设，实现全面建设小康社会的宏伟目标，具有十分重大的意义。当前，各行各业都在设计和描绘未来中国社会发展的美好蓝图。在教育领域，国家已经制定了符合中国国情和时代要求的《国家中长期教育改革和发展规划纲要（2010—2020年）》，为办好人民满意的教育作出不懈努力。在司法行政领域，司法行政机关作为政府的重要部门，担负着执行国家法律、为社会提供法律服务、开展法制宣传等重要职责。党和国家历来高度重视司法行政工作，特别是近年来，在构建社会主义和谐社会的伟大进程中，司法行政工作在维护社会稳定、实现社会公平正义方面发挥着越来越重要的作用，司法行政的职能不断拓展，任务越来越艰巨。适应司法行政事业的发展和司法警官队伍专业化、职业化建设的需求，我国迅速崛起了以中央司法警官学院为代表，各省司法警官职业学院为基础的具有学历教育性质的司法警官教育体系。为主动适应新时期司法行政工作对司法警官队伍建设的要求，满足我国司法警官院校培养高素质人才的需要，探索、建设适应这种需要的教材体系，便成为当前司法警官院校教学改革和教材建设中面临的一项重要任务。鉴于此，我们面向全国司法警官院校，遴选、组织了一批学术水平高、治学作风严谨、教学经验丰富、注重理论联系实际的专家学者，在充分吸收已有的优秀教改成果、认真探讨和研究教学内容改革的基础上，编写了一套具有司法警官教育

* 作者为第十届、第十一届全国人大代表，中央司法警官学院党委书记、院长、教授。

专业特色的、适应性强的“全国司法警官院校‘十二五’规划教材”。

编写本套教材的指导思想是：以中国特色社会主义理论体系为指导，全面贯彻落实科学发展观，贯彻党的教育方针，坚持社会主义法治理念，以我国现行法律法规为依据，以司法警官院校人才培养目标为导向，在认真总结我国司法工作实践经验的基础上，强调理论联系实际，突出继承性、前沿性和应用性，同时有选择地吸收国外的相关理论和经验，全面、系统、科学、规范地反映我国司法实践的全貌。本套教材具有以下几个突出特点：

第一，具有整合性。主要是指学科内容和学科队伍的整合。本套教材包括司法警官教育相关专业所确定的主要专业课程和专业基础课程。刑事司法活动，涉及侦查、审判与执行的各个方面，对这些内容需要整体把握和系统考虑，需要运用多学科的知识，多视角、多层面地进行综合研究。为此，必须通过学科整合的方式才能达到理想的效果。参加本套教材编写的主编及作者，涉及法学、犯罪学、监狱学、侦查学、心理学、社会学等领域的专家学者，也涉及监狱、公安、检察、法院、司法行政等部门的领导和专家，他们学术功底扎实，学风踏实，且绝大多数是各学科的学术骨干，专业理论造诣较为深厚，教学实践经验较为丰富，形成了实力较强、朝气蓬勃的编写阵容。

第二，具有继承性和创新性。本套教材首先注重总结和吸纳改革开放以来我国司法实践中已经取得的成功经验和形成的理论体系，贴近司法实践，体现司法改革，反映司法成果。在此基础上，突出创新性，把握各学科的知识前沿。特别是通过教材中的“延伸阅读”部分，将各学科研究的前沿成果介绍给未来的司法警官们，让他们在学习基本知识、掌握学科体系的同时，把握学科研究的最新方向，了解最新研究成果。这样，既注意创新，又注意守恒，将知识的系统性、学术性、新颖性有机结合起来，很好地适应了新时期司法警官教育教学的需要和学生的特点。

第三，具有应用性。本套教材在强调知识的继承与创新的同时，更加注重对司法实践工作的指导价值。以实现高等司法警官教育人才培养目标为导向，强调理论联系实际，突出应用性和操作性。为了更好地促进司法系统应用型高级专门人才的培养，根据现代司法活动运作机制与司法实践的需要，注重学生实际操作能力的训练和提高。特别是教材中“实验安排”和“实训设计”两个板块，目的就是促进学生对所学知识的掌握，培养学生的业务技能和实践能力。

这套“全国司法警官院校‘十二五’规划教材”的出版，从某种意义上讲，是近年来各司法警官院校在教学和科研中所取得成果的一次集中展示，也是对各司法警官院校在专业教材编写上的一次综合检验。组织编撰和编辑出版大规模的规划教材，是一项十分繁重的工程。我们首先要感谢各位主编和参编的专家学者，是他们的艰辛努力和无私奉献，使得本套丛书的研究任务得以完成。同时，我们要感谢中国检察出版社的领导和编辑，尤其是法学理论书编室副主任李薇薇同志、发行部主任庞建兵同志，是他们将本套教材列入检察出版社的出版规划，使之成为奉献给新世纪司法警官教育的精品教材。我们相信，在今后的教学实践中，这套教材将会不断完善，并对提高我国司法警官院校的教育教学质量，培养高素质的专门人才发挥积极的作用。

2010年5月20日

前　言

本教材较全面地反映了我国侦查学的理论发展和成果，同时在教材结构和编写体例上做了创新性安排。本教材由侦查学科论、侦查本体论和侦查运行论三编组成。侦查学科论部分系统地阐明了侦查学的研究对象、学科性质、学科体系，侦查学的基础理论，侦查学的发展历程等学科基本知识；侦查本体论部分系统地论述了侦查的概念、特征、任务、价值、侦查主体、侦查客体、侦查行为、侦查方法和侦查的基本原则等侦查的重要问题；侦查运行论部分重点阐述了侦查程序、侦查模式、侦查形式、侦查管理、侦查协作、侦查监督等侦查运行的问题。本教材的编写着重培养侦查专业学生的侦查意识，夯实侦查专业学生的侦查基本功，为侦查专业主干业务课程的学习打牢基础。

《侦查学总论》由徐为霞、赵向兵任主编，姚秀莲、李永清、段则美任副主编。全书经徐为霞审查、修改定稿。各章撰稿人为（以撰稿章节先后为序）：

徐为霞（中央司法警官学院）：第一章、第三章。

段则美（黑龙江司法警官职业学院）：第二章、第五章。

岑鸿雁（四川司法警官职业学院）：第四章、第十章。

赵天虹（广东司法警官职业学院）：第六章。

马丽霞（河南检察职业学院）：第七章。

赵向兵（云南司法警官职业学院）：第八章、第九章。

李永清（湖南司法警官职业学院）：第十一章。

姚秀莲（内蒙古警官学校）：第十二章。

朱丽丽（乌鲁木齐市水磨沟区人民法院）：第十三章。

李自云（河北司法警官职业学院）：第十四章。

陈名俊（福建警官职业学院）：第十五章。

目　录

第一编　侦查学科论

第二编　侦查本体论

第三编　侦查运行论

第一编　侦查学科论

第一章　侦查学概述

【典型人物介绍】

汉斯·格罗斯

汉斯·格罗斯，被誉为“现代犯罪侦查学之父”，1847年12月26日出生于奥地利的格拉茨，他的大学教育是在维也纳和格拉茨度过的。1869年，他开始在格拉茨地区担任预审法官。当时，预审法官的主要任务是审查警方提交的案件、审问被告人和证人、审查证据，并在必要情况下参与现场勘查等侦查活动。由于当时的警察破案主要依靠耳目提供情报和审讯嫌疑人，所以办案中弊病很多。面对这种情况，格罗斯认识到在犯罪侦查中运用科学技术的重要性。于是他自学了许多自然科学的知识，并转入格拉茨大学法学院任教，专心致力于这一领域的科学研究。1893年，格罗斯经过20年苦心钻研终于写出了使他闻名全世界的著作——《司法检验官手册》。格罗斯集当时犯罪侦查的实践经验和科研成果，把犯罪侦查的策略方法与物理学、化学、显微镜学、矿物学、动物学、植物学、毒物学、法医学等科学技术融为一体，创立了一个新的学科体系，并创造了“犯罪侦查学”（德文为Kriminalistik，中文翻译为“犯罪侦查学”、“犯罪学”或“物证技术学”）这个名词来概括这门学科。该书于1899年出第三版时，格罗斯便给该书增加了一个副标题——“犯罪侦查学的体系”。

值得一提的是，在格拉茨大学教书期间，他建立了一个犯罪学博物馆，这是世界上第一个犯罪学博物馆。19世纪末，格罗斯提出了“平行侦查论”和“侦查报复论”，其中“平行侦查论”在20世纪初受到西方国家的广泛推崇。

1915年，汉斯·格罗斯去世，然而他对犯罪侦查学的影响是深远的。他那部不朽之作在1907年就已经由约翰·亚达姆和科利尔·亚达姆译成英文出版；他创造的“犯罪侦查学”一词则被引入世界许多语言之中，例如，英文为Criminalistics。正因为这部传世之作，格罗斯才被后人誉为“现代犯罪侦查学之父”。

第一节　侦查学的概念和研究对象

在历史长河中，虽然作为国家职能之一的侦查工作早已存在，但侦查学却只有百年的历史。在这方面，最早的代表人物应推奥地利人汉斯·格罗斯（1847—1915）。1893年他第一次撰写并出版了《司法检验官手册》。格罗斯把多门学科知识融合在一个新的概念之中，并使用“Kriminalistik”（侦查）这个由他本人创造的新名词，来表达这个新的概念。这个新名词很快为欧美各国学者所采用，并按发音被译成英文、法文和俄文。他的这本《司法检验官手册》实际上是现代侦查学和物证技术学的发端。西方国家学者把汉斯·格罗斯誉为“警察技术奠基人”、“物证技术奠基人”、“现代犯罪侦查学之父”。

一、侦查学的概念

（一）侦查学的学科名称

我国侦查学的学科名称经历了多次变化，目前还不统一，显得有些混乱。通常的几种叫法是“犯罪侦查学”、“犯罪侦察学”、“刑事侦察学”、“侦查学”、“侦察学”等。稍加分析，我们不难看出，这个问题争论的焦点有两个：一是学科名称的中心词问题，即“侦察”与“侦查”的问题；二是学科名称的限定词问题，即“犯罪”与“刑事”的问题。

1. 学科名称的中心词

对该学科名称的中心词，一种观点认为应该用“侦察”一词，理由是：该门学科主要是研究公安机关刑侦部门的业务，而公安机关又长期使用“刑事侦察”的概念，已经“约定俗成”，况且“侦察”比“侦查”更具秘密性、包容性，更符合公安机关刑侦工作的实际，因此，本学科名称的中心词应该使用“侦察”一词。另一种观点则认为，本学科名称的中心词应该用“侦查”，因为“侦察”与“侦查”是两个不同的术语，“侦察”是军事用语，而“侦查”才是法律用语，既然我国刑事诉讼法在有关条文中已经明确肯定了“侦查”一词，所以再也没有必要用军事术语去代替法律术语。也有学者认为“侦察”与“侦查”是两个内涵和外延完全相同的概念，它们两者之间可以互相替代，本学科名称的中心词用“侦察”亦可，叫“侦查”也行；又有学者认为“侦察”与“侦查”是两个交叉概念，虽然“侦查”不包括“侦察”中的秘密手段，但作为查明案情、收集证据、揭露和证实犯罪的专门工作而言，“侦查”应该包括“侦察”；还有学者认为“侦察”与“侦查”是两个具有从属关系的相容概念，“侦察”是属概念，“侦查”是种概念，“侦察”包括“侦查”。具体地说，“侦查”活动仅限于刑事诉讼法规定的专门调查工作和有关的强制性措施，而“侦察”活动则不仅包括刑事诉讼法规定的专门调查工作和有关的强制性措施，而且还包括秘密性的调查手段。

我们主张本学科名称的核心词用“侦查”一词。因为，只要认真考察一下“察”与“查”的字义就不难看出两者的字义基本相同，它们都有查看、调查、勘查、查核、观察、查究之义，因而“侦查”与“侦察”的词义也应该是相同的，联系到“侦察”多数情况下与军事斗争有关的实际情况，更因为我国刑事诉讼法已明确肯定了“侦查”一词，考虑到法律术语的严肃性与规范性，我们应采用“侦查”一词。至于那种以侦办案件手段的公开性与秘密性来区分“侦查”与“侦察”的观点则是十分片面的。不同侦查主体所管辖的刑事案件只有种类上的差别，而不可笼统地认为某部门的刑事案件侦查工作更具秘密性，它应比其他侦查主体拥有更多的侦查特权。我们绝不能给秘密侦查手段打上神秘主义与部门主义的烙印，抹上超职权主义的色彩，因为这明显有悖于现代法治的民主精神。

2. 学科名称的限定词

对学科名称的限定词，一些学者的观点是应用“犯罪”二字，这是因为：“犯罪”是一个规范用语，即凡是严重危害社会，触犯刑律且应当受到刑罚处罚的行为都是犯罪。在司法实践中，不管是公安机关刑侦部门管辖的犯罪案件也好，还是公安机关国内安全保卫部门管辖的犯罪案件也好，抑或是人民检察院、国家安全机关、军队保卫部门、监狱部门管辖的犯罪案件也好，从性质上说是一样的，与其斗争的策略、方法从本质上讲也是相同的（在刑事诉讼法规定的范围内）。因此，用“犯罪”作为学科名称的限定词，恰好反映了该学科的属性，从而也避免了本学科只与公安机关刑侦工作相关的误解。

另一些学者则认为，学科名称的限定词应用“刑事”二字。这是因为：首先，它不仅符合公安机关的用语习惯，而且也符合公安机关的实际工作情况。我国公安机关在实际工作中把犯罪分为刑事犯罪和政治犯罪（危害国家安全犯罪）两大类，与之相对应的是，公安机关内部也一直存在“刑侦”与“政侦”（国内安全保卫）的业务分工，而这两种工作活动的特点各异，方法、策略也不尽相同，各自实践经验总结上升为理论体系的学科名称只能分别称为“侦查学”与“政治侦察学”（全国人民警察高等教育规划教材就是这样区分的）。总之，“刑侦”与“政侦”两者之间是有区别的，绝对不能混为一谈，如果用“犯罪”作为学科名称的限定词就是模糊了两者之间的区别，犯了定义过宽的错误。其次，学科名称的限定词用“刑事”二字与我国的刑事法学体系是一致的。在我国，刑事法学体系主要由刑法学、刑事诉讼法学和侦查学组成，为了保持刑事法学名称的统一性，该学科名称的限定词还是使用“刑事”二字为宜。

还有一些学者认为，学科名称不需要任何限定词，即直接称为“侦查学”，笔者同意这种观点。这是因为：“侦查”一词与“调查”和“侦察”两个词不同，调查可以有民事调查和刑事调查，而侦察则用于军事领域，如果“调查”和“侦察”这两个词前面不加限定就很容易使人产生误解。但“侦查”则不相同，它只适用于对犯罪案件的侦查，对其不加限定，人们也不会误解为“民事侦查”或“军事侦查”。当然，作为强调语，人们在“侦查”一词的前面加上“刑事”或“犯罪”等词，亦无不可，但作为学科名称，还是使用“侦查学”更为简练，而且这样还可以避开学科名称限定词的争论。

（二）侦查学的概念

中外学者对侦查学的认识有很大不同，由于各国和各地区的具体历史条件不同，这门科学的名称和概念也有所差异。大致有以下几种：

欧洲是侦查学的发源地。最先使用“侦查学”这一科学术语的是奥地利格拉茨地方检验官、后来的大学教授汉斯·格罗斯（1847—1915）。1893 年他编写出版了《司法检验官手册》。他在该书中给侦查学下了一个定义，他认为自然科学知识在犯罪调查中的运用就是侦查学。以后，英、美国家的法学家基本上沿用了这个定义。英国《不列颠百科全书》认为，把自然科学应用到侦查犯罪上去，就是侦查学，有时就称为科学的犯罪学。在美国，通用的定义是：侦查学是通过把自然科学用于解决法学问题来对物证进行检验、同一认定、具体辨别和判断的一门科学。在法国，学者认为侦查学乃是借用生物、物理、化学以及许多人文科学与各种技术综合的方法和手段来确定犯罪证据，并识别罪犯的一门科学。很显然，这里所说的科学，不仅是指自然科学，还包括社会科学在犯罪侦查中的应用。

在前苏联“十月革命”时期，有些学者认为侦查学是一门实用技术科学。后来这门科学的概念开始有了变化。1976 年出版的由别尔金教授编写的《犯罪侦查学》则认为：“苏联犯罪侦查学是关于证据的产生、收集、调查、判断等方面的规律以及根据对这些规律的认识而研制的进行调查和预防犯罪事件的手段和方法的科学。”到了 20 世纪 80 年代，又有了新的变化。1980 年出版的《苏维埃犯罪侦查学教程》对“侦查学”的定义是：“苏维埃犯罪侦查学是一门关于如何通过利用专门科学和总结侦查实践经验的基础上研究制定的手段、措施和方法，对犯罪组织进行有计划的侦查，按照刑事诉讼法有效地搜集和检验证据，以及预防犯罪的科学。”这个定义概括性强，它所说的专门科学，不仅是指自然科学和技术科学，而且包括社会科学等多方面的科学内容。同时还指出了犯罪侦查学的特殊性，既把犯罪侦查学和与它邻近的学科区别开来，又把侦查学范围内的预防犯罪与社会性安全防范加以区别。1984 年出版的《犯罪侦查学》中的学科定义为：犯罪侦查学是揭露犯罪案件的科学。这个定义比较准确地表达了侦查学这门科学的基本用途——研究和完善揭露犯罪案件的方法，指导侦查实践活动。

我国侦查学概念的建立是新中国成立以后的事。1984 年出版的《中国大百科全书》对犯罪侦查学的定义是：以实现刑法和刑事诉讼法的任务为目的，为揭露犯罪，揭发与证实犯罪人而研究如何查明案情、收集证据、查缉罪犯的方法、措施以及技术手段的一门科学。1986 年修订出版的法学统编教材《犯罪侦查学》认为，“犯罪侦查学是研究如何揭露犯罪和证实犯罪的科学”。1991 年出版的高等学校文科统编教材《侦查学》明确肯定：侦查学是以实现我国刑法、刑事诉讼法的任务为目的研究查明案情、收集证据、揭露和证实犯罪分子的规律和方法。

从以上引述中不难看出，目前中外学者对于侦查学大多数是从这门学科的研究对象定义的。学科的概念与学科的研究对象是不同的，前者是反映学科的本质特征，后者是反映学科所研究的特殊领域里的矛盾现象。侦查学的本质特征是涉及有关刑事犯罪的侦查活动，因此，我们认为侦查学是研究侦查刑事犯罪活动及其规律的一门科学，即侦查学是以刑事案件侦查活动规律为对象，研究侦查机关依照法定程序，运用有效的策略方法，查明案情，收集证据，查获犯罪嫌疑人，追究犯罪嫌疑人刑事责任的一门学科。

二、侦查学的研究对象

任何一门科学都有自己的研究对象。这种研究对象的特殊性，是一门科学区别于其他科学的依据。毛泽东曾经指出：科学研究的区分，就是根据科学对象所具有的特殊的矛盾性。因此，对于某一现象的领域所特有的某一矛盾的研究，就构成某一门科学的对象。侦查学的研究对象就是侦查学所研究的特殊的矛盾，是侦查学区别于其他科学的依据。这一问题是侦查学的根本问题，它控制着侦查学的内外结构关系，决定着侦查学的学科位置和发展方向，同时，对侦查学的应用研究有着十分重要的作用。

侦查学是研究侦查活动及其规律的学科。侦查学研究的特殊矛盾是侦查活动及其规律，这是侦查学区别于其他学科的根本所在。侦查活动是法律授权的机关依照有关法律为揭露、证实犯罪，揭发犯罪人而进行的专门工作，因而，侦查活动的主体、对象、方法和后果都具有特定性，这种特定性决定着侦查活动的性质和特点。侦查活动的主体是具有特定主体资格的机构和人员，特定的主体资格要由法律来规定和认可。侦查活动是一项刑事司法活动，其对象主要是揭露刑事犯罪或刑事案件。侦查活动是一项专门性很强的法律活动，有其特定的规律。概括地说，侦查学是研究侦查主体实施的具有刑事司法活动属性的侦查活动及其规律的科学。这样，界定侦查学的对象既可以把侦查学与研究侦查活动法律程序规定的刑事诉讼法学相区别，又可以把侦查学与研究侦查活动中所采取的技术方法的物证技术学相区分，因而能够充分地体现侦查学研究对象的特定性。

因此，侦查学的研究对象是侦查活动及其规律。侦查活动及其规律体现了侦查学研究对象的特定性，因而也就具有特定的内涵：

（一）侦查活动的一般原理。侦查活动的一般原理不同于侦查活动的一般法律规定，它探寻的内容更为广泛，包括侦查活动的一般概念、侦查活动的理论依据、侦查活动的历史渊源、侦查活动的基本原则、侦查活动的基本形式等。因此，侦查活动的一般原理是从理论上或是从宏观上研究侦查活动的一般规律，属于对侦查活动进行理论研究的范畴，对侦查活动的实践研究或应用研究具有指导意义。

（二）侦查活动对象——犯罪活动的规律特点。刑事犯罪事件是侦查的对象。刑事犯罪活动的规律特点，是侦查决策的客观依据。“知己知彼，百战不殆”，研究和了解犯罪活动情况及其规律特点，是“知彼”的重要内容，对犯罪情况不了解，若明若暗，决策不可能合乎实际，既没有针对性，又没有灵敏性。以这种策略指导侦查活动，侦查人员必然表现出某种盲动性。所以，研究犯罪活动及其规律特点是侦查学的首要任务。侦查学既要从总体上研究和把握刑事犯罪活动的一般规律特点，又要研究和把握局部地区的犯罪活动情况与各类案件的规律特点。

（三）侦查活动内容——程序、方法、措施策略的规律特点。刑事案件侦查的规律主要体现在侦查的程序和方法中。这里的“侦查活动及其规律”是把对刑事案件的侦查作为一个整体来研究的，但是尽管如此，刑事案件的侦查规律仍然是有层次的，包括刑事案件侦查的一般规律和各类刑事案件侦查的规律等。侦查活动是由具体的侦查主体和具体的侦查行为构成的，因此，具体侦查行为的成败在一定意义上决定着整个案件侦查活动的成败。可以说，具体侦查行为的规律是研究整个侦查活动规律的基础，对具体侦查行为规律的研究也是整个侦查学研究的基础。

侦查活动的一般原理、侦查活动对象的规律特点、侦查活动内容的规律特点构成了侦查活动规律的主要内容，三者是一个多层次的有机联合的整体。

第二节 侦查学的结构体系

一、侦查学的学科体系

（一）侦查学学科体系的历史考察

1893 年，奥地利人汉斯·格罗斯（1847—1915）出版了一部名为《司法检验官手册》的著作，这部著作后来被中外学者视为侦查学诞生的标志物。该书在结构体系上共分两部分：第一部分是犯罪现象，主要论述犯罪及其规律特点；第二部分是侦查的科学方法，包括侦查策略方法和物证技术方法。在《司法检验官手册》中，汉斯·格罗斯集当时侦查科学研究成就和实践经验之大成，把侦查对策方法与法医学、毒物学、显微镜学、人体测量学、笔迹学、枪弹检验、司法化学等技术方法融为一体，并将之归结为“侦查学”。

美国和西欧国家侦查学著作论述的都是刑事技术或物证技术方面的内容，已非原汉斯·格罗斯时代的大侦查学，已演化成了专门研究物证技术方法的学科，并被定义为“运用于侦查领域的各门科学知识的总称”，它虽然是法学体系的组成部分，且被归属到“法庭科学”的范畴，但更多的是具有技术性学科的属性。欧美侦查学原有的技术内容虽然经过重新组合聚合成了一门新的法庭科学——物证技术学，但一些侦查著作中依然要论及侦查的技术方法、策略方法和侦破方法。美国侦查学家卡尔斯·奥哈里和格列高里·奥哈里所著的《侦查学基础》一书中虽然认为侦查只是一门“艺术”而非“科学”，但在具体阐述这门“艺术”时，却包含了信息情报、讯问、技术方法等内容，其中有侦查措施、各类案件侦查方法、侦查员出庭作证、侦查报告等。

20 世纪 20 年代中晚期，由前苏联总检察长安·扬·维辛斯基主编的第一部前苏联高等院校通用的侦查学教材出版时，侦查学的定义是“为了揭露各种犯罪行为，查明犯罪人并寻求预防犯罪的方法而采用的关于发现、收集、固定和检验诉讼证据的技术上和策略上的手段和工具的科学”。很显然，该定义除了有“技术上的手段和工具”外，也包含有“策略上的手段和工具”。在这里，“犯罪现象”已不再是单独作为侦查学体系的一部分，而把“技术上的手段和工具”和“策略上的手段和工具”确立为侦查学体系的“要素”。前苏联高等法律院校在 1935 年和 1936 年出版了第一部上、下册的通用教科书，上册书名为《侦查的技术和策略》，下册名为《各类犯罪侦查方法》，“侦破方法”在侦查学体系中取得了独立地位。在 20 世纪 50 年代以后，前苏联侦查学已发展成为一门关于如何利用在专门科学和总结实践基础上研制的设备、手段和方法，对犯罪有组织、有计划地侦查，按照诉讼法规有效地收集、检验物证以及预防犯罪的科学。至此，侦查学的“三块体系”——“设备”、“手段”、“方法”，也就是侦查技术、侦查措施、侦破方法正式形成。

中国最早的侦查学论著是 20 世纪 30 年代末国民党统治时期编译的《侦探学》。此时侦查学的内容尚无严密的逻辑体系，大多是侦查工作中实用的技术方法和策略措施的简单排列，诸如盯梢、坐探、抓捕、摄影、指纹、信检、犯罪隐语等知识的介绍。新中国成立后相当长的一段时期内，我国没有独立的自成体系的侦查专业教材。一些政法院校的法律系开设了名为“犯罪对策学”的课程，其在内容和体系上都照搬前苏联的侦查学。20 世纪 70 年代末 80 年代初，我国重新确立的侦查学体系基本上沿袭前苏联的侦查学体系，内容多为侦查技术、侦查措施、侦破方法的组合，但在具体内容的阐述上却各有侧重。如司法部法学教材编辑部编审的高等学校法学试用教材《犯罪侦查学》所采纳的体系就是由“发现、收取和检验痕迹物证的技术手段，查明案情、收集证据的侦查措施和各类刑事案件的侦破方法”三部分组成的。当时，司法部系统除了有其统编的法学教材《犯罪侦查学》外，其所属政法院校也自编有《犯罪侦查学》或《侦查学》等教材，这些教材基本上按照“三块”结构体系组织内容，但涉及的侦查技术方法只限于同一认定领域（包括刑事照相、痕迹技术、枪弹检验、文书检验、刑事登记、外貌识别），侦查措施也多是刑事诉讼法所规定的侦查措施，侦破方法则集中在公安机关侦查部门分管的若干类案件的侦查和检察机关分管的贪污、贿赂案件的侦查。同一时期，公安部系统也组织编写了统编教材《刑事侦察学》，与司法部统编教材显著不同之处在于，这些教材在侦破方法上只论及了公安机关管辖的几类案件的侦查，而在侦查措施部分增加了秘密侦查措施的内容（如跟踪、守候、耳目等），并且对犯罪的防范控制问题进行了专门的论述。20 世纪 80 年代后期，随着现代科学技术的迅猛发展，刑事技术领域也不断拓展。为了把刑事技术的研究推向深入，国内有些学者参照欧美国家的学科分类方法，建议将侦查学内的刑事技术内容从侦查学中分离，而与诉讼中运用的其他物证技术方法合并，成为一门新的科学门类——物证技术学。此建议已被教育部采纳，相关的物证技术学和侦查学教材已出版。至此，我国侦查学中的刑事技术内容已完成了向物证技术学分离的过程。

（二）侦查学学科体系的争论

侦查学的学科体系与侦查学的研究对象之间有着十分密切的关系，从某种意义上讲，侦查学的学科体系就是确定侦查学研究对象、内容之间内在的本质的必然的联系。学术界在侦查学学科体系问题上的看法亦存在较大的意见分歧，其主要观点有：

1. “两块说”。一种意见认为，侦查学的学科体系由侦查对策和侦查谋略两块构成；另一种意见认为，侦查学的学科体系包括犯罪活动规律特点和侦查对策两部分。

2. “三块说”。即侦查学的学科体系应由侦查技术、侦查措施和侦查方法三部分构成。

3. “四块说”。第一种观点认为，侦查学的学科体系由侦查技术、侦查措施、侦查谋略和侦查方法组成；第二种观点认为，侦查学的学科体系分为侦查总论、侦查破案、侦查技术和预防犯罪四个部分；第三种观点认为，侦查学的学科体系由侦查原理、侦查技术、侦查措施和侦查方法构成。

4. “五块说”。即侦查学的学科体系由犯罪的规律和特点，侦查破案的对策和方法，预防犯罪的对策和方法，各国侦查的理论、经验及技术，侦查体制及工作机制五部分组成。

5. “六块说”。即侦查学的学科体系由基础理论、侦查情报信息、侦查谋略、刑事特情、侦查措施与手段、侦查方法组成。

6. “七块说”。即侦查学的学科体系由基础理论、刑事犯罪情报、现场勘查、秘密侦查、刑事科学技术、案件侦查、侦查基础业务建设七部分构成。

（三）侦查学的结构体系建构

目前，在研究探讨侦查学学科体系时普遍存在着这样一种倾向，即把侦查学所包括的内容与侦查实际工作的内容等同起来。那种把侦查学学科体系确定为侦查对策和侦查谋略两个部分，或者确定为侦查技术、侦查措施和侦查方法三个部分，或者确定为侦查技术、侦查措施、侦查谋略和侦查方法四个部分，实际上都是与侦查实践工作搞对应，因而是不科学的。

侦查学的发展历史表明，早期侦查学研究比较注重把自然科学技术的研究成果运用于侦查实践；近代侦查学则在此基础上，还比较注意研究侦查措施和经验；现代侦查学则不断走向成熟，它不仅仅是在简单地运用一些与自然科学和技术科学相应的手段和方法，而且还将这些手段和方法创造性地应用于侦查犯罪的特殊条件中。另外，为了提高侦查人员在搜集证据中的工作效率，现代侦查学还研究正确地运用逻辑认识方法，采取科学的态度制定侦查方案，选择侦查途径，实施最优的侦查策略措施。同时，现代侦查学还从侦查控制的角度，研究预防犯罪的方法等。这些情况表明，随着社会的发展进步，侦查学的研究内容和侦查实际工作的内容会不断地发展变化，在某一历史阶段，甚至是突飞猛进的发展变化。

因此，把侦查学的学科体系确定为犯罪活动规律特点、侦查对策两个部分，或确定为犯罪的规律和特点、侦查破案的对策和方法、预防犯罪的对策和方法、各国侦查的理论和经验及技术、侦查体制及工作机制五个部分，或确定为基础理论、侦查情报信息、侦查谋略、刑事特情、侦查措施与手段、侦查方法六个部分，或确定为基础理论、刑事犯罪情报、现场勘查、秘密侦查、刑事科学技术、案件侦查、侦查基础业务建设七个部分，都是跟在侦查实际工作后面，即侦查实践中出现一个新课题，侦查学就将其列入自己的体系中，这样不仅不能使侦查学的学科体系保持相对的稳定性，而且使侦查学的一些重要理论总停留在对侦查实践活动被动的解释上，从而也就无从谈起超前探讨和研究了。

我们认为，对一门学科完整体系的概括，既不能跟在实践的后面，对实践活动进行滞后的总结，也不能脱离实践，把它建立在唯心主义的空洞理论条文上。换句话说，它应该是理论和实践相结合而升华的统一体。因此，我们认为侦查学的结构体系是由侦查学原理、侦查策略措施和侦查方法三部分构成的一个互相联系、互相补充、互相制约的有机整体。

二、侦查学的结构体系内容

（一）侦查基础理论部分。侦查基础理论旨在阐明本门科学的一些基本理论问题，是这门科学存在和发展的基础。侦查基础理论部分主要论及两个方面的问题：一是侦查学学科建设的一些基本问题，主要包括侦查学的研究对象、侦查学的结构体系、侦查学的学科性质、侦查学的学科历史、侦查学的基本理论。上述问题的研究属侦查学理论研究的范畴，对这些问题的解决属侦查学立论的基础。二是侦查的基本问题，这些问题是对侦查工作具有普遍指导意义的原理，侦查的概念和任务、侦查的基本形式和原则、侦查的基本构造和组织结构。

（二）侦查措施手段部分。侦查的措施手段主要研究在侦查活动中，侦查机关使用的单一的或综合的手段措施。包括三个方面的内容：一是侦查措施部分，首先包括司法实践中使用的单一性的侦查措施，诸如刑事诉讼法规定的讯问犯罪嫌疑人，询问证人，询问被害人，勘验、检查，侦查实验，搜查，扣押物证、书证，鉴定，通缉等；另外，还包括刑事诉讼法未作规定的一些侦查措施，这些侦查措施在有关侦查职能机构的侦查法规中有所规定，它们往往是刑事诉讼法所规定的一些侦查措施实施的基础，如追缉堵截、控制赃物、跟踪守候、秘密逮捕、秘密搜查等。二是侦查技术手段，主要包括刑事技术和技侦手段。侦查技术是刑事侦查学的重要内容，是侦破刑事案件必不可少的手段。侦查技术通常是指侦查犯罪中用以发现、记录、提取和鉴定犯罪证据的技术方法的总称，有的国家将其简称为科学侦查方法。三是侦查策略，侦查策略是关于侦查活动如何运筹实施以保证其效果的知识体系。一方面是根据同犯罪作斗争的形式或具体案件的案情采取的行动方针和斗争方式；另一方面是指在侦查活动中，具体实施各种侦查措施手段时，要讲究斗争艺术，注意侦查方式方法。

（三）个案侦查部分。主要包括个案的程序流程和个案的侦查方法。一方面是刑事案件侦查的正常程序，它涉及立案、分析判断案情和制定侦查方案、犯罪嫌疑线索的发现与查证、对重点嫌疑人的侦查、破案与侦查终结；另一方面是各类刑事案件的侦破方法，它是根据各类案件的特点，把侦查手段、措施和侦查策略综合运用于侦破各类案件的方法体系，即刑事案件分类侦查方法。根据各类案件的特点，使用不同的侦查手段措施，是形成各类案件侦破方法的基础。不了解各类案件的特点以及侦查手段措施和侦查策略的运用，就缺乏客观依据和针对性；不懂得侦查手段措施和侦查策略，就不可能形成各类侦查方法的体系。比如，针对杀人案件的一般特点，综合运用侦查手段措施和侦查策略所形成的侦查杀人案件的方法，区别于根据抢劫案件的特点和综合运用侦查手段措施和侦查策略所形成的抢劫案件的侦查方法。不同种类案件的侦查方法之所以有区别，根本原因就在于各类案件有其特殊性。因而，用于侦查各类案件的侦查手段措施和侦查策略及其具体要求也有区别。

第三节　侦查学的学科属性和学科特点

一、侦查学的学科属性

侦查学的学科属性主要解决侦查学的学科归属问题。学科性质科学准确的定位，不仅是学科拓展其生存、发展的空间所需，也是学科掌握其发展方向的必然要求。

（一）侦查学属法学学科

侦查学的研究对象决定了它的法学性质，因为研究对象是学科划分的基础和标志，也是一门学科区别于另一门学科的依据。法学是研究法律、法律现象及其规律的学科的总称。侦查学虽不研究法律规范，但它的研究对象侦查活动属于法律现象，受法律规范的制约，这就决定了侦查学的性质属于法学的分支学，从诉讼角度看，侦查活动是一项刑事诉讼活动，是诉讼过程中一个相对独立的阶段，侦查活动的基本形式和各项侦查活动的展开，均由刑事诉讼法予以规范。另外，从司法角度看，侦查的直接目的在于揭露和证实已发生的触犯刑法的行为，并将犯罪人缉拿归案，以助刑法惩罚犯罪、保护人民的任务之完成。这样，以侦查活动作为研究对象的侦查学，其研究的侦查方法必须受制于刑事诉讼规范，其职能也在于实现刑法的任务。

（二）侦查学属交叉学科

所谓交叉学科是指由于其研究对象和方法介于两门或两门以上学科之间，从它们中间分离出来的一门独立学科。交叉学科也有自己独特的研究对象、方法和任务，但它的理论基础却是两门或两门以上学科的内容。如在心理学基础上发展而成的犯罪心理学，以伦理学为基础发展而来的司法伦理学等。将侦查学视为交叉性学科，是指侦查学是法学与自然科学和其他社会科学相互交叉、渗透而形成的一门学科。侦查学为了完成自己的研究任务，不仅与社会科学，而且与自然科学发生着广泛的联系，尤其是作为传统侦查学研究对象之一的侦查技术更是直接借助于化学、物理学、生理学等自然科学的原理和方法发展而成的一套专门技术，因此侦查学属于交叉学科。

二、侦查学的学科特点

我国的侦查学具有很强的政治性、实践性、策略性和科学性。

（一）政治性

侦查学是专门研究同刑事犯罪作斗争的科学，是指导侦查实践的理论。侦查机关是国家机器的重要组织部分，是捍卫人民民主专政的工具，它必须为巩固社会主义制度，保卫社会主义现代化建设服务。侦查学是研究收集证据、查明案情、揭露犯罪及查缉犯罪嫌疑人的途径、策略和方法的学科，它来源于侦查实践，服务于侦查实践，必须体现统治阶级的意志，为统治阶级的利益服务。

（二）实践性

侦查学的实践性主要表现在这门学科的内容和侦查犯罪的实践有着极为密切的联系。侦查学中所讲的每一项侦查措施，每一类案件的侦查方法，都是在总结实践经验的基础上写出来的，其中有公安机关侦查犯罪的经验，也有检察机关侦查犯罪的经验。作为法学体系组成部分的侦查学，并不专门研究法学的理论，也不专门研究法律条文，它所研究的是如何以正确的理论为指导，以有关的法律条文为依据，用最佳的方法把犯罪案件查个水落石出，使犯罪分子在大量证据面前低头认罪，从而为完成刑法、刑事诉讼法的任务作出自己的贡献。

（三）策略性

侦查的对象是作案的犯罪分子，而犯罪分子总是千方百计地逃避惩罚，因此，总是要采取许多反侦查措施，即使已被捕获，也总是采取各种反审讯手段。所以，侦查人员要想揭露和制服狡猾的犯罪分子，不仅要严格依法办案，遵循法律程序，而且还要善于运用正确的策略方法，这就决定了侦查学的内容不能离开策略方法。策略性也是侦查学的重要属性之一。

（四）科学性

侦查学的科学性不仅表现在这门学科本身具有严密的科学体系，而且表现在这门学科所研究的侦查业务有着严格的科学要求。揭露和证实犯罪，是一项责任十分重大的工作，同时又是一项十分复杂的工作。要在复杂的现象中认识犯罪行为的本质，应当有正确的认识论、科学的侦查计划并善于利用物证技术学、法医学，以及其他科技知识，确定案件性质、分析判断案情、收集能证明或否定嫌疑人犯罪的证据，侦查工作是否科学，还要经受检察机关和人民法院的反复审查。

三、侦查学与相关学科的关系

（一）侦查学与刑事诉讼法学

侦查学与刑事诉讼法学之间的关系：第一，侦查作为刑事诉讼程序的一个独立阶段，具有一些有别于刑事诉讼程序之一般性质的独特性质。刑事诉讼程序的基本属性和根本要求强调控辩平衡、辩论主义、法官中立裁判、诉讼权利保障、程序公开等方面，而侦查程序则是一种特殊的行政程序性质的法律程序，是一种带有强制性的国家行政权力的主动施行过程，表现为以调查事实、收集犯罪证据和缉获犯罪嫌疑人为主要内容的侦查机关对侦查程序运行进行主导和控制的过程。这样的侦查程序与刑事诉讼程序的根本性质及基本特征就形成了鲜明的差异，因而将诉讼程序理论中的诸多理论观点和价值标准用于解释和要求侦查程序是没有可行性的，侦查程序的理论前提和程序价值标准有必要独立于诉讼法学理论研究的一般化思路，专门探讨侦查程序运行的个性特征和独特属性具有一定的必要性。第二，诉讼程序阶段的职权划分和业务分工，决定了侦查职能由专门侦查机关担负，其中，特别是警察机关担负了主要的侦查职责，相对独立的任务分工和业务事项的专门化，决定了人才培养和专业教育、训练和研究活动的相对独立性，从而在学术研究领域，形成了旨在服务于侦查实践和侦查学教学需要的特定学术共同体，共同体成员确定了共同的对象和目标，形成了相对独立的研究方法和研究风格。第三，侦查学研究对象的某些重要方面不属于法学研究的范畴，像侦查认识论、方法论方面的研究，已然不属于以法律规范为核心对象的法学学术研究范畴，从而需要一部分擅长认识论、方法论思维的专业人员对侦查活动进行专门性研究。第四，诉讼法学的某些重要研究领域，随着学术研究活动的不断深入和研究内涵的不断丰富，既有可能也有必要作为一门独立学科从刑事诉讼法学研究结构中分离出来。

（二）侦查学与刑法学

广义的刑法学既包括刑事诉讼法学，也包括侦查学。狭义的刑法学是研究刑法实体法规范和刑法理论的学科，其核心内涵包括犯罪、刑事责任和刑罚三个方面。侦查学是广义刑法学的一个分支，它从广义刑法学中逐步独立出来。狭义刑法学抽象地研究犯罪、刑事责任和刑罚等问题的概念内涵、逻辑构造和理论关系，属于抽象的、具有实质性的犯罪构成及其责任认定、刑罚适用问题，狭义刑法学一般不去关注和研究刑法目标的实现程序、方法和技术等问题，这类问题属于刑事诉讼法学研究的对象。侦查学当然要研究犯罪问题，侦查程序启动的前提条件是立案，而立案的标准，根据《刑事诉讼法》的规定，立案应达到“认为有犯罪事实，需要追究刑事责任”的标准，因此，侦查活动是围绕犯罪问题而开展和运作的，其核心内容是依据刑法规范关于犯罪构成的规定，对照实际发生的事件，在进行初步的性质判断和事实认定的基础上，开展收集证据材料、缉获犯罪嫌疑人以证明犯罪事实的职权活动。由于侦查活动是一种实践行动，行动的作用对象是客观世界中所发生的犯罪事件和作为犯罪事件构成要件的事物，我们在法律语境中将这种犯罪事件和作为犯罪事件构成要件的事物称做犯罪案件和证据材料，侦查行动的目的就是收集证据材料以建构犯罪案件的概念结构。但是，侦查行动作用对象（犯罪案件）的确定和廓清，必须借助于一定的概念命题作为思维形式才能得以实现，而这种作为思维形式的前设命题就是刑法关于犯罪概念的抽象规定和犯罪构成要件的规则条文要求，因此，刑法对于侦查这一实践行动而言，其功能地位可以概括为：刑法是侦查对象得以确定的命题前提和思维形式。同时，作为刑事诉讼活动的一个组成部分，侦查活动也是实现刑法目标——惩罚犯罪的一个功能环节，是刑法目标实现的一种阶段性行为方法。由此不难看出，刑法学与侦查学的关系是不可分割的，但是它们的研究方向又各有侧重。刑法学关注规范性意义上的犯罪概念及其一般构成之类的抽象性问题，它所面对的是犯罪的抽象性法律概念，而侦查学所面对的则是客观发生的犯罪事件和侦查行为，是在刑法学抽象性概念前提下，在无数个个案实践中如何按照刑法上犯罪构成规范性要求，通过侦查措施的采取、证据材料的收集，进而建构出一个事实性意义上的犯罪案件概念。

（三）侦查学与犯罪学

犯罪学研究对象与侦查学研究对象之间呈现出水乳交融的状况。侦查学与犯罪学研究对象的差异表现为：第一，犯罪学中的犯罪概念与侦查学中的犯罪概念并不等同，在此出现的两种犯罪概念之语义应作区分理解。犯罪学中的犯罪概念虽含义种种，但功能性犯罪概念将犯罪定义为“具有严重社会危害性的社会行为”的见解恐怕是犯罪学界的结论，至少是多数犯罪学家的理论共识；然而，侦查学上的犯罪概念非宽泛意义上的“具有严重社会危害性的行为”，并非所有的因为“具有严重社会危害性的行为”所制造的事件均是侦查学的研究对象，它们只是那些经过刑法实体法规范所确定下来的有限的一部分。当然，侦查学上的犯罪概念亦非具有刑事违法性、社会危害性和刑罚当罚性之刑法学意义上的概念抽象性，侦查学意义上的犯罪概念具有叙事功用属性，表达的是具有现实意义的行为现象和事实后果，是在事实构成意义上判断犯罪行为及其后果的。第二，犯罪学是前犯罪学科，侦查学是犯罪后学科。犯罪学关于犯罪的研究，关注于“犯罪发生前，犯罪发展变化的情况和规律，产生原因及其预防”，侦查学则取向于犯罪发生后如何收集证据材料、如何揭示和证明犯罪事实的方法、技术及其规则。因此，以犯罪发生的时间为界，犯罪学是前犯罪学科，着重研究犯罪实际发生以前的原因和预防对策；而侦查学则属于犯罪后学科，着重研究犯罪发生以后的证据收集方法、调查事实的方法以及查获犯罪嫌疑人的方法。第三，侦查学与犯罪学在追问犯罪原因的深度和广度上存在差异。侦查学对犯罪原因的追问注重直接原因，即犯罪的目的和动机，故意或过失；而犯罪学对犯罪原因的追问则涉及社会原因与个体原因、文化原因与自然原因等。第四，在研究目的上，侦查学注重案件的破获，犯罪学注重犯罪的社会预防。侦查是一道法律程序，它的启动根据在于犯罪行为的实际发生，通常要奉行被动侦查原则，因此，侦查学重点研究侦查程序启动至终结的过程和行为，兼顾研究侦查程序运行过程中对犯罪的及时控制；犯罪学则注重研究遏制犯罪发生的社会原因和个体原因，通过对导致发生的原因的揭示，进而为犯罪的防控提出理论方案。

当然，侦查学与犯罪学之间也存在紧密的联系，这主要表现在以下几个方面：第一，犯罪学上的犯罪概念为侦查学上的犯罪概念提供了更具广延性的认识背景，侦查学上的犯罪概念突出了犯罪学上犯罪概念的中心范畴和焦点对象。第二，犯罪原因的犯罪学深度揭示为侦查学上犯罪原因的直接探究提供了方向和路径，侦查学上犯罪原因的研究为犯罪学上犯罪原因的研究提供了直接对象和素材。

此外，侦查学与物理学、化学、医学、数学、生物学、计算机科学、地质学、逻辑学、社会学、心理学、经济学等学科存在着密切的联系。这些学科对侦查学研究的作用形式主要表现为以下三个方面：第一，这些学科的一些专门知识直接应用于侦查活动中，以分析犯罪原因，确定犯罪嫌疑人，发现、提取、保全、分析、鉴定犯罪证据材料。第二，这些学科的理论、原理和方法与侦查活动的实际需要结合，形成专门的侦查方法和侦查技术学科以及一些交叉学科，如物证技术学、现场勘查学、法医学、电子证据技术、法化学、侦查思维学、侦查心理学等。第三，这些学科的一些学术原理和理论结论指导侦查活动的运行过程，提高侦查活动的运行质量和效益，如侦查社会学、侦查管理学、侦查经济学等。

第四节 侦查学的研究方法

一、调查研究法

调查研究方法在侦查学研究中的作用在于，通过调查活动对侦查实践中的相关资料、素材等经验事实的获取，通过对侦查活动过程及相关情况的观察、感知和体会，进而对这类经验事实素材进行专门的处理、加工、提炼和概括，最终获得一定的研究结论。调查研究方法的关键在于设法有效地获得作为经验事实性质的侦查工作运行情况的相关资料和相关情况，此类经验事实在侦查活动方面内容广泛、形式多样，像案件侦破活动的实际运行情况的观察和记录，研究人员对侦查有关问题的访谈结果，侦查业务中的有关案件材料，侦查管理工作中的有关统计材料，地方性、部门性的侦查工作内部制度规定，国内外侦查方面的有关规范性文件及相关材料，均可以作为经验事实性质的调查研究方法的对象。在具体方法上，调查研究活动可以是观察，可以是调取，可以是访谈，可以是实验，不一而足。

二、经验总结法

侦查学研究的基本方法之一是对历史和现实的侦查活动进行总结。中国是古代文明的发源地，我们的祖先在执法办案的过程中积累了大量宝贵的侦查经验，它已成为古代灿烂文化的重要组成部分。一方面，现代侦查学中的许多侦查方法在历史上都可以寻找到其存在的痕迹。因此，对侦查历史文化的挖掘和整理，可以丰富现代侦查学的内容。另一方面，现代侦查学通过对各个历史时期侦查破案的典型案例进行研究，可以总结侦查破案中成功的经验和失败的教训，并从个别和特殊中归纳出一般规律上升为理论，更好地指导侦查实践。

三、科学实验法

侦查学不仅要研究和总结现有的侦查技术手段和方法，还必须运用新成果、新技术、新材料，不断开拓新的侦查技术和侦查方法。因此，我们必须在各鉴定机构、技术研究机构及其实验室积极开展各种刑事科学技术实验活动。这种科学实验要以自然科学、技术科学的原理为指导，运用高、精、尖的科技成果，研究出更准确、更快捷、更有效、更实用的侦查技术手段和方法，更好地为侦查实践服务。

四、比较研究法

侦查学是一门具有历史性、世界性的学科，它在研究古今中外各种侦查理论、借鉴古今中外侦查破案的经验方面有着广泛的领域。比较分析是侦查学常用的一种认识方法。侦查学内容的发展，体系的完善，原理、手段、方法的更新，必须从历史的与现代的、全面的与局部的、中国的与外国的等纵横方面进行系统的整理和分类研究，从而使侦查学理论更加成熟和完善。

比较分析的内容可分为纵向比较和横向比较。纵向比较是将历史上各种社会形态的侦查进行比较；横向比较是将不同国家之间的侦查进行比较。通过比较分析，借鉴和吸收古今中外侦查制度中的精华，为我所用。

【延伸阅读】

侦查学的学科归属问题是侦查界一直争论的热点，主要观点体现在以下方面：

第一，侦查学是归属于社会科学，还是边缘科学。许多学者认为，侦查学归属于社会科学，这种归属论显然是从学科研究对象所属的范畴而论的。侦查学研究的对象是一对特殊的社会矛盾，属于社会现象，学科归属的这种结论也是自然的。但有的学者认为，在侦查学科内还含有自然科学，特别是含有科学技术方面的内容，因而不能简单地将其置于社会科学范畴，应该属于边缘学科。如何认识上述各种观点，又如何认识学科的定位呢？王大中教授认为：将侦查学定位为边缘学科，是将自然科学、社会科学的总体类别与现代科学的特征类别相混淆。自然科学与社会科学的分类是学科的总体分类。这是人们认识一门学科的大致归类法。但是，时代在进步，现代科学的发展又出现了新的趋势特征。一方面，分支越来越细；另一方面，其综合性更突出。但分支越细的学科，其综合性也更加明显，自然科学与社会科学的相互融合、相互渗透现象的势头越加强劲。而边缘性学科具备一个明显的特征是相互融合，并非一般的交叉，二者的交融、碰撞形成的是中性学科。侦查学尽管有自然科学的融入，但并未形成中性特征，虽然侦查学中含有了大量的自然科学的知识，但它与其他中性学科有着质的差异，如生物化学是两门学科融为一体的学科。但侦查学并非自然科学与社会科学中的任何两门子学科的交叉，而是借用了自然科学的知识，为了调整社会现象中的一对特殊的矛盾，即调整侦查行为与犯罪行为的特殊的矛盾。也就是说，自然学科知识的引入，完全服务于学科整体的调整对象，并未因其含有的科学与技术而形成中性的学科。即使有倾向于边缘性的特征，也未改变归属于社会科学的根本属性。但它确已具有了现代科学的综合性特征。应该说，这也是当代学科发展的必然。

第二，从子学科来说，侦查学是属于公安学，还是刑事诉讼法学。有的学者认为该学科属于公安学，因为在公安学的学科体系中含有与公安相关的所有学科，从公安学科的创建至公安学的形成这也是可以认可的；另外，有的将其归属为刑事诉讼法学，这是因为侦查是刑事诉讼的一个阶段，而且刑事诉讼法将侦查作为刑事诉讼法中的专门章节，刑事侦查学的学科定位是因刑事诉讼法确定的。多年来这似乎已成定势。在许多大学法学院的教学中，无论在本科生还是在研究生的课程设置中，都将刑事侦查学列入刑事诉讼法学专业，学科的归属也就成了无可置疑的了。

在题为《侦查学学科性质探析》的文章中。作者引用西方关于将研究的科学统称为“刑事科学”的理论，将刑事科学分为规范型刑事科学与非规范型刑事科学两大类。规范型刑事科学有刑法学、刑事诉讼法学、刑罚学、监狱法学等；非规范型刑事科学有犯罪人类学、犯罪心理学、犯罪精神病理学、犯罪生物学、犯罪社会学、侦查学等。倡建刑事科学是非常有创意的。首先，其分类很有创新性，其创新之处在于将研究犯罪行为的学科归纳在一个大的独立的学科群之内。有关学科的特征以一个标准分类，这是分类学的第一层面的标准，它既符合分类学的要求及原则，也使人们看到分类为新的科学研究提供了新的视野。当分类为规范型的刑事科学时，首先是以学科的性质即学科的属性进行分类的，即以其本质特征的分类，将其自身与其他区分开来，将凡是与刑事有关的学科均归为一类，这样，使人感觉到凡是归纳在此的同类学科，无论是规范型的分支学科还是非规范型的分支学科都在这样的一个特定的类别中；其次是进行分支学科的分类，经过比较，又根据分类学的穷尽原则及排他性原则以法为其学科的分类标准，将学科分为规范型的刑事学科（与此相对应的是非规范型学科）。所有这些分类，都将一个特定的学科与其他学科相区分。当然，学科的建立并不是从分类开始的，但是分类的科学化却为学科的研究提供了另外一个思路，即学科的体系的建立，因为分类实际上是学科体系形成的过程。类别有了，一种学科的体系也就基本形成了。

第二章　侦查学基础理论

【典型人物介绍】

阿方斯·贝蒂隆

贝蒂隆画像

阿方斯·贝蒂隆（Alphonse Bertillon）是19世纪法国巴黎警察局的一名警察，曾因创造了“人体测量法”被誉为首先在警察工作中运用科学方法进行人身识别的人。1897年，阿方斯·贝蒂隆发表了《笔迹的比较和书法上的认定同一》一文，这标志着笔迹特征描述学派的诞生。此外，贝蒂隆还改革了人像辨认照相方法，拍照正面和侧面照片各一张（此法沿用至今）；他把人像的五官分解，按形状分类，然后进行人像组合拼贴，供通缉人犯使用（此法亦沿用至今）。

第一节　侦查认识论

侦查活动是人类认识活动之一，侦查学的所有理论和实践实际上都是紧紧围绕着改善或者提高侦查人员的认识能力这一主题来展开的。一部侦查学的发展历史在很大程度上就是侦查认识主体对犯罪事件的认识能力不断提高的历史。

一、侦查认识论的概念

侦查学中的认识论，是将马克思主义唯物辩证法运用于侦查活动中而形成的一系列基本原理。马克思主义唯物辩证法是指导人们认识世界、改造世界的方法论，对具有中国特色的侦查学具有重要的指导意义。从认识论的角度看，刑事侦查活动可以归结为一种认识活动，即从已知的犯罪结果出发，通过推理、建立侦查假说和证据调查等方法，不断地筛查、摸排犯罪嫌疑人范围，最终达到确定真正的犯罪嫌疑人并建立相应证明体系的目的。

侦查破案的过程就是认识过程，认识论是侦查学的基础理论。侦查认识就是侦查人员通过案件侦查过程，在头脑中形成的有关案件性质、作案人特征以及作案过程的一种反映、推测、意见和信念。反映、推测、意见和信念是四种性质不同的侦查认识，随着侦查的进展，出现一定的承继关系。在侦查初期可能只有反映和推测，随着侦查工作的推进，侦查人员逐渐形成有关案件情况的意见，这些意见一旦通过侦查实验、鉴定等方法证实了推测，意见就会变成信念，这就是侦查认识论的基本理论内涵。

二、侦查认识的理论依据

侦查认识的理论依据主要在于刑事犯罪的可知性。刑事犯罪的可知性是指犯罪行为是可以揭示的，也就是说，犯罪及其过程是客观存在的，犯罪行为及其变化是有一定规律的，这种规律可以为人们所认识。

刑事犯罪活动大多具有隐蔽性特点，但作为一种特殊的物质运动方式，它依然可以被认知，甚至被侦查活动所揭示、再现。由于物质运动形态具备反映运动行为内容的本质属性，因而，刑事侦查必能通过犯罪人作案时的运动形态去探知犯罪行为本质的轨迹和有关信息。根据哲学认识论的原理可知，客观事物及其发展变化的规律性是可以被认识的，世界上不存在不可认识的东西，只是有些复杂、深奥的事理以目前的科技发展水平尚不足以被认知并揭示，刑事犯罪现象的发展变化也不例外，犯罪分子为了掩盖其犯罪行为，达到逃避侦查的目的，总是千方百计地对形态已经发生变化的场所、物品、人身、尸体等客体物加以伪装或破坏，但所能伪装或掩盖的只能是某些可以抹擦涂刷的局部痕迹，而不能改变整体的、宏观的犯罪形态，犯罪形态能够反映犯罪行为及其过程，因此，依据犯罪形态，犯罪行为是可以被认知的。

揭示犯罪的侦查主体的条件和多功能的认识手段也决定了犯罪的可知性。侦查工作是同犯罪进行智力斗争的工作，这一工作的特殊性要求我国的侦查主体具有鲜明的无产阶级立场及科学的思维方法。同时，在业务素质上，侦查人员必须受过良好的专业教育，掌握同犯罪作斗争的基本原理和方法。同时，为了使侦查工作在同犯罪的斗争中处于主导地位，法律为其规定了一切必要的方法。这些方法中既有公开的措施，又有秘密的手段；既可利用先进的技术设备，又可动员全社会的力量，还可以限制犯罪嫌疑人的人身自由。而其中有相当一部分都是其他认识活动所没有的。法律和社会都给揭示犯罪提供了广泛的、必要的认识手段。

三、侦查认识活动的基本特点

侦查案件的过程实际上是对案件的认识过程。对任何事物的认识，都是人脑对客观事物的反映。反映是否正确，很大程度上取决于认识事物的人是否有正确的认识论和方法论。对一般事物的认识需要运用正确的认识论、方法论，那么，对刑事案件这个特殊事物的认识，正确的认识论、方法论就显得更为重要，这是由侦查中认识活动的特点所决定的。

（一）侦查认识活动的特定性

1. 侦查认识活动的对象具有特定性。侦查认识活动的对象是刑事案件，而实践中的每一个案件都不同于其他案件。换句话说就是刑事侦查活动的认识对象，主要是犯罪和侦查互动过程中涉及的人、事、物、时、空等要素及其相互关系，在每一个案件中这些要素都是特定的。总之，世界上绝对没有完全相同的两个案件。

2. 侦查认识活动的过程具有特定性。在每个案件中，侦查认识活动总是由特定的侦查人员在特定的时间、地点、环境等条件下进行的。由于人的思维方式和能力的不同，以及人的认识活动要受外界因素的影响，所以，不同的侦查人员对同一案件的认识亦有所不同。这就决定了每个案件中具体侦查认识活动的起点、运行轨迹、演化模式和终点均有自己的特点。

3. 侦查认识活动的目的具有特定性。侦查的核心任务是查明谁是犯罪人，这也正是侦查认识活动的最终目的。侦查人员在大量案情材料的基础上进行分析和推理，最终得出谁是犯罪人的结论。“谁”可以是一个人或是一些人，但必须是特定的人。

（二）侦查认识活动的逆向性

时间联系是客观事物之间联系的一种基本联系。在现实生活中，事物发展总是与时间的运动方向一致的，即随着时间的推移，某原因产生某结果，然后该结果作为新的原因又产生新的结果。如果我们的思维方向与客观事物的发展方向一致，即从原因探索结果及结果的结果，那么，这种思维就是顺向思维；如果我们的思维方向与客观事物的发展方向相反，即从结果追溯原因及原因的原因，那么，这种思维就是逆向思维。

在侦查过程中，逆向思维是侦查人员的基本思维模式。从整个案件来说，侦查人员首先接触到的往往是犯罪行为的结果，侦查人员就是要根据现场的情况去查明、推断其产生的原因、过程进而通过溯源推理来判断案件的基本情况。从案件的具体情节来说，侦查人员也要经常从结果去推断原因，如现场的某些物品被烧毁了，要推断其烧毁的原因。总之，根据现在去认识过去是侦查思维的一个重要特征。

（三）侦查认识活动的多维性

认识活动的多维性是指认识活动并不是单线定位的简单思维，而是多线、多方位、多角度和综合性思维。侦查活动的多维特点是由认识活动逆向探索与案件因果关系往往具有多态性和复杂性所决定的。物质统一是多样性的统一，犯罪活动的普遍联系也是多种多样的。侦查人员要从多层次、多角度、多侧面进行思维活动，通过犯罪事物的间接联系，推断出其直接联系；通过外部联系，推断出其内部联系；通过偶然联系，推断出其必然联系。所以，侦查人员首先应根据可能性的大小选择最佳的侦查途径，开拓自己的思维领域，尽量多考虑几种可能性，特别注意从不同的方法和角度进行思维，要进行“立体思维”和“全息思维”。这就是侦查思维的多维性。

（四）侦查认识活动的模糊性

认识活动的模糊性是指人们对于客体物的类属边界与性态的不确定性认识。辩证唯物主义认为，人类思维对于客观事物的反映并非非此即彼的关系。在很多情况下，人们对于客观事物的认识都表现为部分正确和部分错误，有时正确的部分大一些，有时错误的部分大一些，这就是认识的正确度问题。而这实际上是认识模糊性的一种体现。侦查认识活动的模糊性主要体现在三个方面：对事件、案件性质和情节认识的模糊性；对侦查方向和侦查范围认识的模糊性；认定犯罪嫌疑人与犯罪事实关系的模糊性。

（五）侦查认识活动的探索性

案件侦查的过程就是探索未知的过程。因为在侦查过程中，案件事实总是分为已知和未知两部分，侦查人员调查已知案件事实的目的不仅在于确定已知部分的真实属性，关键还在于查找未知部分。例如在确定犯罪嫌疑人的调查中，排除或者确定特定人员的犯罪嫌疑的认识活动可以归结为“探索型”认识活动。

（六）侦查认识活动的效率性

效率是指最有效地使用社会资源以满足人类的愿望和需要。侦查认识的效率，是指侦查人员在进行犯罪调查中所具有的成本意识与效率观念。侦查人员总是希望用最短的时间查获犯罪嫌疑人，避免案件久拖不决而导致侦查资源的浪费。

侦查实践告诉我们，虽然“任何刑事案件都是可以侦破的”，但是侦查人员的能力和侦查的客观条件，未必能够保证任何刑事案件都是可以侦破的，尤其是普通案件及由普通案件构成的系列案件，常常形成“侦查死角”。究其原因，我们认为主要有以下几个方面：

第一，就侦查机关而言，由于犯罪案件数量的不同以及社会危害性的差异，决定了侦查机关投入每个刑事案件中的人、财、物等资源是不均匀的，尤其是一些具有重要社会影响、政治影响的案件，分配的侦查资源可能多一些；一些影响较小的案件，分配的侦查资源可能少一些。这有其合理的一面。另外，在侦查资源分配的过程中，对于上级督办的案件，分配的资源过多，案件有可能会破获；而对于没有督办的案件，分配的资源过少，案件得不到有效的侦破。

第二，就侦查人员而言，在个案侦破中也存在侦查资源优化配置问题，什么样的线索应当先进行调查，什么样的线索可以放一放，并不是一眼就能看穿的问题，需要一个总体规划。

总之，侦查认识应当是全盘统筹、总体规划、优化配置、顾及成本的功利化认识，这样才能达到侦查效率最大化。

四、侦查认识的分类

按照侦查认识的表现形式和获得方法不同，可将其划分为感性认识和理性认识。

（一）感性认识

感性认识是指侦查人员在侦查过程中依靠经验、感觉、直觉对案件情况的认识。感性认识有两个重要特点：一是具有直接性。侦查人员依靠自身经验和感官可以直接把握，因而感性认识总是具体的、初步的，停留在具体经验的层面。二是具有多样性。案件发生的各个环节都有可能留下凭借感官和经验把握的感性材料，因而感性认识总是零碎的、复杂的。例如，侦查人员在犯罪现场采集的痕迹物证（足迹、指纹、作案工具等）、书证（证件、票据等）、现场访问笔录、现场勘验笔录，都可以看做是反映案件情况的感性认识。

（二）理性认识

理性认识是指侦查人员通过概念、判断、推理等形式而感知的案件情况。理性认识也有两个重要特点：一是具有间接性。理性认识的获得不仅依靠侦查人员的感官和经验，还要建立在侦查人员对感性认识加工的基础上，是侦查人员反复观察和思考的结果。因而理性认识总是概括的、稳定的，是对现场痕迹、证据的形成原因以及案件事实情况所作出的逻辑判断。二是具有系统性。与感性认识的零碎与多样止好相反，埋性认识要求对每一件可疑物品的形成原因提供清晰的、合理的解释，要求对整个案件的发生情况以及犯罪嫌疑人的身份进行准确的定位和描述。例如，侦查人员对犯罪现场存在的痕迹、物品是否与犯罪相关的判断，对犯罪现场的分析以及对犯罪嫌疑人身份的“画像”，都可以看做反映案件事实的情况。

五、侦查思维

（一）侦查思维的概念和特性

侦查思维是侦查认识活动的表现形式，是侦查主体认识和揭露犯罪过程中的主观活动，是犯罪行为通过侦查活动在人们头脑中的反映。

侦查思维主要具有如下四个方面的特性：

1. 概括性。侦查思维最显著的特性是概括性，侦查思维揭示客体的本质和内在规律性的关系，主要来自抽象和概括的过程，即侦查思维是概括的反映。概括性在侦查思维活动中起着非常重要的作用。首先，抽象和概括是侦查主体形成和掌握概念的直接前提；其次，概括是侦查思维的速度，灵活迁移程度、广度、深度和创造程度的基础；最后，概括是一切科学研究的出发点。任何科学研究的目的，都在于概括出研究所获得的东西。

2. 间接性。侦查思维是凭借知识经验对客体进行的间接反映。首先，侦查思维凭借着知识经验，能对没有直接作用于感官的事物及其属性或联系加以反映。其次，侦查思维凭借着知识经验，能对根本不能直接感知的事物及其属性或联系进行反映。也就是说，思维继续发展着感知和记忆表象的认识功能，但已远远超出了它们的界限。最后，侦查思维凭借着知识经验，能在对现实事物认识的基础上进行蔓延式的无止境的扩展。侦查思维之所以有间接性，关键在于知识与经验的作用。没有知识经验作为中介，侦查思维的间接性就无法产生。侦查思维的间接性是随着侦查主体知识经验的丰富而发展的。因此，要提高侦查思维的能力，必须积极参加侦查实践，并且有合理的知识结构。

3. 逻辑性。侦查思维的逻辑性，就是指侦查过程中有一定的形式和方法，按一定的规律进行的思维活动。这种逻辑性来自犯罪现实变化的规律性，反映出侦查思维是一种抽象的理论认识。逻辑思维又可分为普通逻辑思维和辩证逻辑思维，它们遵循的思维规律又各不相同。普通逻辑思维，应遵循同一律、排中律和矛盾律三个基本规律；辩证逻辑思维应遵循的基本规律，则是对立统一思维规律、量变质变思维规律和否定之否定思维规律。

4. 能动性。侦查思维的能动性来源于侦查实践，来源于主体产生的新的目的、新的要求和具体条件。侦查思维总是指向某个具体案件的侦破。因此，其能动性主要表现在案件侦破过程中的以下几个环节上：首先是发现问题。因为侦查方向和嫌疑对象的确定，都必须建立在发现问题的基础之上。其次是分析问题。面对侦查中发现和提出的问题，要加以认真分析，通过这种分析进一步明确侦查方向并确定嫌疑人。最后是解决问题。明确了问题不等于解决了问题，确定了重大嫌疑人不等于侦破了案件，只有拿到了确凿的证据，才能把案件弄个水落石出。而获取确凿证据的过程，也离不开思维及发挥其能动性的过程。

（二）侦查思维的基本形式——侦查假设

假设是科学思维的基本形式，也是侦查思维的基本形式，它是根据已有的事实材料及科学原理对未知的事物、现象或事物间的因果联系、规律性联系作出的假定性解释。侦查假设的内容有关于案件性质的假设、关于作案人的假设、关于作案时间的假设、关于作案方法和工具的假设等。其中，关于作案人的假设是最重要的假设。

（三）侦查思维的基本方法

1. 侦查辩证思维。侦查辩证思维就是侦查主体在侦查破案过程中，自觉或不自觉地按照辩证法去进行的思维。它具有联系和发展两方面的特征。侦查辩证思维所讲的联系，是指在侦查主体的思维中，一切与案件有关的事物、现象之间及其内部诸要素之间的相互影响、相互作用和相互制约。需注意做好以下几点：要努力抓住蛛丝马迹；要善于把握事物的多样性；必须弄清联系的条件性。侦查辩证思维所讲的发展，是指在侦查主体的思维中，对案情认识的由低级到高级的前进运动，是新的正确认识的不断产生和旧的错误认识的不断消除。需注意做好以下几点：深刻理解发展的普遍性；必须弄清发展的过程性；善于掌握发展的逻辑性。侦查辩证思维可以应用到如下范畴：(1) 从结果到原因——辩证地分析案情。侦查人员需要分析特定案件的特定原因，正确判断案情；需要研究发案原因的多样性和复杂性，才能顺利侦破案件。(2) 从偶然到必然——进行合乎规律的侦查思维活动。侦查人员要善于从偶然发现必然，把握案件侦破的规律性；要善于利用偶然因素，促进偶然向必然的转化，促使案件的侦破；要尽量避免或减弱有害偶然因素的影响，使侦破工作正常进行。(3) 从现象到本质——促进侦查思维过程的深化。由现象到本质是侦查主体对案情认识不断深化的过程，侦查人员要能够识别假象，揭露犯罪的本质。(4) 从可能到现实——尽快侦破案件。侦查人员需着眼现实的可能，将可能性转化为现实性，破案才能成功。要培养侦查辩证思维需努力学习唯物辩证法；认真研究科学技术史和侦查技术史；尽量了解科学技术和侦查技术的新成果；高度重视在侦查实践中运用和锻炼辩证思维。

2. 侦查形象思维。侦查形象思维就是侦查主体在侦破案件的思维过程中自觉地加工感性形象认识，反映侦查客体的形象特征，把握客体形象的本质，从而能动地指导侦查实践的一种思维方式。侦查的形象思维以案件中的客观形象为思考对象。侦查形象思维具有预见性、跳跃性和概括性等特点。侦查形象思维的具体过程是：调查了解阶段—类比联想阶段—直觉猜测阶段。我们可以借助读书法、绘画法、观察法、语言锤炼法来培养侦查形象思维。

3. 侦查直觉思维。侦查直觉思维就是侦查主体在侦查破案过程中，以高度省略、简化、浓缩的形式，对与案件有关的事物、现象、问题及其关系的一种迅速的识别、敏锐而深入的洞察、直接的本质理解和综合的整体判断。侦查直觉思维具有直观性、非逻辑性、洞察性、倾向性、创造性等特征。我们可以通过积极实践法、信息储存法、敢于猜测法、树立榜样法来培养侦查直觉思维。

4. 侦查灵感思维。侦查灵感思维就是侦查主体在分析、研究案情时，由于某种因素的触发，创造力高度发挥，致使思维豁然开朗、一通百通，对案情获得突破性认识的一种思维方式。在侦破过程中，侦查主体运用这种思维方式，往往会收到奇迹般的效果。侦查灵感思维的本质是侦查思维质变的一种特殊形式；是侦查主体显意识与潜意识相互作用的结晶。侦查灵感思维具有非预期的突发性；不受意识控制的非自觉性；思维过程的跳跃性；信息处理的模糊性；反常规的独创性。侦查灵感思维的发生形式是多种多样的，但概括起来，其基本的发生形式主要有三种，这就是偶然因素的触发、内部潜知的闪现和梦。侦查人员可以通过如下方法培养侦查灵感思维：（1）长期积累，造成丰厚的大脑信息网络系统；（2）张弛结合，创造诱发灵感的心理条件；（3）善于运用突破常规的科学思维方法。实践证明，能够打破常规思路的科学思维方法主要有：两面思维方法；发散思维方法；相似思维方法；高度重视用显意识调动潜意识，如追捕热线法、暗示右脑法、寻求诱因法、搁置问题法、跟踪记录法等。

5. 侦查创造思维。侦查创造思维就是侦查主体在侦查活动中发现问题和创造性的解决问题的思维。侦查创造思维具有创新性、整体性、跳跃性、价值性等特征。记忆是发生侦查创造思维的前提和基础；想象是发生侦查创造思维的先导；思维的组织适应性是发生侦查创造思维的契机。侦查人员可以在平常的学习中主动获取足够的犯罪信息，为创造思维的产生奠定基础；要善于捕捉机遇，打开创造之窗；要发展想象能力，使自己具有创造的翅膀。

第二节　侦查信息论

一、侦查信息的含义

（一）信息及信息论

信息作为科学名词，是20世纪40年代以后的事。在美国的《韦伯字典》里，信息是“用来通信的事实，在观察中得到的数据、新闻和知识”。在英国的《牛津字典》里，“信息就是谈论的事情、新闻和知识”。在日本的《广辞苑》里，“信息是所观察事物的知识”。在中国的《辞海》里，“信息是对消息的接受者来说预先不知道的报道”。这些是信息概念的通俗解释。信息来源于物质，体现物质的特征、物质的运动和发展，是人们认识事物的基础。一般地说，信息是指反映客观世界中各种事物的特征和变化的组合，是一种有用的知识。信息具有与它所表征的物质客体可分离性的特点，由于这一特点，一个客体虽然早已消亡，但有关它的信息却可以长期保存下来，有时还可以借助于一定的技术手段把它复制出来，正是信息的这一点特点为侦查活动中再现犯罪现场提供了科学依据。

20世纪40年代末，费希尔、申农、维纳从不同角度对信息进行研究，创建了信息论。其中，申农于1948年发表的《关于通讯的数学理论》一文产生过重大影响，它被认为是狭义信息论诞生的标志。由于信息本身具有极为广泛的意义，信息论很快传播到通信以外的其他领域，于是广义信息论开始发展起来。信息论主要研究对信息的认识问题，即如何描述和度量信息。列宁曾经指出："物质世界的每一个物体都是一定信息的媒介"，信息能增进我们对事物、事件或现象的认识。所以在侦查工作中，对犯罪嫌疑人的犯罪行为特征、动机特征以及人身特征等的分析和判断，也只有通过信息才能够再现犯罪真相。

（二）犯罪信息

"犯罪信息"一词出现得比较早，因而学者对这一问题研究得比较多。我们认为犯罪信息是指信息论引入刑事侦查学所得到的科学概念，是用信息方法分析处理犯罪这一特殊行为的产物。因而，犯罪信息除了具有信息的一般含义和存在规律外，还具有鲜明的领域特征和自身的特殊规定性。它不再等同于原始意义上作为自然科学概念的信息，也不等同于哲学上具有普遍意义上的信息；而是在侦查领域内，与犯罪相关的、反映和表征犯罪行为并揭示犯罪过程的实质，为侦查破案提供途径的信息。这一定义揭示了犯罪信息的基本内涵：第一，犯罪信息源于犯罪行为，没有犯罪行为就没有犯罪信息。第二，犯罪信息寓存于与犯罪有关的各种事物和现象当中，存在于犯罪现场、存在于犯罪现场的每一个痕迹物证、存在于整个犯罪过程的每一个环节之中、存在于特定人的记忆之中。第三，犯罪信息虽然具有不确定性、具有显性和隐性两种属性，但是运用现代科学技术是可以被人发现的，是一种客观存在。第四，犯罪信息是犯罪现象和揭露犯罪的中介，是侦查破案的桥梁纽带，没有犯罪信息就没有侦查信息，就不能侦查破案。

（三）侦查信息

侦查信息包括犯罪信息，侦查信息又包含在公安信息之中。犯罪信息在侦查信息中处于核心地位，是侦查信息的"内核"，是侦查信息最重要的组成部分。借鉴张玉镶教授对犯罪信息的定义，我们认为侦查信息是在侦查领域内、与侦查相关的、反映和表征侦查行为并揭示侦查过程的实质，揭示侦查规律，为侦查破案提供途径，为打击犯罪、维护社会治安提供依据的信息。侦查信息包括三个方面的内容：来自犯罪行为方面的犯罪信息；来自犯罪系统外部环境方面与犯罪相关的信息；来自对侦查有用的各种知识信息（自然科学知识和社会知识）。具体包括犯罪信息以及八大公安信息资源库（全国人口基本信息资源库，全国出入境人员资源库，全国机动车/驾驶人信息资源库，全国警员基本信息资源库，全国在逃人员基本信息资源库，全国违法犯罪人员信息资源库，全国被盗抢汽车信息资源库，全国安全重点单位信息资源库）等丰富的信息资源。这些信息在侦查活动中的实际价值并不一样，有的起证据作用，有的有线索价值，有的对侦查主体认识案情时有参考作用。

二、侦查信息的类型

按照不同的标准可以对侦查信息进行不同的分类：

（一）按照侦查信息的来源分类

按照侦查信息的来源不同，可以把侦查信息分为犯罪信息、犯罪环境信息、相关知识信息。所谓犯罪信息，是指来自犯罪行为方面的信息，它是犯罪行为发生、存在、发展变化状态及属性的表征。犯罪信息是犯罪行为的共生体，就是说只要有犯罪行为发生，就必然产生犯罪信息。犯罪信息从不同侧面，以不同形式，反映犯罪行为的状态、过程和特征。犯罪信息可以存在于犯罪现场，也可以存在于其他场合，还可以存在于相关人员的记忆中及其他情报中，总之，犯罪信息比较广泛，既有明显的，也有潜在的，收集起来亦有一定的困难。所谓犯罪环境信息，是指实施犯罪前后，反映犯罪行为人活动情况和其他与犯罪有联系的又不属于犯罪行为本身产生的信息。如反映犯罪行为人实施犯罪前后活动踪迹的信息（吃饭、买东西等），还有反映犯罪遗留物的产地、销售情况的信息，以及周围发生的相关事件能佐证犯罪时间的信息，等等。这些信息对于侦查主体认识案情、进行侦查决策有很大的帮助，有些信息直接提供侦查线索或旁证，为侦查部署提供客观依据。相关知识信息主要指对侦查有帮助的反映相关科技知识、专业技能和社会知识方面的信息。侦查涉及的知识面广、范围大、内容复杂，侦查主体必须注意向有关专家、科技人员、社会经验丰富的人求教，从中收集对侦查有帮助的信息，如向气象部门了解案发时的风力大小、雨量多少、未来天气变化趋势；向医生了解病理、药理知识；向兵器专家了解武器、爆炸物威力等。收集这些信息既可以当面求教，也可以查阅相关资料。这些信息虽然与犯罪无直接联系，但对侦查活动却有很大的帮助。

（二）按照侦查信息的寓存形式分类

按照侦查信息的寓存形式不同，可以把侦查信息分为物质性信息和意识性信息。物质性信息比较集中地存在于犯罪行为人活动的环境中，例如，犯罪现场及其犯罪阶段到过的相关场所，犯罪现场会引起温度变化或留下气味，犯罪行为人触摸过的东西，会留下指纹或手套痕迹，除此之外，还会存在表明时间、行为动作、心理状态、动机目的等方面的信息。犯罪现场上遗留的毛发、泥土、纸片等都蕴涵着大量信息，有待于侦查主体进一步开发、提取，加以利用。物质性信息的干扰因素较少，不会故意提供虚假信息等待内行人去发掘、提取它。意识性信息主要寓存于受害人、耳闻目睹人及其他知情人的记忆中。犯罪行为人在实施犯罪前后和实施犯罪过程中，会对受害人、事主或其他耳闻目睹的有关人员的感官（耳、鼻、眼、身）产生一定的刺激，使他们对犯罪行为人的衣着打扮、体貌特征、音容笑貌、动作习惯等方面都会留下一定的印象，存储在记忆中，经过回忆，可达到“思维再现”。意识性信息可以转化为录音带、录像带和文字符号等物质性信息。意识性信息易受提供信息者的主观因素影响，一方面，由于提供信息者的感知能力、生理、心理状态及时间长短等因素影响，容易使信息减值或失真；另一方面，受提供者政治态度或利害关系的影响，有可能不如实反映情况或故意提供虚假信息等。

三、侦查信息论的作用及其意义

信息方法论是运用信息观点和理论分析研究系统的性能和运动规律的一种科学方法，在侦查活动中也发挥着越来越重要的作用。侦查信息的重要作用主要体现在以下四个方面：

（一）侦查信息是侦查主体认识案情的中介

任何犯罪案件的发生，都是犯罪行为人在一定的犯罪动机支配下，为达到某种目的，在一定时间内，依赖一定的空间条件，对特定的目标实施侵害，造成一定危害后果的行为结果。犯罪行为人的一系列活动都产生犯罪信息，犯罪行为人的犯罪行为就是产生犯罪信息的信息源，犯罪信息从各种渠道，以不同的方式表征犯罪行为发生、发展的状态和特征。这些犯罪信息又能借助一定的载体（如声、光、电、热、色、气味等）传递出来，被人们所接收，从而成为维系犯罪事实和侦查主体认识案件规律与特点的纽带。所以，犯罪信息是沟通犯罪事实与侦查认识的中介。犯罪相关的环境信息和相关知识信息，以同样原理和方式表征与犯罪相关的情况和知识，倘若没有相关信息的传递就无从认识与犯罪相关的事实，所以相关信息的客观存在是侦查主体认识与犯罪相关事实的桥梁。

（二）侦查信息是侦查决策的基础

正确的侦查决策取决于多种因素，如决策方法是否正确、决策领导者的智慧和能力等。但决定性的因素是对双方对抗形势、具体案情、未来行动和结果的正确分析、判断。而正确的分析、判断又取决于是否全面、及时、准确地获取相关信息。掌握的信息不充分，对案情认识模糊不清，处于朦胧状态下作出的侦查决策就失去了客观依据，离开信息的决策是盲目的决策，难免陷入“盲人骑瞎马，夜半临深池”的境地。在侦查对抗中，案情不断发生变化，如果在执行侦查决策方案过程中，信息不灵，不能因案情变化而及时调整和补充行动方案，也会导致决策失败。所以，在激烈复杂的侦查对抗中，情况千变万化，为了保证侦查活动沿着正确的轨道发展，侦查主体在进行决策时，必须从各个方面，通过各种渠道，及时、准确、全面地获取信息，使侦查决策建立在可靠的基础上。

（三）侦查信息是实施侦查控制的前提

侦查活动是一个连续不断的控制过程，实施控制的前提和基础就是案情发展变化的有关信息。在侦查过程中，侦查主体不断通过各种形式，从各方面获取犯罪信息或与犯罪相关的信息。为推动侦查工作的发展，可以在一定时间或区域内有目的、有计划地释放某些信息，观察反应，以从中发现嫌疑目标；还可以通过信息传播调动对方，使侦查对象向有利于侦查而不利于对手的方向发展，以此实施对犯罪系统的控制。

侦查信息论的主要特点是以犯罪信息概念作为考察和侦悉刑事案件基础的原动力，完全撇开刑事犯罪活动的具体结构和运动方式，把系统的案件构成抽象为一个信息变换的简单过程，从而为侦查破案提供了一个崭新的信息领域。侦查信息论的主要意义表现为在侦查活动中确立了“信息制胜”的观念。以信息认识、揭示犯罪；以信息配置刑侦力量、沟通指挥；以信息运筹刑侦谋略；以信息来侦查破案进而最终控制犯罪是信息制胜观念在侦查工作中的重要体现，“信息制胜”的观念与侦查工作遵循的“依靠群众、抓住战机、积极侦查、及时破案”的十六字方针是统一的，因为人们群众的支持和配合无疑是获取侦查信息最为广阔的天地，而侦查信息的快速传递、处理和决策则十分有助于加强横向联络和侦查协作，这又是“积极侦查和及时破案”的有力保障。

（四）侦查信息是侦查信息化建设的灵魂

侦查信息化是指以信息科学为先导，以信息技术和计算机网络技术为载体，在侦查部门统一规划下，搜集、储存、传输、分析、判断和处理与侦查有关的各种信息，并以此为依据制定侦查决策，指导侦查破案，以信息主导侦查的过程。侦查信息化是一个过程也是一个目标，信息化建设提升了公安机关侦查破案打击犯罪的能力和水平。侦查信息化在破案中的作用越来越大，提高了破案效率。侦查部门建立的与刑事犯罪相关的人、地、物品、组织、案件等要素为核心的信息体系，为刑事侦查决策、侦查开展提供了全面的信息支持。

第三节　同一认定理论

一、同一认定理论的产生和发展

同一认定理论是在断狱破案与认定罪犯的长期实践中产生和发展起来的。在最早的“神判”法中，就已经包含了同一认定的因素。虽然不科学，但它却是现代同一认定种类之一的辨认的前身。19 世纪初，贝蒂隆的人体测量法的诞生是人类历史上第一次系统地采用科学方法来进行人身同一认定的尝试。到了 20 世纪初，由于自然科学的迅速发展，许多新的科学成就不断引入侦查学领域，促进了鉴定实践的发展，由对人身的同一认定发展到对物的同一认定，为同一认定理论体系的建立提供了物质基础。到了 20 世纪 20 年代至 30 年代，系统的同一认定理论首先在前苏联形成。

1925 年，前苏联学者亚基莫夫在《方法学上的一致性》一文中，就详细论述了同一认定理论的一些基本问题，如同一认定的概念、特点和分类，同一认定的方法、标准和划分条件等。20 世纪 30 年代，C. M. 波塔波夫教授首次系统论述了同一认定的科学基础和基本方法。20 世纪 50 年代末，伐·雅·柯尔金等人在全面总结前人研究成果的基础上，运用辩证唯物主义基本原理，结合前苏联犯罪侦查实践，系统论述了同一认定理论。伐·雅·柯尔金以《犯罪对策同一认定理论和一般方法》为题发表了他的研究成果，标志着同一认定理论开始走向成熟。

我国在 20 世纪 50 年代引进了前苏联的同一认定理论，但由于多方面的原因，国内的专家学者们直到 70 年代末才对这一理论进行了较为系统的独立研究。1982 年，徐立根教授在统编教材《犯罪侦查学》一书中第一次系统地阐述了我国的同一认定理论。近几年来，国内在这一领域的研究有了较大的进展，特别是在痕迹学、指纹学、笔迹学等分支学科中就同一认定问题进行了有益的探讨，为建立具有我国特色的同一认定理论体系打下了基础。

二、同一认定的含义

（一）同一

所谓“同一”，是特定的客体物自身与自身的等同，即是物的自身同一。“同一”一词来源于拉丁文“ibem”，意即视为同一、视为相同。在美国，“同一”是“大自然从不精确地重复其本身”原理的表现。从词源及其应用看，同一都有物自身等同的含义。

马克思主义唯物辩证法认为，物质世界具有特殊性，物质世界的任何一个客体物都是独一无二的。正是因为客体存在着特殊性，因此，客体物只能是等同于其自己，而与其他一切客体物都有区别。俗话说：人各不同，万物皆异。世界上的事物各不相同，再相似的两个物体之间也有差别。事物之间这种绝对的差异性是我们理解同一理论的基础。

同一和相同或相似不是同一个概念。在认定客体物同一时，实际上只有一个客体物，即这个客体物自己与自己同一；在认定客体物不同一时，实际上有两个客体物，尽管这两个客体物的外表可能十分相似，以致很难加以区分，但他们毕竟是两个客体物，相似不是同一、不是等同。

（二）同一认定

关于同一认定的概念，学者们最初在物证鉴定学中加以阐述，徐立根教授认为：“同一认定就是对先后出现的客体留下的特征反映体进行检验，用于决定先后出现的客体是否同一问题的一种方法。”邹明理教授认为：“同一认定是在诉讼过程中，由鉴定人对客体是否同一的问题所作出的科学判断。”何家弘教授对同一认定理论进行了拓展，提出了在整个侦查领域中的同一认定理论，提出同一认定是“在犯罪侦查过程中，具有专门知识的人或了解客体特征的人，通过比较前后出现客体的特征而对这些客体是否同一问题所作出的判断”。王大中教授认为：“同一认定是指在侦查人员的主持下，经具有专门知识的人和了解侦查客体的人通过比较其同步或先后出现的客体的特征，并依据这些特征认定对这些客体是否与自身同一作出的判断。”我们认为，同一认定是指具有专门知识的人或熟悉客体物某些特征的人，在研究和比较先后出现的两个反映形象特征的基础上对其是否出自一个或是否原属于同一整体物所作出的判断。这一概念包含以下基本要点：

1. 同一认定的主体必须是具有专门知识的人或熟悉客体物某些特征的人。他可以是司法机关下属的鉴定机关的鉴定人，也可以是被邀请的其他具有专门知识的人，还可以是犯罪案件中的被害人、犯罪目击人。

2. 同一认定的客体物只能是与案件有关的人或物（包括场所），而且这些客体物或其反映的形象在案件发生和侦查过程中已经先后出现过两次。

3. 同一认定的目的是确定某一客体物是否同一或是否源于同一整体物，也就是解决某一客体物与案件的特殊联系。

4. 同一认定的方法必须以对客体物特征的比较为基础，或者说，比较客体特征是认定同一与否的唯一途径。

5. 同一认定属于判断型认识活动，无论是物证技术鉴定中的同一认定，还是案件调查中的同一认定，都是对客体物是否同一所作出的判断。

（三）同一认定理论中的其他基本概念

1. 客体物和客体物反映形象。客体物是指外界事物，同一认定客体物是指一定的人或物的自身。客体物的反映形象是客体物自身形成的痕迹或以技术加工制成的复制品。

2. 被寻找客体物。它是指与案件有关的人或物，是第一次在现场出现后又离开不见的客体物，是侦查人员所要寻找的客体物。如犯罪分子在犯罪现场的玻璃上留下了拇指的指印，那么，犯罪分子拇指的指纹就是被寻找客体物。

3. 受审查客体物。它是指在案件侦查调查过程中被怀疑与案件有关的人或物，是正在寻找、需要审查的客体物。如案件中被怀疑遗留手印、笔迹的人等。在鉴定某一痕迹或者物品同一时，受审查客体物就是被寻找客体物。

4. 检材。就鉴定型同一认定而言，它是被寻找客体物的反映形象，或者是被寻找客体物自身的一部分。但是，在种属鉴定中，检材是指与案件有关的，用于解决专门性问题所必需的鉴定材料。它在多数情况下是为了确定被寻找客体物具有哪些特征而利用的，它在未作出结论前是个未知数，如被寻找客体物留下的指印、笔迹等。

5. 样本。它是指受审查客体物所形成的反映形象，或者是受审查客体物自身的一部分。在刑事案件中，样本是侦查人员收集的已知嫌疑人或物的反映形象，或者是其自身的一部分。

三、同一认定的类型

（一）根据同一认定主体的不同，同一认定可分为鉴定型同一认定和非鉴定型同一认定

1. 鉴定型同一认定是指鉴定人根据侦查部门或审判部门的决定和聘请而进行的对具体的物品、痕迹、物质进行的同一认定，主要是指各国法律规定的鉴定对象中的同一认定，如指纹鉴定、赤足印鉴定、牙痕鉴定、唇纹鉴定、皮肤纹鉴定、声纹鉴定、人的血液 DNA 鉴定等。鉴定型同一认定的主体必须是在案件中所要解决的问题方面具有专门知识的人，而且，鉴定型同一认定一般都是在各种检验的基础上进行的，其中大多数都要用专门的仪器来分析识别和比较客体的特征。

2. 非鉴定型同一认定是指由对被寻找客体物的外表特征有所了解的犯罪目睹人、被害人等在侦查员的组织和主持下进行的同一认定。这种同一认定总是以具体人的观察、记忆、分析等个体认识活动为基础，而且，个人的有关经验和能力往往起决定性作用，因此，其主体必须是了解所要认定是否同一的那个客体物的特征的人，并且应该在识别分析该类特征方面具备足够的经验和能力。辨认是一种主要的非鉴定型同一认定，作案手法同一认定也是非鉴定型同一认定。

（二）根据被认定同一客体物的不同，同一认定可分为人身同一认定、物体同一认定、场所同一认定

1. 人身同一认定，即以认定人身是否同一为目的而进行的同一认定。具体来说，人身同一认定就是要解决某嫌疑人是否就是我们在侦查破案中所要寻找的那个人，或者某尸体是否就是某人等问题。由于任何案件侦查工作的最终目的都是要解决谁是罪犯的问题，因此，人身同一认定在犯罪侦查中具有特别重要的意义。

根据人身认定是否同一的方法或途径的不同，可以把人身同一认定分为直接的和间接的两种。

所谓直接的人身同一认定，是指直接依据人体的直观特征来进行的人身同一认定。19 世纪法国人贝蒂隆发明的人体测量法，就是直接的人身同一认定的一种尝试。目前，在侦查实践中常用的人身同一认定主要有两种：一种是活人辨认；另一种是尸体辨认。

所谓间接的人身同一认定，是指间接地通过人所留下来的各种痕迹、声音、气味等来进行的人身同一认定。这种同一认定在犯罪侦查中起着十分重要的作用。目

前，这种同一认定主要包括指纹同一认定、赤足痕迹同一认定、笔迹同一认定、唇纹同一认定、声纹同一认定、气味同一认定、步伐同一认定等。随着刑事科学技术的发展，这种同一认定的范围肯定还会不断扩大。

2. 物体同一认定，就是根据物的特征来判断其是否自身同一的认识活动，具体地说就是要认定某一受审查物体就是我们要寻找的物体。由于侦查破案的最终目的是人身同一认定，所以物体同一认定总要服务于人身同一认定。一般来说，物体同一认定只解决了该物体自身与案件的联系问题，并未说明嫌疑人与案件的联系，尽管此物体可能就是属于该嫌疑人的，我们也要进一步认定他们在犯罪过程中的关系。

物体同一认定，又可以根据物体存在形态的不同，分为单体物同一认定与合量整体物同一认定。

所谓单体物同一认定，是指这种同一认定的客体具有单一且固定的形态与结构的物体，即我们通常可以视为一个东西的物体，如一把刀子、一根铁丝、一张纸等。单体物同一认定又可以分为完整物同一认定和断离物同一认定。完整物同一认定是解决案件中先后出现的两个或两个以上的完整客体是否属于同一客体的多次出现。如鞋印同一认定、工具同一认定以及枪支同一认定等。断离物同一认定是一种特殊形式的同一认定，是根据完整物被分离后，物证（遗留物）与其剩余物之间的整体分离关系进行的同一认定，是解决他们是否原属同一个体，如金属剪断痕迹的同一认定、撕裂纸张的同一认定等整体分离痕迹的同一认定。

所谓合量整体物同一认定，是指这种同一认定的客体是具有整体特定性的非单一形态与结构的物体，一般来说，我们不能在其前面加上单数量词，而要加上集合性量词。如一瓶酒、一袋小麦、一堆沙子等。合量整体物能否作为同一认定的客体，关键在于其整体特征是否具备了特定性、相对稳定性和可识别性。也就是说，它们在形态上虽然是可分的，但在特征组合上应是统一的，该整体中的每一部分都同样地具备只有该整体才具有的特征组合。合量整体物的同一认定，又可分为液态同一认定和固态同一认定两种。

3. 场所同一认定，是依据场所的综合特征判断其是否同一的一种认识活动。一般来说，场所同一认定都是要求认定某个场所是否就是与案件有关的那个场所，是在实施侦查活动的过程中所进行的同一认定。它有两种形式：一是由侦查人员根据某场所上的各种痕迹和物品来认定其是否是犯罪现场；二是由被害人对某场所进行辨认以认定它是否为要查找的那个与案件有关的场所。

（三）根据同一认定所依据的客体特征的不同，可以分为形象特征同一认定、物质成分特征同一认定、动作习惯特征同一认定

1. 形象特征同一认定即依据客体的外部结构形状与花纹色彩等直观的特征来

进行的同一认定。这是传统的同一认定方式，但在今天仍是最主要的同一认定方式。一般而言，同一认定并不能直接以客体物特征为依据，而要以客体物的反映形象特征为直接依据。目前，形象特征同一认定主要包括指纹同一认定、足迹同一认定、工具痕迹同一认定、枪弹痕迹同一认定、断离痕迹同一认定等，依据形象特征进行的人或物的辨认也属于此类同一认定。

2. 物质成分特征同一认定即依据客体物特定化的物质成分、结构、排列及其含量比例等方面的特征来进行的同一认定。如血型、DNA、分子结构、微量元素的种类和含量等。

3. 动作习惯特征同一认定即反映着某客体物的特殊运动规律的特征。如人的书写习惯反映出的笔迹特征，人的说话习惯反映出语音（声纹）特征，人的走路习惯反映出步伐特征等。

（四）根据同一认定结论价值的高低，可分为确定性同一认定和准确定性同一认定

同一认定结论价值的高低，实际上就是说，有些同一认定结论对所要解决的问题来说是十分确定的，而有些则不是十分确定的，带有一定的模糊性。因此，我们可以把前者称为确定性同一认定，如指纹、脚印、工痕、枪弹痕迹等同一认定，多为确定性同一认定；把后者称为准确定性同一认定，如辨认、笔迹、步伐等同一认定，多为准确定性同一认定。一般来说，确定性同一认定的结论，可以单独作为认定某一案件事实的依据；而准确定性同一认定的结论，则不能单独作为认定某一案件事实的依据，必须以其他的证据作为补充才行。同一认定结论价值的高低，只能在具体的认定条件下考察。离开了具体的认定客体和条件，是无法准确地把握其认定结论价值的。而且，随着人们认识能力的提高，一些准确定性同一认定也是有可能转化为确定性同一认定的。

四、鉴定型同一认定的步骤

在实施鉴定前，鉴定人应做好相应的准备工作，包括：通过听取送检人员介绍、查阅案件材料、进行实地观察等方式了解与鉴定有关的案件情况；从质与量两方面检查检材及样本材料是否符合要求；了解鉴定要求；准备相应的检测仪器和物质材料，进行必要的人员分工。在此基础上，按如下步骤实施鉴定：

（一）分别检验

这一阶段的任务是按先检材后样本的顺序分别发现、确定特征。一般是通过对未知客体的反映形象和已知客体的反映形象（或已知客体本身）特征分别进行发现和确定，以此了解反映客体或客体自身的特性，为比较检验的顺利进行提供必要条件。

发现和确定客体特征，应注意联系所掌握的案件情况，分析客体反映形象形成的具体条件，并运用必要的手段（如仪器观察、模拟实验）力争尽可能多地找出与客体有着本质联系的特征。寻找特征时应按顺序进行，即先检验未知客体的反映形象，后检验已知客体或其反映形象；先一般特征，后细节特征。这种顺序便于根据未知客体反映形象的特征分布确定寻找已知客体或其反映形象可比性特征的范围；同时，也便于在发现种类特征或一般特征不相同时，一般可不必再对细节特征进行检验，可据此作出否定的结论。

（二）比较检验

比较检验是分别检验的自然延续。其基本任务是在分别检验的基础上，对所确定的反映形象特征进行对照，找出相同点和差异点，为综合评判提供依据。

比较检验一般是比较客体的反映形象特征，作为辅助手段也可用未知客体的反映形象与已知客体本身进行直接比较。比较检验采用的方法有：特征对照比较法、特征结合比较法、特征重叠比较法、几何构图比较法、特征统计比较法。

在上述两个阶段，如需要对已知客体的特性进行更深入的研究，或获得更适合于同未知客体的反映形象进行比对的样本，可模拟未知客体反映形象形成的条件进行必要的实验。

（三）综合评判

综合评判是在综合大量感性材料的基础上，对比较检验中发现的特征异同及其在认定客体自身同一过程中的作用进行全面分析和评判，并在此基础上提出相应的鉴定结论。

比较检验所发现的特征是既有符合点又有差异点。这反映了事物发展和存在的常态。从是否反映了客体特性角度考察，特征的符合或差异都有本质的符合、本质的差异与非本质的符合、非本质的差异之别。因此，在分析评判时，必须首先分清特征相同点和差异点的性质。

分析差异点的性质，应当从反映形象形成的条件、环境、机理以及客体自身的变化情况出发，弄清差异点产生的具体原因。如果现有差异点能够从反映形象的形成及处理过程中找出合理的解释，则表明这种差异与客体特性无关，是一种非本质的差异。但是，如果现有差异点无法从反映形象形成的条件中找到符合逻辑的答案，不能断然肯定是本质差异。分析符合点同样要研究符合点的性质，是反映形象反映了同类客体共性而出现的符合，或是反映了客体特性而出现的符合。只有后者才是作出肯定同一结论的依据。因此，在分析了已知客体反映形象（或已知客体本身）与未知客体反映形象异同点后，还应对符合点或差异点的数量关系加以研究，最后，在质与量相统一的基础上，依据不同情况作出相应的结论。

（四）作出结论

鉴定型同一认定有两种基本的结论形式：肯定同一结论和否定同一结论。但鉴定实践中因各种主客观因素的影响，又确实存在既不能肯定又不能否定已知客体与未知客体是否同一的情形。对此鉴定人可提出带有一定倾向性的分析意见。这种分析意见固然无证据效力，但仍有积极的利用价值，因为所提出的推断性结论客观上有一定的事实依据，并不等同于一般的主观猜测。当它与办案人员所掌握的案情相结合时，在不少场合中这种不确定性结论能够转化为确定性结论，使办案人员对案件的某些事实形成正确认识。这无疑对加速案件的查处有着积极意义。所以，在鉴定结束后，即使提不出确切性结论，鉴定人也不应不置可否，而应根据检验的实际结果，运用所掌握的专业知识和积累的实践经验，积极提出自己的分析意见供送检人或送检单位参考。

（五）对同一认定结论的评断

我国刑事诉讼法规定，各种证据必须经过查证属实，才能作为定案的依据。以解决是否同一问题为目的的鉴定结论，和其他证据一样，也必须经过查证属实，才能作为证据加以使用。鉴定结论虽是在科学检验的基础上作出的，但它是否确实可靠，在案件中的证据意义如何，都须由侦查人员和审判人员正确地进行评断。鉴定结论的评断分为两个方面：一是评断鉴定结论的科学可靠性，二是评断鉴定结论的证据意义。这两方面互相联系。科学可靠性是鉴定结论构成诉讼证据的基础，证据意义则表明鉴定结论在证据体系中的地位和作用。

1. 对同一认定结论科学可靠性的评断

同一认定鉴定结论是鉴定人根据自己的专门知识，对案件中的专门性问题经过科学的检验和分析后作出的，一般说来是科学可靠的，但由于种种原因，鉴定结论也可能不正确，因此，各种鉴定结论不应盲目相信。评断鉴定结论的科学性时，应注意审查以下几个方面的情况：

（1）关于鉴定人方面的情况。审查鉴定人是否具备解决案件中专门性问题的知识以及解决专门性问题的实际能力。这一点可从多方面考察，如鉴定人是否受过专门的业务教育，从事科研工作的工龄，有无鉴定经验，有何技术职称等。若鉴定人不具备上述条件，其所作的鉴定结论是不足信的，必要时应另行指派、聘请鉴定人。另外，还要对鉴定人的职业道德进行审查，查明其是否有受外界干扰，故意作虚假鉴定的情况。

（2）关于检验方面的情况。首先，应审查检材是否具备鉴定条件，样本是否有比对条件，尤其是要注意检材和样本的来源是否确实。把来源不确实的材料作为鉴定依据，根据不具备鉴定条件的材料作鉴定结论，或是鉴定材料在收取、传递、保管过程中，受到意外损伤，都可能会使鉴定结论发生错误。其次，要注意考察检验工作是否充分。如果检验不够充分，作出的鉴定结论就不能认为在科学上是可靠的。如在检验可疑文书上是否有添写内容时，如果鉴定人只对有关部分字迹的墨水进行比对检验，而未对字迹笔画的细微特征进行检验，就不能认为检验是充分的。再次，要审查鉴定结论的科学依据，即鉴定人所依据的原理是否科学，运用的设备是否完善，采用的方法是否正确。如果鉴定人运用的原理和方法尚未得到验证，在学术界还存有争议，根据这些原理和方法进行的检验就很难认为在科学上是可靠的。

（3）关于论证方面的情况。在同一认定鉴定书的论证部分，应当就此对检验中发现的差异点与符合点进行综合评断。在评断同一认定结论时，应当注意论证是否充分。如果在检验部分描述了发现的差异点，结论是认定同一，但在论证部分却未对差异点进行解释，或者虽有解释，但缺乏说服力，这样的论证就是不充分的。论证不充分，结论就不易使人信服。

（4）审查鉴定结论和其他证据的关系。即审查鉴定结论与其他证据是否协调一致，有无矛盾。如相互矛盾，则要对鉴定结论与其他证据一并审查，以确定其客观真实性。

2. 对同一认定结论证据意义的评断

评断鉴定结论的科学可靠性是要解决鉴定所确定的事实是否正确，而评断鉴定结论的证据意义，则要解决鉴定所确定的事实对确定犯罪事件和认定被告人有罪究竟有什么意义。违背科学性的鉴定结论，当然毫无证据意义，但同是符合科学的鉴定结论，在案件中的证明力也不尽相同，有的证明价值较大，有的证明价值较小。

（1）对认定人身同一结论的评断。对人身进行同一认定所依据的反映形象，可能有两类情况：一类是同正在侦查的犯罪事件没有联系，例如，根据指纹登记卡片上的指纹对犯罪嫌疑人进行同一认定，根据照片对无名尸体进行同一认定等。根据这类反映形象进行同一认定作出的结论，对侦查证实犯罪的意义，要根据它们在侦查任务中所起的作用来决定。另一类是同犯罪事件存在联系，其中又可分为以下几种情况：第一种情况，反映形象是在实施犯罪或掩盖犯罪行为时形成的，如实施犯罪时，在犯罪现场入口处的气窗木框上留下的指印，根据这种反映形象作出认定同一的结论，是证明被认定同一的人实施犯罪的有力证据。第二种情况，反映形象是在犯罪现场逗留时形成的。根据这类反映形象作出的同一认定结论，不能证明一定的人实施了某种犯罪行为，而只能证明一定的人到过犯罪现场。如果要证明被认定同一的人不仅同犯罪现场有联系，而且同犯罪行为有联系，那么，还需查明一系列其他情况，如此人平时是否来过犯罪现场，特别是发案前后是否到过犯罪现场，在现场接触过哪些物品等。必要时，还可询问其本人发案前是否到过现场，若承认到过现场，要仔细了解和研究其在现场的情况；若否认到过现场，而同一认定结论又证明他接触过现场物品，则要仔细研究其为什么要否认到过现场，是出于狡辩抵赖还是出于害怕心理。第三种情况，反映形象是在案件中发现的一些物品上提取的。如在现场勘查中发现的遗留物上或在搜查中发现的可疑文书上提取的痕迹。根据这类反映形象进行的同一认定的结论，并不能证明一定的人实施了犯罪行为或者在犯罪现场逗留过，但这个结论却能为侦查人员找到同犯罪事件有联系的人提供十分重要的线索和方向。在这种情况下，侦查人员应仔细研究留在这些反映形象上的物品为什么会出现在犯罪现场或某个人的住处。为了研究这些问题，有时可以对受审查的人直接讯问。

（2）对认定特定物同一结论的评断。对特定物同一结论的评断包括两个方面，其一，确定被认定同一的物同犯罪事件的联系；其二，确定特定物与一定人的联系。

被认定同一的物同犯罪事件的联系，有三种情况：一是已被认定同一的物是犯罪分子实施犯罪的工具。如根据门上的撬压痕迹认定为某一工具所留；根据碎尸骨骼中发现的刀刃碎片，认定碎尸是使用了某一把菜刀等，这都可以证明已被认定同一之物为犯罪工具。二是已被认定同一的物曾在犯罪地点被使用过。如根据现场上的脚印，认定为送交检验的胶鞋所留，这个结论，只能说明这只胶鞋曾经在犯罪地点被穿用过，但不能说明它就是犯罪时所穿用的，要想证明这点，还要查明一些其他情况，排除在犯罪时间以外留下这个鞋印的可能。三是已被认定同一之物，同犯罪事件只有间接联系，既不是犯罪工具，又不曾在犯罪地点被使用过。如根据现场遗留物上的工具痕迹，认定为某一工具所留，这个结论既不能证明这一工具就是犯罪工具，也不能证明它在犯罪现场上被使用过。但是，既然它通过现场遗留物和犯罪事件有着某种间接联系，所以，还可以为侦查犯罪提供一定线索。

五、同一认定在侦查中的意义和作用

在传统的侦查理论和侦查实践中，同一认定理论仅仅作为刑事侦查技术和技术鉴定的理论加以应用，这不仅在内容上限制了同一认定理论的应用，也在客观上限制了对同一认定理论的应用，更在客观上限制了对同一认定理论研究的深化。自从何家弘教授提出“大同一认定”之后，越来越多的人认为同一认定理论不仅贯穿于侦查活动的全过程，而且还贯穿于各项侦查措施和侦查手段中。

（一）同一认定理论是侦查学发展的动力，具有重要的理论意义。侦查学的所有价值、功能都是以同一认定为中心形成的。同一认定理论的研究，不仅可以孕育出许多新的侦查思维、侦查方法，而且能够形成丰富的侦查学科内容和体系，是建构侦查学科框架的基础。

（二）同一认定理论是发现线索的重要手段，具有重要的实践意义。通过同一

认定，可以揭示人与痕迹、物与痕迹、人与行为、犯罪嫌疑人与被查找人、尸体与失踪人、物与物、人与犯罪、场所与犯罪以及物与人之间的客观联系，这种联系的肯定或否定，都为侦查提供了科学依据，可以为侦查人员缩小侦查范围，寻找案件突破口提供帮助。同一认定是发现侦查线索、确定侦查方向的重要手段。

（三）同一认定理论是证实犯罪的重要依据。对案件事实的同一认定，可以肯定或者否定犯罪嫌疑或因果关系，使与案件有关的部分事实得到证明，具有重要的证据价值。同一认定结论与案件事实之间存在特定联系，这种联系越紧密，与案件事实之间的确定性程度就越高，结论的证据价值就越大。通过同一认定对待证事实进行分析、判断，对印证和补强犯罪嫌疑人、被告人的供述、辩解、证人证言、被害人陈述等是否真实可靠具有重要意义。

但是，同一认定不是万能的，对其真实性和可靠性应进行审查和判断，在实际办案中，存在着过分迷信结论、很少作实质性审查判断的现象，出现了只要鉴定人员出具了同一认定结论，侦查人员就据此抓人、审判人员就据此判决的情况，结果导致冤假错案。因此，必须深刻认识到同一认定结论不具有超越其他证据的证明力，在运用时应当和其他证据一样，由侦查人员和法官对其真实性、可靠性进行审查判断。

【延伸阅读】

目前关于同一认定原理的定位问题，代表性的观点有“鉴定同一认定论”（小同一认定论）、“侦查同一认定论”（中同一认定论）以及“诉讼同一认定论”（大同一认定论）等。

传统的观点认为同一认定理论只适用于物证技术鉴定学，认为同一认定的结果、就是对需要认定的结果、就是对需要认定的客体或对象作出是与否的鉴定结论。现在也有学者在重新审视同一认定原理的前提下提出同一认定理论是物证鉴定的专门理论，不应将其与侦查和诉讼中的同一性认识活动相混，无限制扩大其适用范围。不可否认的是，同一认定理论与物证鉴定学有着不可分割的联系，但问题在于，承认同一认定是物证鉴定学的基础理论，并不能据此否定同一认定在整个侦查过程中的作用；不能否认同一认定原理对侦查学的意义，也不能据此狭隘地理解同一认定原理。从内容到形式上对同一认定的单一化理解是一种认知的偏颇，在一定程度上弱化了同一认定理论在刑事侦查理论和实践中的作用，既制约了理论的发展，也限制了侦查实践的发展。

侦查同一认定理论是对鉴定同一理论的发展，认为同一认定是一种判断型的认识活动，科学检验只不过是认识客体特征的一种手段，侦查活动以所要寻找的犯罪人为被寻找客体，以各个嫌疑人作为受审查客体，通过一系列局部的同一认定，最终判断嫌疑人与犯罪人是否同一。另外，在侦查同一论中提出了限制与发展的同一认定论，其中提出了发展的观点，我们认为是科学的，也肯定了从鉴定型同一认定到侦查同一认定的发展，但认为"对犯罪人的最后认定"的一系列证明活动不是同一认定缺乏论据，而是对同一认定的缩小理解，限定了同一认定的范围。

何家弘教授提出侦查同一论后，又将同一认定理论拓展到了整个诉讼领域。诉讼中所谓的同一认定实为对侦查中的同一认定的结论进行的价值判断，作为法官，其职责是对侦查人员查明的案件进行评价，审判本身并非是进行新的同一认定的活动。例如作为证据使用的指纹同一认定，法官所做的只是审查工作，其进行的司法判决不是独立的同一认定，而只是一般意义上的价值判断，并没有创造性地进行同一认定。审判中由司法鉴定人员等对其所出具的鉴定结论进行分析说明，法官对其作出价值评判，如果合理可以作为证据使用，否则不予采纳。因此，诉讼中的同一认定实质上就是侦查中的同一认定，审判的过程是对侦查中得出的同一认定结论的价值判断。

第三章　侦查学的发展历程

【典型人物介绍】

皋陶，名庭坚，字聩，颛顼帝与邹屠皇后的第七个儿子，据《旧志》、《左传》。舜、禹时期的士，士师，大理官，即司法长官，是我国历史上第一个大法官。《春秋·元命里》载："尧得皋陶，聘为大理，舜时为士师。"《尚书·舜典》载："帝舜三年，帝曰：'皋陶，蛮夷猾夏，寇贼奸宄，汝作士，五刑有服，五服三就，五流有宅，五宅三居，惟明克允！'"皋陶是中国神话中公正的法官。清脸鸟嘴，铁面无私。生活在公元前2280—2170年原始社会末期和奴隶社会初期，当时在晋南一带的尧、舜、禹等部落结成强大的联盟，形成了华夏诸国的核心。尧都平阳（今山西临汾）。皋陶卓有成效地辅佐了尧、舜、禹三代君主，成为我国先秦史中一位具有深远影响的人物。其创刑、造狱，倡导明刑弼教以化万民的思想为四千多年来我国各个时期制定、完善、充实各项法律制度，奠定了坚实的基础，历史上被人们喻为"圣臣"。相传皋陶有一只獬豸（獬豸又称直辨兽。当人们发生冲突或纠纷的时候，独角兽能用角指向无理的一方，甚至会将罪该万死的人用角抵死，令犯法者不寒而栗），能知道谁是有罪的人，皋陶审理案件，遇到疑难，就牵来獬豸，獬豸只抵有罪的人。

第一节　侦查学的萌芽

侦查学的萌芽是一个漫长的时期，是侦查职能活动从无到有，进而发展、完善的时期，是为侦查学的诞生创造条件、奠定基础的时期。中国及世界各国都以不同方式对侦查学进行积极地探索，但这时的侦查学仅以非常原始的形式产生和存在，学科体系尚未形成。由于国外相关资料的缺乏，本节笔者按朝代先后主要对中国刑事侦查活动产生和逐步丰富的情况进行阐述。

一、原始社会至春秋时期执行刑事侦查职能的官吏及活动概况

中国由漫长的原始社会进入阶级社会的标志，就是夏朝的建立。在此期间，随着奴隶制国家制度的孕育和发展，刑事侦查工作也有了最初的萌芽。

（一）“士”官与皋陶獬豸断案

据《尚书·尧典》记载，舜时在部落联盟议事会中设有九种官职，其中“士”的职能就包含了刑侦与狱警两个方面的内容。夏朝奴隶制国家正式确立，启设“六卿”（即后稷、司徒、秩崇、司士、士、共工），此时的“士”已经剔除了原先的边防警察的职能。

对于“士”，《尚书·舜典》载：“帝（舜）曰：‘皋陶，蛮夷猾夏，寇贼奸宄，汝作士。’”这是我国有关侦查的最早记载，根据这一记载，舜帝时期的“士”官皋陶应是中国历史上第一个从事侦查职能工作的人员。皋陶担任的“士”官的职责包括对付“蛮夷猾夏”和“寇贼奸宄”两个方面，即在军事上具有边防警察的职能，在社会管理方面具有刑事侦查、治安管理等治狱的职能。可见，我国最原始的刑事侦查是与军事、行政和司法集于一体的。而且，这一时期的侦查主要是依靠神示、占卜来作出决定。皋陶使用的獬豸断案方法是一种典型的神明裁判方法。

（二）“司寇”和西周侦查方面的杰出成就

西周时期在周王之下设有专理刑狱的“司寇”，“司寇”下设“士师”、“士”，负责处理各种司法事宜。“司寇”、“士师”、“士”为侦查权的主要拥有者。

1. 西周在审讯方面有突出的成就，体现在三个方面：

第一，“狱讼不席”——审讯时，要求当事人都必须到庭，坐席对质，这就是“狱讼不席”制度，它表明了作为国家职能活动的审讯的威严性。但是为了使奴隶主贵族不致在狱吏面前受辱，法律又规定大夫以上贵族“不躬坐狱讼”，必要时可以派下属参加。

第二，“听狱之两辞”——审讯时重口供，强调“听狱之两辞”，但也不排除其他有意义的人证、物证、书证。

第三，“五听”　　最杰出的成就是把朴素心理学的知识应用到侦查中，即“以五听狱讼，求民情”。“五听”：一是辞听（观其出言，不直则烦）；二是色听（观其颜色，不直则赧然）；三是气听（观其气息，不直则喘）；四是耳听（观其听聆，不直则惑）；五是目听（观其眸子，不直则眊然）。“五听”的审讯方法是统治者在侦查审讯实践中长期积累经验的结果，它和原始的神明裁判相比，可谓一种进步。另外，这种方法提出了心理学在司法领域中的作用，具有科学意义。

2. 中国最早验看伤情的制度产生于西周

《礼记·月令》载：“孟秋三月，命理瞻伤、察创、视折、审判、决狱讼必端

平。”这也是中国有关勘验制度的最早记载。

（三）春秋时期的侦查成就

根据《周礼》的记载，春秋时期具体执行侦查职能的官员有：“司虣”（负责维持治安，禁止暴乱），“司稽”（主管巡市、司察其犯禁者及拘捕盗贼等），“禁暴士”，“禁杀戮”，“司隶”（负责管理奴隶、俘虏以给劳役，捕盗贼）。上述官职的职能与当今的防暴警察、巡逻警察、治安警察、监狱警察的职能相似。由此可见，社会变革时期的春秋时代，侦查体制在横向上得到了丰富的发展。

二、秦汉时期执行刑事侦查职能的官吏及活动概况

（一）秦的侦查官吏和侦查成就

1. 秦朝的侦查官吏设置

秦朝的刑侦职能除基层治安机构有专人执掌外，在京师、郡、县三级机构内依旧包含在某些官吏的职能之中。在京师有“中尉”和“内史”；在郡、县两级机构，在郡守和县令之下分别设有都尉和县尉，负责治安管理和侦查犯罪；秦朝的基层治安机构相当完备，县级之下分“亭、乡、里正、伍老”四级，其中亭、乡长之下均设有专人，以负责刑事侦查事务。里正、伍老是基层治安组织的负责人，对于辖区内的治安事务有报告、管理的责任。

2.《封诊式》中体现出的侦查成就

1975 年 12 月，在湖北省云梦县睡虎地出土了一批秦代竹简，其中《封诊式》是我国也是世界上最早的刑事侦查法规性著作。它的侦查成就集中体现在审讯和勘验两个方面：

（1）审讯方面的成就。《封诊式》中提出了细析详察得真情为上、刑讯逼供为下的审讯原则；提出了三步骤的审讯程式；提出了迂回包抄、分析矛盾的审讯策略。

（2）重视现场勘验和法医鉴定。从《封诊式》看，秦代的司法机关在受理案件后，比较重视现场勘验和法医鉴定，并对此作了详细的笔录。

（二）汉的侦查贡献

汉朝由皇帝直接控制的“执金吾”和“司隶校尉”负责维护京师治安和打击犯罪的职能；京师的地方治安由长安令和其下设的县尉负责；汉朝的地方侦查由都尉、贼捕掾、县尉、游缴、亭长负责。汉代对侦查的贡献主要体现在三个方面：

1. 秘密侦查方法的产生

汉代对侦查的手段进行了丰富，产生了多种秘密侦查方法，并将其广泛用于侦查实践的侦查方面。这些秘密侦查方法主要有两种：

第一，以“候”侦探，使用罪犯。

汉代末，在对付刑事犯罪方面，统治阶级已经总结了一套专门的办法。汉宣帝末年，小黄县令焦延寿曰：“以候司先知奸邪，盗贼不得发。”“候”即秘密警察，“司”同“伺”，即侦查。由于焦延寿经常派“候”侦查盗窃动向，所以盗窃案件少，这是秘密侦查的先声。汉武帝时，义纵为定壤太守，“猾犹民夷为治”，唐人颜师古注：“百姓有素豪猾为罪恶者，令长（义）纵之严，反为吏耳目，助治公务，以自效。”这是中国古代使用耳目的最早记载。汉武帝时，尹赏任长安令，在打击犯罪集团的首领、惯犯中，对于罪行轻微而愿意改过者，便暂缓追究，责令其立功自赎。其中“尽力有效者，因亲用之爪牙”。将能干的任用为吏。

第二，设告密箱。

《汉书·赵广汉传》记载，西汉宣帝年间，颍川郡的强宗豪族相互结亲，勾结官府，并豢养了一批流氓打手，打家劫舍，严重地影响了地方治安，数任郡太守都无法治理，赵广汉接手后，用离间的办法，分化瓦解，收到了效果。他除了收买豪族了解情况之外，还设置“项筒”，奖赏告密。项筒，是一种瓦制的告密箱，形状如瓶，有小孔，投放简牍，可入而不可出。赵广汉得到告密信后，削去告密者的名字，然后说，这是某某豪族告发的，从而使豪族之间相互埋怨、相互告发。这样，逐个进行击破，从而使强宗豪族间互相为仇，奸党散落，风俗大改。汉武帝年间，中尉王温舒也曾设过“项筒”封后告奸，此所谓“投项购告言奸”。

2. “以罪犯对付犯罪”的侦破方法

在西方19世纪出现的“以罪犯对付犯罪”的侦破方法早在我国汉代即已出现。和凝与和嵘编著的《疑狱集》中写到，汉代长安京兆尹（郡太守）张敞在审案时采取了“以偷治偷”的方法，就是争取贼头把所有的盗贼一网打尽。在《折狱龟鉴》中也载有《听密伏奸》，此案即是用秘密力量破获的。

3. 建立犯罪情报资料档案

《汉书·尹翁归传》记载，尹翁归任东海郡太守时很了解一郡治安情况，“郡中吏民贤与不肖，与奸邪罪名尽知之。”他采用的办法之一，就是县县都有“证籍”。这就是说，各县都建立档案，专门记载与社会治安有关的情况。官吏百姓中谁好、谁坏以及发生过的一切案件的情况，都记录在档案上。因此，地方上发生了案件，他往往能够指出作案人的姓名，命县令、丞按他的分析，去追踪犯人。实践证明，他的推断常常是对的。后来，他任右扶风时，也还用这个方法，“奸邪罪名亦县县有证籍”。

三、唐宋时期执行侦查职能的官吏及活动概况

（一）唐朝的侦查概况

唐朝是我国封建社会发展的鼎盛时期，但仍然是政警不分、军警不分。在京师虽然设有专管巡警京师的机构，中央的某些部门和京师行政长官处也有一些负责治安的机构和人员，但依然没有专门的司法体系，刑事侦查职能仍然包含在各级行政长官的某些治安官吏的职能之中。地方上，唐朝设府（州）与县两级，府（州）行政长官兼管治安，下属官员中负责刑事侦查的称为“法曹参军”。县的行政长官也负有刑事侦查的一部分职能。县令之下又设有“司法”一职，其职能与府州的“法曹参军”相同。

（二）宋朝的侦查成就

宋朝，中央设有刑部和大理寺两个专门机构分管司法。大理寺负责详断全国各州县报请复审的刑事案件，刑部则详细评议大理寺所详断或刑部所详复的案件。在地方，宋代还设有两套行使国家警察职能的机构，一套叫巡检司，另一套叫县尉司。前者主要维持大都市，农村、河道、海上，驿道和边境地区的社会治安；后者主要维持一般城镇的社会治安，这项制度有别于历代封建王朝，成为宋代警察制度的一大特色。此时虽然仍未设专门的刑事侦查机构，但刑侦职能却有所扩展，水平也日益提高。这不仅体现在宋代诞生了世界上现存最早的、系统的法医学名著《洗冤集录》，而且刑事侦查其他方面的研究也颇受重视，出现了一大批有关刑事侦查的论著。这些著作总结了前人及当时刑事侦查工作的大量经验，对此后的刑事侦查工作有重大影响；同时，宋代的司法制度也更加完善。

1. 世界上第一部法医学专著——《洗冤集录》

宋代的刑事检验制度是当时世界上最完善的。这以《洗冤集录》一书为标志。中外法医学者公认的，现存最早的系统法医学著作是《洗冤集录》，编撰于南宋宋理宗淳祐七年（公元 1247 年），为中国古代伟大的法医学家宋慈（字惠父，1186—1249 年）所撰。该书比欧洲第一部系统法医学著作——意大利巴列尔摩大学教授费德罗（1550—1630 年）发表的《医生的报告》早 350 年。《洗冤集录》一经问世，便引起广泛重视，被“官司检验奉为金科玉律”。

现代法医学检查分为尸体检查、活体检查和物证检查；《洗冤集录》所包括的仅是尸体检查，而没有把我国古代的活体检查和物证检查的经验包括在内。因此，可以说，《洗冤集录》是一部比较系统地总结尸体检验的法医学著作。

《洗冤集录》的主要内容有：宋代关于验尸的法令；验尸的方法和注意事项；尸体现象；各种机械性窒息死；各种钝器死伤；锐器损伤；古代的交通事故；高温致死；中毒；病死与急死；尸体发掘等。可以说包括了现代法医学中心内容的大部

分，它不是零散地记录一些方法或事例，而是系统地阐述法医学的尸体检验方法和检查所见。

2. 宋代三大刑侦著作

宋朝有三部对后来刑事侦查活动影响甚大的著作——《疑狱集》、《折狱龟鉴》、《棠阴比事》，被誉为“宋代三大刑侦著作”。

《疑狱集》是由和凝（五代）、和㠓（北宋）父子先后编辑而成的，是我国最早的刑事侦查案例集。主要内容有三类：治狱之道、定案之法和破案之法。

《折狱龟鉴》由南宋高宗绍兴年间（1131—1162 年）郑克所撰。这是继《疑狱集》后又一部重要的刑侦著作。其内容以《疑狱集》为基础，又补充了一些史料及宋代故事，而且在许多案例故事后，附有作者的评论，就各种治狱经验加以比较分析。成书以来，历南宋、元、明、清四朝八百多年，流传不息，为世所重。

《棠阴比事》系南宋桂万荣撰，刊于宋宁宗嘉定辛未（1211 年）。本书的内容均取自《疑狱集》与《折狱龟鉴》，只是重新编排了目录。本书取名“棠阴”是引自周代召公在棠阴树下听讼决狱的故事：自陕以西，召公主之，当农桑之时，重为所烦劳，不舍乡亭，止于棠阴树下，听讼决狱，百姓各得其所（应《风俗演义》）。《棠阴比事》后来风行日本和朝鲜，成为这两个国家刑事侦查的先声，在中外文化交流史上有着重要的影响。

四、明清时期执行刑事侦查职能的机构、官吏及活动概况

（一）明朝的侦查概况

明朝是封建专制制度高度强化的时期，政警仍然不分。明朝的刑事侦查职能由两套机构共掌。一是在京师有锦衣卫、五城兵司马及皇帝随时委派的捕盗军队。二是各级地方文武官员都具有捕盗之责。在地方行政长官之下，设有专职捕盗官。府称捕盗通判、捕盗同知；县称判官或巡捕主簿等。在乡间实行里甲、保甲制度，各里甲、保甲均有专人防御盗贼。同时，明代承袭了宋代的巡检司制度，在全国各府（州）、县关津要害处设巡检司。

明朝实行特务政治，其主要机构除锦衣卫外，还有由宦官组成的东厂、西厂、内行厂，这些特务机构在全国进行大肆的侦缉伺探活动，形成了一个庞大严密的侦缉网，事无巨细，都可成为他们的侦缉目标，影响极大。规定凡限期捕获者有赏，失职者则要受惩治。

（二）清朝的侦查概况

清朝是中国最后一个封建王朝，我国现代警察制度于此开始形成。京师有负责治安的步军统领衙门、五城、顺天府。其中，步军统领衙门中有专司京师捕盗的巡捕五营。当时规定凡人命案由五城兵司马指挥亲自验查，盗窃案由副指挥与吏目负

责踏勘。“五城”之下，设有“司坊官”，专掌本坊内的捕盗、治安事务；“司坊官”之下，又设有专司捕盗的捕快。在地方，清代实行保甲制，保甲制度主要用于“弭盗贼”。清代的这一制度至19世纪末，随着政权的衰落逐渐被废止。资产阶级改良主义的维新运动，为中国引进了一系列西方现代文明。

中国近代警察制度的萌芽，是主张变法维新的黄遵宪于1898年在湖南长沙创设的湖南保卫局，这是参照日本警视厅和上海等地租界巡捕制度设立的。此后，清政府迫于情势，决定在全国设立警察机构。1901年，设立了“工巡总局”，但仍不是专门的警察机构。1905年，朝廷设立巡警部（后改称“民政部”），产生了中国最早的中央警察机构。此后不久，还组建了侦缉队，制定了《侦缉队章程》。随着中央警察机关的确立完善，清末各地方的警察机构也逐渐建立起来。至1907年春，各省改设巡警道，各州县改设巡警署，归地方行政长官统辖。至此，清代警察机构基本形成体系。

清政府不仅改革了警察机构，而且还制定了一系列的警察法规，用以调整警察机关和人员的活动，同时，对于警察教育也颇为重视。早在1901年，即委派全权大臣庆亲王奕劻与日本人川岛浪速订立合同，创办了北京警务学堂，这是我国警察教育之始。1902年，袁世凯在天津、保定开办巡警学堂，1903年，合并为北洋巡警学堂，聘请日本警官任教。此后，云南、广东等省都开办了地方巡警学院或训练所，警察教育普及全国。清代末年警察制度的重大改革，无疑对我国的刑事侦查发展起了很大的促进作用。

第二节　侦查学的创建

近代侦查学的诞生地是欧洲。同其他学科一样，侦查学的产生并非一蹴而就，也经历了一个由分散到综合、由低级到高级的发展过程。在系统的侦查学产生前的几十年间，即19世纪到20世纪初期，它的一些分支性学科先后创立发展起来，为系统的侦查学的产生奠定了基础。

一、法医学的产生和发展

自1598年意大利人费德罗发表欧洲最早的较系统的法医学著作之后，就有不少的学者和医生致力于这方面的研究，并陆续推出成果。1689年，莱比锡的约翰尼斯·博恩出版了一本论述有关检验创伤、鉴别生前创伤与死后创伤的方法，以及受伤致死、烧死和溺死的不同表现的著作。至18世纪末，法医学被公认为一门科学。1792年，爱丁堡大学开设了法医学讲座，使得这门新兴科学得以推广。1803年，英国学者约翰·戈登·史密斯出版《医学伦理》一书。1813年，巴黎大学化学兼法医学教授马蒂厄·奥尔菲拉集其经验写成《毒物的特性》一书，并和比利时人琼·斯塔斯等药剂先驱者分别对各种毒物加以离析和鉴别，毒物化验因此而日趋科学。在1840年著名的“玛丽·拉格案件”中，奥尔菲拉因运用科学方法成功地检验出人体及泥土中的砷，从而证明被告人有罪而闻名遐迩，成为刑事毒物学的创始人。

二、笔迹学的产生和分流

早在1609年，法国人弗兰科尼·迪麦尔在一篇关于笔迹鉴定的论文中就介绍了笔迹鉴定的方法和原理。虽然当时一些国家的法院已经承认笔迹鉴定结论具有证据价值，但是，笔迹鉴定学从其诞生之日起就伴随着它是否科学可靠的激烈争论。在争论声中，笔迹鉴定领域中出现了一些影响较大的流派。

笔相学派是笔迹鉴定中最为古老的流派。1622年，意大利人卡米洛·巴尔迪发表了《依照书法认识人的生活方式、性格和个人品质的方法》一文。1872年，法国神甫米尚在《书法的秘密》一书中对巴尔迪的观点进行了详细的阐述，并加以补充和发展，形成了系统的理论。巴尔迪和米尚成为了心理笔相学派的代表人物。笔相学的另一分支生理笔相学的代表人物是意大利著名的法医学教授和犯罪学家龙勃罗梭，他在1895年发表的《笔相学指南》一书中力图用生物犯罪学的原理来解释人的笔相，龙勃罗梭认为，“笔迹是人的先天品质的反映，天生罪犯的特点可以从笔迹中表现出来。”龙勃罗梭的理论在当时社会上引起了很大的反响，吸引了不少人士参与到这一研究领域中来，从而使笔相学的影响广为传播。龙勃罗梭则被后人公认为是笔相学派的代表人物。

书法家鉴定派流行于18世纪末19世纪初，由于当时尚没有专门的笔迹鉴定人员，所以欧洲许多国家的法律都规定要由掌握书法“秘密”的教师、文书、书记员等“书法家”担任鉴定工作。这些人一般都不掌握笔迹鉴定的基本知识，只根据职业所培养的观察力和个人经验进行鉴定，他们往往只注意笔迹中字母和笔画的形状以及笔画连接形式等表面特征，并据此对书写人进行同一认定。德国的格罗曼于1792年发表的著作和英国的科利特于1828年发表的著作堪称这一学派的代表作。

特征描述派是由法国的阿方斯·贝蒂隆于19世纪末创立的。这一学派强调笔迹鉴定人员在比对罪证文书和样本字迹时，要先把被检笔迹中那些多次重复的特征抽取出来，然后按统一规定的专门术语对这些典型特征进行描述，描述的内容主要是字母和笔画的间隔、倾斜度、位置、大小、形状等。其代表人认为，笔迹鉴定一般只能作出否定同一或笔迹相似的结论，而不能作出肯定同一的结论，因为一个人的笔迹是可以由他人伪造的。此外，他们还在笔迹鉴定中采用了照相底片重叠法来进行特征比较，以加强鉴定的客观性。

书法测量派是由书法特征描述派发展而来，法国埃德蒙·洛卡尔首先提出了这一理论。他认为，笔迹鉴定的基础是字母各部分之间的大小比例，并试图用数学方法来抵消鉴定人的主观因素对笔迹鉴定的影响。这一学派的观点显然受了19世纪末20世纪初自然科学飞速发展的影响，其方法虽提高了笔迹鉴定的精确性和规范性，但是他们却忽视了笔迹特征中数量与质量的关系，存有机械比对的缺陷。

三、人体测量法和阿方斯·贝蒂隆

至19世纪中叶，鉴别和认定罪犯依然是困扰刑事侦查部门的一个难题。这个难题首先被法国巴黎警察局的阿方斯·贝蒂隆攻破了。阿方斯·贝蒂隆利用统计学成果改进刑事犯罪统计系统，创建了闻名于世的人体测量法，开创了世界上科学辨认人犯身份的先河。在贝蒂隆以前，警方辨别前科犯、通缉犯和冒名顶替坐牢的人，只是凭借对外貌的记忆和描述。担任缉查工作的警察常常要到监狱去，让被关押的人们站在自己面前或围着自己转，从中辨认出要查找的目标。这种方法当然极不可靠。1879年3月，贝蒂隆经父亲推荐到巴黎警察局当上了一名小公务员，负责在监狱内登记犯人卡片，内容包括姓名、化名、罪行、判决和体貌特征描述。时间一长，他对这种单调、枯燥、低效而又不准确的工作深感不满。贝蒂隆出身“科学世家”，他的祖父是数学家和自然科学家，父亲是统计学家和著名医生。贝蒂隆在家庭的熏陶下，有一定的统计学知识和科学的头脑。他曾听到祖父和父亲多次讨论和研究过比利时统计学家凯特列特的一种观点：世界上没有两个人在身体的各尺码上完全一致。受此启发，贝蒂隆在上司的默许下，从1879年7月开始在监狱内进行人体测量统计。通过对大量测量数据的分析，他发现在所测一项数据中，两个成年人完全相同的概率为4∶1；两项数据完全相同的概率为16∶1。在大量比较分析的基础上，贝蒂隆筛选了11项数据：身高、坐高、双臂展宽度、头长、头宽、两额宽、右耳长、左下臂长、左中指长、左小指长、左足长，并计算出11项指标均相同的重复概率为4194304∶1。他将自己的发现于当年8月和10月两次向当时的警察局长路易·安德留报告，但却根本没引起重视。贝蒂隆的成果得到了他父亲的支持和赞赏，为他多次奔走宣传，称它“意味着警察工作的一次革命”。直到1882年11月，新任警察局长卡梅克斯被说服，准许贝蒂隆进行三个月的“盲测”试验，如果在这三个月中查出了前科犯，则允许其继续进行研究。这在尚没有积累足够多人的测量数据档案时，是相当苛刻的条件，它意味着必须有人在这三个月内曾两次入狱！贝蒂隆和他的两个助手日以继夜地对入监犯人进行测量、登记、分类和比对。随着时限的逼近，贝蒂隆焦急万分。真是天不绝人，1883年2月20日测量了一个自称叫“杜邦”的人，发现他同1882年12月15日被测量的名叫“马丁”

的人的数据完全相同。贝蒂隆兴奋得立即揭露说杜邦曾因盗窃于1882年12月被捕，当时叫马丁，马丁无法抵赖。次日，巴黎的报纸把这一发现作为新闻予以报道。贝蒂隆的测量法被获准无限期试验。1883年查出48名前科犯，1884年查出300名前科犯。贝蒂隆及其人体测量法因此名扬世界，推广到几乎整个欧洲和亚洲、美洲部分国家。巴黎建立了人体测量中心，贝蒂隆任主任，一个新词——Bertillonage（贝蒂隆鉴别法）诞生了。但随着同一时期指纹鉴定研究的不断深入，烦琐的人体测量法终于被简便的指纹鉴定法所取代。

与此同时，贝蒂隆还创立了辨认照相的方法和对罪犯外貌特征的描述系统，后来很多国家在此基础上发展了“人像组合技术”和“刑事外貌登记法”。

四、指纹识别法的产生

但是，贝蒂隆的人体测量法也有不可弥补的缺陷，在实际运用中导致了一些大的错误。为了寻找更为科学可靠的鉴定犯人的方法，从19世纪下半叶开始，英国人就开始研究利用指纹来鉴定罪犯。最早注意到这种方法的是威廉·赫胥尔（原孟加拉国警官）和亨利·福尔兹（在日本行医），他们从当地中国人用捺指印代替签名订立契约的方法中得到启发，先后于1859年、1880年，提出利用现场上遗留的指印来认定犯罪人。至1892年，英国科学家弗朗西斯·高尔顿经过几年的潜心研究，得出了指纹终身不变、指纹没有重复，每个指纹都是不相同的、指纹可以分类三个结论，并出版了《指纹学》一书，建立了初具体系的指纹鉴定法。此法于1895年在英国得到正式采用，1899年，爱德华·亨利又出版了《指纹的分类及使用》一书，使指纹的分类方法更科学，使用也更为方便。1900年，英国正式废除贝蒂隆的人体测量法，建立了以指纹为依据的人身鉴别制度，此后亨利的指纹鉴定法几乎被所有英语国家所采用。而在大西洋彼岸，阿根廷的胡安·符采蒂奇于1891年也开始研究十指指纹分类系统，并取得很大进展，1904年出版《比较指纹学》一书，其分类方法从此在拉美各国和西班牙语地区陆续推广使用。在1914年摩纳哥举行的第一次国际警察工作会议上，指纹法被确立为鉴别人身的标准方法，一直使用至今。

这些分支性学科的先后创立和蓬勃发展，为系统的侦查学的诞生做好了理论准备。

五、汉斯·格罗斯和侦查学的诞生

奥地利的汉斯·格罗斯（1847—1915年）先后做过法院侦查员、大学侦查学教授）。他是第一个提出“侦查学”这个名词的人。他将前辈和他本人在同犯罪作斗争中运用的技术方法和侦查手段加以系统总结，于1892年出版的《预审法官手册》，是他对当时的侦查工作中采用的各种技术手段和策略方法的综合论述。格罗斯集当时的侦查理论与实践之大成，将犯罪侦查与法医学、毒物学、司法化学、人体测量学、指纹鉴定法、笔迹鉴定法、枪弹检验技术等融为一体，分为犯罪现象论述和科学侦查论述两大部分。科学侦查又有刑事策略方法和物证技术两部分。书中提出勘验犯罪现场必须先静后动的“黄金规则”和“重现现场”两个著名论点，后来被视为侦查学的经典。1898 年该书第 3 次再版时，格罗斯增加了“犯罪侦查方法”的副标题。1949 年在英国用英文出版时（第四版），译名为《犯罪侦查》。与此同时，格罗斯在 1898 年创办了侦查学领域第一本科学杂志——《犯罪学和犯罪学档案》，1912 年，他在奥地利格拉茨大学成立了第一个侦查学研究所。由于格罗斯这本书译名为《犯罪侦查》，所以各国学术界和侦查实践工作者公认它是侦查学创立的标志，加上格罗斯在侦查学领域的其他开创性贡献，因而格罗斯被公认为侦查学的创始人，西方警察学者将他誉为“侦查学之父”。他潜心研究几十年，将化学、物理学、摄影学、显微镜学、植物学、动物学等广博知识用于刑事侦查的实践中。在实践中他成功地检验了自己的许多观点，并逐步完善自己创立的理论。例如，一次，他在破获一起盗窃案时，盗贼一口咬定指甲上的疤痕是被捕前 6 个月留下的。汉斯·格罗斯引证了人的指甲的生长率，证明了如果这疤痕真是如被告人所说的时间那么长，它在被捕前早就该消失了，因而说明他在说谎。

六、新中国侦查学的创建

在同一时期的近代中国，社会形态由封建社会演变成半封建半殖民地社会。加之外强入侵内乱频繁，战争不断，使得社会发展十分缓慢，在某些方面甚至出现停滞、倒退现象。刑事侦查的发展由于受当时历史条件的制约，处于非常落后的状态，没有形成一门独立的科学，只有极少数人进行了一些零星的研究，如 1931 年成立了一个“全国指纹学会”，会长刘紫苑编著了《中华指纹学》一书，这是中国历史上第一本指纹学专著，它归纳介绍了国外指纹学的理论，并提出了自己的“三种六类”和“四步分析”方法，可惜未能推广。此外，冯文尧编著了《刑事警察科学知识全书》，介绍世界各国关于刑事警察工作各方面的科学知识。当时还编辑出版了一些案例故事案。抗日战争胜利后，首都警察厅首先成立了刑事警察总队，其后，各省市也纷纷仿效，但主要是为特务政治服务。在普通刑事案件的侦查方面，则显得相当落后，而进行刑事侦查理论研究的人更是凤毛麟角。

新中国成立初期，人民公安机关在总结解放区与犯罪作斗争的经验及批判地继承和借鉴中外侦查学的历史遗产的基础上，开始了创立中国自己的侦查学的探索和尝试。1950 年 8 月 5 日，罗瑞卿同志在全国第一次侦查工作会议上对新中国成立前后几年的侦查工作经验作了总结发言，提出了侦查工作的方针、原则，为建立具有中国社会主义特色的刑事侦查工作奠定了基础，也为理论研究和教学工作提供了依据。此次会议后，中央公安部编写了《公安保卫工作业务》（参考资料）一书，书中体现了侦查工作会议的精神，也对侦查教材的体系、结构作出了初步探索。1953 年，中央人民公安学院和各大区公安分院先后设立，随着公安教学和科研工作在全国范围内的不断发展，刑事侦查的理论研究不断深入。1953 年 12 月中央人民公安学院编写了《刑事侦查工作讲授提纲》，1954 年公安学院陆续写出了成套的刑事侦查工作教材：《刑事侦查工作概论》、《外线工作》、《专案侦查》、《刑事科学技术工作》等。1955 年以后，相继邀请苏联侦查学方面的专家、学者来华讲学，并翻译出版了几本苏联的侦查学（当时称《犯罪对策学》）教材和若干侦查学方面的专著，主要有《犯罪对策学》、《秘密调查》、《杀人案件的侦查》、《现场紧急措施》等。我国在有选择地吸取苏联和其他国家的成功经验基础上，结合本国刑事犯罪斗争需要，创立了有中国特色的侦查学。公安部、人民警察干部学校以及各地公安机关先后编印《刑事侦查工作概述》、《刑事特情工作》、《现场勘查工作》、《刑事外线侦查工作》、《刑事专案工作》、《预防犯罪工作》、《刑事技术鉴定工作》等教材。在此基础上，1958 年，由公安部政治部主持，抽调各省市刑事侦查部门有经验的同志和中央人民公安学院及其各分院、第一民警干校的教师，编写了我国公安系统第一本系统的、具有权威性的刑事侦查统编教材《刑事侦查工作教材》。该教材的出版为我国侦查学的建立奠定了第一块基石。也就是在这时，我国才初步创立了自己的侦查学。侦查学作为一门具有较为完整学科体系的学科，已初具雏形。但这时期的“刑事侦查”著作和教材，基本上还是讲述刑事侦查工作的方法和经验，尚未涉及侦查学的概念、研究对象、研究方法、学科体系等方面的理论问题，缺乏基础理论的研究。

随着近代资本主义国家制度及科学技术的发展，侦查学首先在西方资本主义国家创立，并不断地在世界各国得到承认和发展。中国也初步形成完整体系，侦查学已初具雏形。这一时期，通过总结我国当时刑事侦查工作经验，为侦查学奠定了方针、政策、原则以及适合我国国情的理论基础，同时，通过学习借鉴西方刑事犯罪学，尤其是苏联犯罪对策学，初步形成了我国自己的具有一定科学性、理论性、系统性的学科。

第三节　侦查学的发展

侦查学一经诞生，便迅速在世界各国得到承认和发展。19 世纪末至 20 世纪初，英、美、法、日、俄等国都在本国司法实践的基础上，相继确立了侦查学的科学地位并致力于研究和发展这门新兴学科，形成了各具特色的侦查学体系。与此同时，刑事侦查的组织和制度也在各国不断得到扩充和完善，这对于侦查学的发展无疑起到了极大的促进作用。

一、美国的平克顿私人侦探公司和联邦调查局(FBI)

（一）平克顿私人侦探公司

阿伦·平克顿，1819 年出生于苏格兰，1842 年移居美国，一个偶然的机会使他成功地查获了一伙伪造货币的匪帮，于是他成了一名专职侦探。他在破案方面的天赋和才干很快使他名声大噪，被任命为辖芝加哥市库克县的副保安官。

1850 年，平克顿勇于冒险的性格使他辞去了在芝加哥警察局中的职务，创建了美国第一个私人侦探组织——平克顿侦探公司。该公司最初的业务主要是侦破铁路上的盗窃案。由于平克顿的侦探们善于化装成不同社会地位的人去搜集各种犯罪情报，破案效能极高，所以深受当时一些铁路大公司的欢迎。

1861 年，南北战争爆发后，平克顿便化装为 E·J·阿伦，为北方联邦军领导了一个专门搜集南方军事情报的组织，该组织后被命名为美国情报局。内战结束后，平克顿又恢复了他的侦探公司。当时，美国正值西部热，成千上万的形形色色的人从美国各地乃至世界各地奔聚而来，其中不乏那些专以抢劫商店、银行和铁路为业的“牛仔式”强盗。面对这猖獗一时的犯罪浪潮，警方显得颇有些力不从心，于是，许多工矿企业和铁路运输公司便纷纷求助于平克顿侦探公司。事实证明，平克顿手下的“硬汉式”的侦探们确为那些“牛仔式”强盗的克星。

在收集犯罪情报方面，平克顿一般都不去犯罪集团中寻找告密者，而是让他手下的人打入犯罪集团中去刺探情况，这种破案模式使得平克顿公司更具有传奇色彩。对于美国人来说，平克顿一词几乎就是近代私人侦探的同义语。

19 世纪初期以后，刑事侦查机构的不断独立化和私人化是刑事侦查发展史上的一次深刻革命，这不仅使刑事侦查在国家职能体系中的地位更加突出，而且也为刑事侦查的理论研究提出了更高的要求和开辟了广阔的前景。

（二）美国的联邦调查局（FBI）

在美国，最早采用指纹鉴别罪犯的是纽约州当局，该州于 1903 年就开始采取罪犯的手印。1896 年，国际警察总监协会在芝加哥成立了犯罪鉴定局，该局收集了许多惯犯的资料，形成了一个有价值的刑事档案的收集中心。1905 年，西奥多·罗斯福总统命令招募一些有刑侦学知识的人，组建专门的侦查机构，这个机构被命名为调查局，后改名为联邦调查局（FBI）。美联邦调查局科学技术实验室成立于 1932 年，刚开始时仅有的设备为一台普通显微镜、几台紫外线仪、一台螺旋式测量仪和一些废弃的书架，但随后，在当时的联邦调查局局长 J·爱德加·胡佛的领导下，联邦调查局实验室研究领域不断发展，科学仪器不断更新规模亦不断扩大。充足的资金来源、活跃的学术空气，使得联邦调查局实验室的法庭科学家们不仅在国内法庭科学界起着主导作用，而且在世界法庭科学界也有着决定性影响。目前，联邦调查局已成为世界上规模最大的犯罪情报中心和鉴定中心，拥有世界上最先进的技术设备和手段。

二、法国的维多克侦破模式和埃德蒙·洛卡尔

（一）维多克侦破模式

拿破仑时代以前的法国警察部门只负责侦探和逮捕反对法国国王的政治反对派，而不插手刑事案件，就是到了拿破仑时代的后期，专为侦查刑事犯罪活动而建立的巴黎警察厅一局也总共只有 28 名治安法官和几名巡警。18 世纪末 19 世纪初，巴黎治安形势十分严峻，眼看着刑事犯罪的浪潮就要把巴黎淹没，此时，巴黎警察厅刑事警察局的开山鼻祖埃森·弗朗索瓦·维多克登上了刑事侦查历史舞台。

此前的维多克身世飘零，经历惊险离奇，他曾多次入狱，与法国当时最凶残的罪犯关押在一起。1799 年他第三次越狱成功后，正准备洗心革面、重新做人之际，昔日监狱里的牢友们不断地威胁他、敲诈他，从而引发了他对他们的仇恨，这仇恨使他迈出了决定命运的一步：他投靠了巴黎警察厅，他如愿以偿地得到了宽恕，并担负了负责巴黎治安的工作。

可以想见，这一事实本身对于当时巴黎的警察部门是件多么难堪的事，因为维多克 1810 年前的身世无论从哪方面而言都与警察人员的正面形象相悖，但是，维多克模式的社会效果却使当时的西方警界惊叹不已，也使巴黎警察厅成为富有传奇色彩的警察部门而闻名遐迩。仅在 1810 年间，维多克所领导的蹲过大牢的 20 个助手就抓获了各种罪犯 800 余名，拔除了一些犯罪集团的据点，而以前却从未有哪个治安法官或巡警敢涉足这些巢穴半步。

作为法国刑事警察部门的胚芽，维多克及其手下千百次地巧设骗局，派人潜入犯罪分子频频活动的地区，搞假逮捕，在监狱里安插秘密力量，混在囚犯中打探情报，演骗人的“逃跑”把戏，甚至被“打死”的把戏。这种“以罪犯对付犯罪”的模式获得了极大成功，使得维多克以后的巴黎警察厅一直沿袭这种模式多年，西方各国也纷纷效仿，视其为对付犯罪的灵丹妙药。

维多克本人由于了解罪犯习性，同时又极有耐心，直觉力强，善于表演，并且具有罕见的视觉记忆能力，因此，他在同犯罪作斗争的过程中一直得心应手。1833年，由于巴黎新任警察总监反对这种以囚犯组成刑事警察队伍的做法，维多克卸职。退休后的维多克办起了私人侦探所，成了富商巨贾，而且居然当了作家。

(二) 埃德蒙·洛卡尔

法国的侦查学一直居世界先进行列。继贝蒂隆之后，法国的侦查学家们不仅在法医、毒物化验，痕迹检验等刑事技术方面作出了巨大贡献，而且在侦查学的其他领域也取得了令人瞩目的成绩。

1920年，法国著名的侦查学家、司法鉴定学家和警察技术实验室的先驱埃德蒙·洛卡尔（1877—1966年)，出版了被世界各国奉为经典的《刑事侦查的方法》一书，随后他又编著了八卷巨著《侦查学专论》，被许多国家翻译出版，在世界刑侦史上占有重要地位，对侦查学的发展起了积极的影响。洛卡尔在指纹学问世之后，根据皮肤乳突线花纹鉴别人身的原理，为汗孔学的建立奠定了基础。洛卡尔还在收集鉴定各种墨水、尘土、金属微粒以及笔迹学的完善方面作了有益的探索研究。他在建立和发展刑事技术实验室方面卓有成效，是世界上警察技术实验室的创始人，很多新的实验方法都是他首先采用的。他在里昂创办的实验室实际上曾是刑事侦查鉴定和教学实验的国际中心，在世界尤其在欧洲有着广泛的影响。而世界上历史最悠久的巴黎刑事警察局不仅在刑事侦查的组织机构、制度等方面为世界各国提供了有益的借鉴，而且至今是世界刑事侦查的研究中心。设立在巴黎近郊的国际刑警组织，在世界范围内有效地打击愈来愈突出的各类刑事犯罪，加强各国刑侦部门的联系与合作，促进刑事侦查手段的更新与研究等方面，都发挥着越来越重要的作用，成为当今世界最有影响的国际组织之一。

三、英国的“苏格兰场”和DNA技术

(一)“苏格兰场”

资产阶级刑事警察制度，是法国国王菲立浦三世所创设，他于1327年在巴黎任命了不属于司法系统，专司刑事侦查的皇家官员，但第一个独立的刑事侦查机构是1829年英国建立的苏格兰场。

13世纪前，英国的刑事侦查工作基本上由私人负责，每一公民均有维持治安的责任。到了18世纪中后期，由于资产阶级生产力的不断发展，大型企业的不断出现，伦敦出现了两个半专业性的警察机构，构成了独立侦查制度形成的基础。一个是由著名小说家亨利·费尔丁和其兄约翰·费尔丁共同组建的跑街警察，这是英国最早的有组织的警察；另一个是被誉为“英国首都警察之父”的帕特里克·科尔克霍恩博士创办的泰晤士河水上警察。

到了19世纪初期，英国国内阶级矛盾日益突出，工人阶级的斗争蓬勃发展，英国人口迅速增长并大规模向城镇集中也引发了社会治安与传统保安制度之间的日益尖锐对立，整个国家骚乱频繁，偷盗、抢劫及谋杀十分突出。面对日益严峻的社会治安状况，英内政大臣罗伯特·皮尔（后两任英首相）于1826年草拟了建立统一伦敦警察的规划，并建议组建一支由内政部领导的警察队伍，吸收并取代跑街警察和泰晤士河水上警察，负责维持首都地区的社会治安。1829年年初，皮尔向议会提出了《关于改进首都地区保安工作的法案》终获上、下两院一致通过。1829年6月19日经御批核准，英国历史上第一个现代警察组织——伦敦警察正式建立。

大伦敦警察队建址苏格兰场，初由军人查尔·罗恩上校和理查德·梅恩律师领导，人数约3000，其宗旨是预防犯罪。队中设有专职的侦查人员，后于1842年发展成为专门的便衣警察侦缉队——“苏格兰场”警察。他们根据犯罪案件的性质将其分为凶杀案件、盗窃案件、诈骗案件等不同类型的案件，然后将侦查人员划分为不同的专案大队，分别管辖不同性质的犯罪案件。专业化的侦查模式提高了侦查破案的质量，警方的侦破技能不断提高。伦敦警察的创建，带动了英国基层警察组织的建立，形成了包括首都警察、市级警察、乡村警察的全国保安系统。同时，在19世纪中后期，美国、加拿大、澳大利亚、新西兰以及英国在亚洲、非洲的许多殖民地也先后以伦敦警察为模式建立了统一的职业警察。

（二）DNA技术

自1829年罗伯特·皮尔创立了世界上最早的现代警察机构——“苏格兰场”之后，刑事侦查便由过去的落后、原始状态逐渐跨入科学的时代。尤其是在指纹法发明、推广使用之后，英国刑事侦查部门在研究运用各种技术手段侦查犯罪方面战绩斐然，从而成为世界上最强大的刑事侦查部门之一。他们致力于把各种最新科技成果和方法迅速运用于同犯罪作斗争的侦查过程中，从而使侦查学能在不断吸取当代物理、化学、电子技术、生物、遗传、医学等学科成果的基础上得到充实、更新和发展。至20世纪80年代，英国科学家又为侦查学贡献了一项具有历史意义的成就，即用DNA（脱氧核糖核酸）试验方法鉴别人身，这是运用遗传工程学的理论，根据每个人的DNA结构各不相同的原理，制成个人身份的遗传标志印，来鉴别人身或进行亲子鉴定的一种科学方法。这种方法开创了身份鉴别的新纪元。从某种意义上讲，它比指纹鉴定法更加可靠，也更加迅速有效，运用范围更广。这种方法是由英国斯特大学的生物学家阿勒克·热弗雷斯发明的。目前，已在世界各国引起重视并得到运用。

四、德国的刑事侦查

德国称侦查学为“刑事侦察学”，由于该国国民文化水平较高、科技普及，犯罪手段已不是“原始型”的操作，而是充分利用现代科技手段实施犯罪，竭力避免在现场上留下痕迹、物品甚至知情人的记忆痕迹，经常使用隐蔽手段进出现场，并采用极为狡猾的手段处理赃物。对此，以一般侦查手段和措施难以获取信息，必须用科技的策略原则，即以更先进的科技手段对付日渐科学化的犯罪，形成带有一定的“唯科技方法论”的侦查格局和框架。在其刑事侦察学的理论上，也突出反映了充分利用科技的特征。在这一科技对策的指引下，德国的刑侦科技设备和验证手段，以及备用的各种个人资料，堪称世界第一。执行侦查任务的警力，配备有各种专用车辆、设备、通信器材和直升机；执行侦查活动中的任何细节，都可以从指挥室的大屏幕中详细显示，便于及时指挥、调整、支援和出动其他警种进行协助。从现象上看，德国拥有上述警力、物力和科技手段，理应在打击犯罪上有所作为，但实际效果却与此相反。另外，德国是欧洲联盟的成员国，各盟国居民均可免证进出德国，因此对于犯罪后立即逃离德国的案件，事后德国警方虽然查明犯罪行为及其作案手法和过程，但对犯罪人是无名可知，无处可寻，既不知来自何方，更不知逃向何处，只好作为悬案存档备查。由于上述两种被动因素，尽管德国有一套严密和科技化的侦查措施和设备，但根据联合国有关资料，德国的犯罪率仍高过6.38%。从这一严重犯罪后果来看，应该承认过分依赖科技方法则必然走向另一个极端，但不论如何，当前德国的侦查学仍然是欧洲的一个著名学派。

五、日本的侦查成就

在日本，除了学习和引进西方的现代警察制度及各种侦查学成果之外，警察部门还结合日本社会的具体情况，创建了一套适合于其国情的刑事侦查体系。20世纪40年代，著名的侦查学家南波查三郎出版了《刑事侦查法》一书，该书“旨在用科学的方法侦查犯罪”，并提出“用世态人情、通俗事理的‘人间学’揭露证实犯罪”，这弥补了偏重用技术方法侦查犯罪的西方侦查学的不足。现在，日本的刑事侦查水平已居世界各国的前列，他们兼收并蓄，并迅速吸收现代科学技术，如电子计算机、遗传工程等技术在打击和遏制犯罪方面成绩斐然。日本警察部门尤其善于针对犯罪的变化情况，迅速调整侦查方向，改进侦查方法，不断研究创新侦查技术手段，以保证刑侦部门在对付犯罪方面反应敏捷，积极主动。如针对日本社会20世纪70年代以来犯罪形势的变化制定的《加强刑事侦查力量的综合对策纲要》，对于跨国犯罪、流窜犯罪、智能犯罪等提出了一系列侦查措施，这也是日本警察部门能保持日本在发达资本主义国家中“低犯罪，高破案记录”的重要原因。

六、前苏联侦查学的发展

前苏联的侦查学，可分为建立和初创两个时期，即1917年起的建立时期和1940年的初创时期。马林斯基于1903年所作的《证件的司法鉴定》，可作为学科的基础，这一学科是以研究犯罪行为、查明罪行和确认犯罪人的手段和方法为内容的学术研究，以后才逐步进入实践方面，确立了各种有实用价值的侦查措施。其后，提出侦查学决不能与刑事诉讼学在同一学科内并存和发展，从而从刑事诉讼学中分立而自成独立体系。

前苏联侦查学起步时的特征是：（1）经验及材料的积累；（2）总结侦查活动的经验；（3）各种侦查理论的总结。与此同时，相应建立司法鉴定机构，而在卫国战争中，又把侦查对象转向军事方面，诸如：敌军的文书、印鉴、图章、子弹、弹道、武器等的“同一认定”，以及军人犯罪的侦查。

其后，波塔波夫的同一认定论正式问世，并成为当时刑事诉讼程序之一，随后又引发对学科本质的深层认识，侦查学的控制论也应运而生。1964年，别尔格院士著文指出，控制论将成为一门特殊的法律学科，应称为“司法控制论”或“法学控制论”。直至20世纪80年代，“侦查控制论”终于得到广泛重视，并在下列两个方面取得一致：（1）以控制论的观点对付犯罪行为的形成和发展，以及运用于对犯罪实施的制约和预防。（2）对犯罪侦查工作的正确运转的调整和矫正，以保障取得侦查的最佳效应。从而使控制论在前苏联犯罪侦查中处于理论指导上的绝对权威。随后，前苏联的“侦查信息论”、“侦查优选论”、“侦查模拟论”、“侦查系统论”相继问世，并出版了上述各论的专著和教材，但“犯罪侦查控制论”内容尚欠严密和完整。

前苏联的侦查学是以两个基本原则构成的，一是数学，二是控制论方法。实际上数学所指的是数据及其形成的整体，也即信息和系统的联合体的化身。在此基础上提出的基本任务是：（1）对侦查活动的系统分析法和对信息功能系统的理论研究；（2）研究信息流程的数字化和自动化的基础方法、原则和条件，并将一定的原始信息输入储存；（3）运用侦查学、数学、控制论，以完成侦查任务和建立侦查信息体系；（4）研究直接客体，制定侦查任务和自动化程序；（5）研究侦查活动数学化和控制论的有关法律、组织和控制有关问题。

波列沃依在其所著的《犯罪侦查控制论》第18页所作的定义指出，“犯罪侦查控制论按其本质来说，是在揭露、侦查犯罪活动中，为了提高控制的功能效果，使之达到最优化，所使用的信息过程的数学化和自动化的一般规律和具体方法的有关知识的总结”，以上表述一再表明它本身已经不是单独及单纯的控制论，而是信息论、系统论、控制论“三论”方法论的总结，但他们不愿也未正面提过“三论”

的方法论的原因所在，我们只能“意会”而不作正面表达。

前苏联的侦查控制论是被确立为侦查和防范犯罪的“新”的工作方法，具体为：(1) 侦查上的系统方法，它以侦查系统的整体为出发点和归宿点，着眼于整体功能为侦查活动服务，并在这一系统下，划分成侦查方法、侦查策略和侦查技术三大子系统；(2) 使用侦查模拟法，塑造一个侦查模型，即将已获信息和物证模拟出一个物体体系，通过各种侦查措施，进行判断和调整，使之逐步清晰而最终侦破；(3) 侦查程序设计法，首先制定一个侦查活动的纲要目录，并按此计划进行侦查，而将所获得的新信息纳入其中，使原定的程序日趋完整；(4) 促使侦查最优运转，实际上是采用自然科学的“三论”方法论以求得最佳运转而最终侦破罪案。

七、新中国侦查学的发展

尽管我国现代侦查学研究起步较晚，但在创立后的几年间，侦查学的理论研究得到了较大的发展。1978 年公安部治安行政局组织北京、上海、四川、广东、江苏等省市公安机关从事实际工作的同志和人民警察干部学校、中央政法干部学校、北京大学、中国人民大学等院校中从事教学的同志，编写出版了《刑事侦查学》一书，在我国首次采用了“刑事侦查学”这个名称。该书总结了新中国成立以来的实际斗争经验，广泛吸取了各项研究成果，较系统地阐明了侦查学概念、体系及刑事侦查的任务、基本原则、侦查措施、业务基础建设等。之后，侦查学方面的书籍不断问世，其中有司法部的统编教材《犯罪侦查学》，中国人民大学法律系编写的《刑事侦查》，北京大学法律系编写的《侦查学》，公安部人民警察干部学校编写的《刑事侦查》，西南政法学院、华东政法学院编写的《刑事侦查学讲义》和《侦查学原理》。这些教材的相继出版标志着我国侦查学研究的不断深入。

与此同时，1978 年中央人民政法干校恢复开办，1979 年公安部委托西南政法学院开办刑事侦查专业，这是新中国成立以来首次培养刑事侦查专业的本科大学生。1981 年，公安部在原民警干校的基础上组建了中国刑事警察学院，设刑事侦查系。1984 年，公安部又将原中央人民政法干校改建为中国人民公安大学，开办侦查系，内设刑事侦查、政治侦查、预审三个专业。1979 年北京大学开始招收侦查学硕士研究生。1983 年以后，中国人民大学、中国政法大学、西南政法学院、中国人民公安大学、中国刑事警察学院也开始相继招收侦查学硕士研究生。与此同时，各省、市的公安专科学校相继成立，并均设有刑事侦查专业。各省、市的警察学校也将侦查学作为主要课程。至此，全国在刑事侦查专业方面已形成了硕士研究生、本科、专科、中专四个教学层次，培养出了许多专门人才，大大充实了刑事侦查队伍及侦查学的教学和研究队伍。1984 年 6 月，北京市法学会侦查学研究会成立，这是我国第一个侦查学学术研究组织。随后，青岛、昆明、上海等地相继召开了侦查学学术讨论会，揭开了我国侦查学史的新篇章。

刑事侦查实践工作和刑事侦查教学科研工作大大推动了侦查学的发展，我国侦查学的专家和学者们，在不断总结经验和教训的基础上，在广泛比较学习国外侦查学基础上，不断地将新科技、新技术充实到刑事侦查内容中，使我国侦查学的基础理论、侦查方法、侦查措施、刑事技术、业务基础建设、队伍管理、刑事侦查工作的改革、刑事犯罪情报等方面，都取得了丰硕成果，使我国的侦查学不断完善，不断成熟。

各国侦查学的不断完善和成熟，推动了世界范围内侦查学的成熟和完善，表现为：将先进的科学技术及时吸收到刑事侦查中；进一步充实侦查学的理论基础；在研究刑事侦查实践的基础上，不断探索各种犯罪案件的侦查方法、策略和手段；扩大了侦查学研究领域；研究方法、角度不断拓展；等等。尤其是我国侦查学的研究，在不断总结和比较研究的过程中，已经形成具有中国特色的、具有完整理论体系的一门学科。

【延伸阅读】

中国古代的刑讯制度

在中国古代一般是以口供来作为判案的依据的，没有口供就不能定案，“罪从供定”指的是依据口供来最终判定是否有罪、有何罪。所以获取口供便成为审理过程中至关重要的环节，由此衍生出来的各种刑讯所用器具则是花样百出，数不胜数，当事人往往因为不堪忍受皮肉之苦，屈打成招而含冤受屈。

中国大约从西周开始，就实行了拷讯，以掠笞为主。在秦汉两朝，刑讯虽然不见于法律，但据云梦秦简的记载表明，拷讯在秦朝已经成为法律制度，被普遍实行，实际上已经合法化。汉景帝时规定了刑具的规格。南北朝时开始把刑讯写在法律上，例如，梁朝首创了测罚（断绝饮食），陈朝则规定了立测（把人犯置于土围子中，施以鞭挞等），北魏规定限打五十杖，北齐的刑讯花样更多，更残酷，为历代所承袭和发展，拷问无节度，日益残酷，无所不用其极。唐代时，刑讯得以制度化，《唐律》中对拷讯对象、条件、工具、受刑部位、程序和如何实施都做了具体规定。在合法拷讯之外，还有种种非法拷讯的手段。刑讯为历朝历代所沿袭与发展，逐渐合法化，成为判案中可以合理使用的一项审判制度，正因如此，刑讯逼供的手段才极尽残忍。几千年来，刑讯一直是古代讯狱的中心环节，是古代诉讼落后野蛮的一个重要标志。古代的刑讯制度是和偏重口供、罪从供定的证据制度联系在一起的。古代诉讼虽然也收集使用物证人证，并比较重视勘验现场，但更重视口供，以口供作为定案的主要根据。在通常情况下，没有认罪的口供是不能定案的，这种对口供的重视就必然导致了刑讯逼供。刑讯逼供是由于我国古代重口供轻证据的审判特点而产生的一个扭曲的审判制度，是统治阶级为维护其统治而采取的极其残酷的手段。

——摘自王继尧《论中国古代司法制度的演变及特点》2003 年对外经济贸易大学硕士学位论文

第二编　侦查本体论

第四章　侦查概述

【案例导入】

2008年某月某日晚10时许，安某某由家人搀扶到医院急诊。病人自述，呕吐、腹痛、腹泻，便中带血，当班医生初步诊断为急性痢疾，当即收安某某住院治疗。第二天安某某病情加重，不治身亡。家属不服，提出医疗事故鉴定。

医疗事故鉴定委员会在鉴定该案例时发现死者年轻力壮，病情发现时间早，医院救治及时，治疗措施得当，用医疗事故解释不通。委员会立即对死者尸体进行解剖，发现死者并不是急性痢疾死亡，而是秋水仙碱中毒死亡。委员会立即向公安机关报案。公安机关立案审查。

安某某，25岁，未婚，某某银行信贷员。通过调查访问，发现安某某相貌平平、性格内向，一直没有交上男朋友。而银行发现安某某前段时间将两笔总额为80万元的贷款违规贷给了该市宏利公司。该公司完全没有相应资质，贷款手续也不符合规范。安某某在病发当天告诉家人自己下午在餐厅喝过饮料——可可奶、橙汁，可能是因为饮料不干净引起自己拉肚子。通过死者主动告诉家人自身症状、积极就医的情况，侦查人员排除了服毒自杀的可能，确定死者是在不知情的情况下被人下毒。秋水仙碱是一种专业药物，普通人很难接触到，也很难知道其使用方法。侦查人员一方面追查宏利公司的具体情况，追查当天与安某某一起到餐厅喝饮料的人，另一方面追查秋水仙碱的来源。通过对死者各种社会关系的摸底排查，苏某某进入了警方的视线。苏某某，30岁，原本市药物研究所工人，两年前下海开办宏利公司。宏利公司业务不详，但苏某某却一夜暴富，花钱如流水。同时，苏某某也是死者的男友。而药物研究所的工人也提供了相关情况，苏某某前段时间来索要过秋水仙碱，说是用来为亲戚治病。公安机关迅速传唤了苏某某，对其进行突击审讯。

苏某某下海后一直经营不善，严重亏损。一次偶然的机会，苏某某与死者安某某相识。苏某某为了能方便贷款，热烈追求相貌平平的死者，与其确定恋爱关系。通过死者是信贷员的便利，苏某某违规贷款80万元，大肆挥霍。但最近银行要对信贷工作开展大清查，死者多次催促苏某某还款。苏某某为了达到私吞贷款的目的，就谋划杀死安某某。苏某某原是药物研究所工人，对毒物很在行。他选定了秋水仙碱这种生物碱，它的中毒症状与急性痢疾很相似，不易被察觉。他通过自己原来在药物研究所的老关系，谎称自己的亲戚得了骨癌需要秋水仙碱来制作偏方，获取了一小瓶秋水仙碱。他利用在餐厅喝饮料的机会，在死者的可可奶中下毒，企图让死者被人误认是急性痢疾死亡。

第一节 侦查的概念

侦查是侦查机关同刑事犯罪作斗争的一项专门性的诉讼活动。它是我国在引进国外法律时，结合“侦”与“查”的字义组合起来的新词；它强调主体的法定性、客体的确定性以及措施的专门性；它主要服务于司法实践。侦查是刑事诉讼法程序的重要组成部分，是国家专门机关同犯罪作斗争的一种专门手段。侦查是刑事诉讼的一个基本的、独立的诉讼阶段，是公诉案件的必经程序。公诉案件只有经过侦查，才能决定是否进行起诉和审判。侦查的基本职能是追诉，基本任务是代表国家追诉犯罪、将犯罪嫌疑人提交司法机关并举出证据证实犯罪。

侦查也是一种调查，但它既不同于行政调查和一般的社会调查，也不同于其他诉讼调查，如人民法院在办案过程中的调查等。它是刑事案件立案后，由侦查机关进行的旨在查明案情、查获犯罪嫌疑人并收集各种证据，确定对犯罪嫌疑人是否起诉的准备活动。

一、侦查的字义考证

（一）“侦”的字义辨析

“侦”字最早见于《易经》中，据《辞源》称：侦，有两种含义：第一种是指问；第二种是指探伺。《辞海》称：侦，探伺；暗中察看。《现代汉语词典》称：侦，暗中察看；调查。

古人多用“伺”来解释“侦”。关于“伺”字，《辞源》称：伺，侦查，等候。古通作“司”，或作“司见”。《辞海》称：伺，侦候，探察。《现代汉语词典》称：伺，观察；守候。

从字义上看，“侦”意指暗中或秘密的刺探、调查，观察、查看，强调其暗中或秘密的特点；而“伺”则意指观察、候望，其暗中或秘密的特点不显著，因而表意刺探时，前面加“微”或“窥”来修饰。

（二）“查”的字义辨析

古汉语中并没有将“侦”与“查”结合组词。《辞源》称：查，有五种含义。其中第二种是考察、检点，其余与侦查不直接相关。《辞海》称：查，寻检。《现代汉语词典》称：查，检查；调查。从字义上看，“查”含有一定的强制意味。

二、侦查的概念

（一）侦查

侦查是侦查机关同刑事犯罪作斗争的一项专门性的诉讼活动。具体来说，侦查是警察机关和检察机关在办理刑事案件的过程中，为了收集证据，揭露犯罪，揭发犯罪人而依照法律规定所实施的专门调查工作和有关强制性措施。这一定义包括以下几层含义：

1. 侦查主体的法定性。侦查主体，是指行使侦查权的机关和部门。侦查是国家的一项重要职能，它只能由法定的侦查机关行使。根据我国现行的《刑事诉讼法》规定，公安机关、人民检察院、人民法院、国家安全机关、军队保卫部门以及监狱具有对刑事犯罪活动的侦查权。任何国家为了维护社会安宁，保护公私财产和公民的合法权益，都必须对犯罪行为实施侦查，并在法律中规定了行使侦查权的机关及其各自的职权范围。一般而言，侦查的主体资格必须由国家权力机关以法律的方式明文授予。从世界范围看，各国法律都把侦查权授予了警察机关和检察机关，我国的刑事诉讼法也不例外。

（1）我国公安机关是国家的主要侦查机关，担负着大多数刑事案件的侦查职责，可以依法行使侦查权。

（2）人民检察院是国家的公诉机关，同时也担负着对贪污贿赂犯罪、渎职犯罪、国家工作人员利用职权侵犯公民人身权利、民主权利的刑事案件的侦查职责。

（3）国家安全机关依照法律规定，办理危害国家安全的刑事案件，行使与公安机关相同的职权。

（4）军队保卫部门对军队内部发生的刑事案件行使侦查权。

（5）监狱对罪犯在监狱内犯罪的刑事案件进行侦查。

2. 侦查客体的确定性。侦查客体，是指需要立案侦查的刑事案件，包括与刑事案件有关的人、物、场所。我国刑事诉讼法规定，侦查的开展必须经过立案程序，只有经过立案后的犯罪事件，才能对其进行侦查。因此，只有经过立案程序的犯罪事件才是侦查的客体。侦查机关对具有刑事犯罪事实，需要追究刑事责任的案件进行侦查，而对经济纠纷、民事纠纷、干群纠纷、党内矛盾等，不得进行侦查活动。当然，由于刑事犯罪活动是一个过程，它包括犯罪动机的产生、犯罪的准备、犯罪实施，以及实施后掩盖犯罪行为、毁证灭迹等多个环节，因此，侦查既包括围绕刑事案件所进行的侦查调查，也包括为发现犯罪线索、预防犯罪案件的发生所进行的日常调查。

3. 侦查工作的专门性。侦查的专门性，是指侦查权和侦查活动的专门性。侦查是侦查机关同犯罪作斗争的一项专门性的诉讼活动。刑事诉讼法对侦查的主体、客体、程序及其采取的措施都作了专门明确具体的规定。侦查程序包括启动、运行、终结三个阶段。侦查措施包括秘密的调查措施和公开的强制措施。侦查程序的运行、侦查措施的采取只能依照刑事诉讼法的规定进行，是一项专门性的法律工作。

4. 侦查工作的服务性。侦查通过各种侦查措施，收集证据，揭露、证实犯罪，认定犯罪嫌疑人，并将犯罪嫌疑人拘捕归案，移送起诉，达到惩治和打击犯罪，震慑罪犯，教育群众，减少犯罪的目的。从侦查在刑事诉讼中的地位来看，侦查是起诉和审判的基础，侦查产生和服务于司法实践的需要。

（二）侦查与侦察

在我国，侦查与侦察两个概念经常混用，理论界也有所争论。有的学者认为，侦查是公开的，侦察是秘密的，两者仅是采取的措施不同。有的学者认为，两个概念是完全相同的，可以相互通用。古汉语中并没有“侦查”这个词，而普遍存在“侦察”。《后汉书九十·乌桓传》：“为汉侦察匈奴动静。”《辞源》称：侦察，暗中察看。《辞海》称：侦察，为获取军事斗争所需敌方或有关战区的情况而采取的措施。

在我国以前的法律法规中，两个概念经常混用。而在我国现行刑事诉讼法中统一采用了“侦查”，而彻底摒弃了“侦察”。这说明在我国法律制度逐渐规范完善、用词逐渐科学严谨后，“侦察”将彻底退出法律的领域。以下来分析“侦查”与“侦察”的区别：

一是两者所属学科范畴有所不同。侦查是法律术语，它是我国在引进国外法律时，结合“侦”与“查”的字义组合起来的新词；它强调主体的法定性、客体的确定性以及措施的专门性；它主要服务于司法实践，而侦察是军事术语，它从古至今频繁出现于军事记载中；它对主客体以及措施并没有强制的规定；它主要服务于政治斗争和军事斗争。

二是两者采取的措施有所不同。国家通过法律明确赋予侦查人员在侦查中使用强制性措施的权力。侦查权的实施是以国家强制力作为后盾的；侦查既可以采取调查性措施，如秘密的刺探、调查等，也可以采取强制性措施，如搜查、讯问等。而侦察并没有国家强力作为后盾，它一般能够采取的措施有观察、窃听、调查、询问等，均为秘密的调查行为；它无权采取强制性措施。

第二节　侦查的特征

辩证唯物主义认为，任何事物都有其自身的基本特征和规律性。侦查的特征是侦查本质的外化，是侦查内在关系的外在表现形式，是区别于其他事物和现象的本质所在。掌握侦查特征，实质上就是对侦查外在表现形式的规律性要点进行把握。深入而准确地掌握侦查特征，既有利于透彻地认识侦查活动现象，也有利于促进侦查程序高效、有序的运行。

一、侦查的内在特征

（一）秘密性

所谓秘密性，是指侦查工作多隐蔽地开展，并大部分采用了秘密的调查措施。侦查的秘密性是由犯罪活动的隐蔽性和对立性决定的。绝大多数犯罪分子，都不希望自己的犯罪行为被人所知晓，更不希望承担刑事责任和受到刑罚的惩罚。为了逃避刑事责任的追究和刑罚的惩罚，犯罪分子在实施犯罪行为时多在隐蔽的条件下进行，而且在侦查过程中会阻挠侦查的进行。侦查活动如果不保持秘密性，就会打草惊蛇，处于“敌暗我明”的态势，从而在同犯罪分子的斗争中处于被动地位。侦查工作的秘密性，能麻痹犯罪分子，使侦查工作顺利进行。同时，侦查工作是侦查机关同刑事犯罪作斗争的专门工作。侦查机关承担着揭露证实犯罪、查缉犯罪分子的重要职能，它与犯罪分子始终处于矛盾对立的双方。犯罪分子为了满足个人私欲，达到不可告人的目的，铤而走险、以身试法，但他们的犯罪活动一般都经过精心的设计和准备，又都在隐蔽的条件下活动，并采取各种伎俩企图逃避法律的惩处。而侦查机关则针锋相对，依据党和国家的法律，依靠广大人民群众的支持，利用各种先进的科技手段，充分发挥侦查人员的聪明才智，同犯罪分子斗智斗勇。

（二）时机性

社会实践证明，在任何一种斗争中，时机问题往往成为决定斗争胜负的一个重要条件。斗争一方如果掌握有利的时机，并取得相应的斗争条件，往往就可以占据优势，掌握主动，成为胜利者。

侦查过程中，时机问题始终是侦查机关极为关注的一个重要问题。它制约着案件侦破工作的发展方向，决定着案件侦破工作的成败。所谓时机性，是指侦查活动一开始，就存在时间的紧迫性和机会的偶遇性。抓住时机、追求效率是侦查活动的根本要求。犯罪现场、证人证言、痕迹物证都会随着时间的流逝产生各种变化，内部属性和外在形态发生改变，因而不能客观真实地反映案件真实情况。犯罪分子在犯罪活动前后也会积极地消灭证据，掩盖罪行，挟赃逃跑。侦查人员应抓紧时机，收集证据，查明案情，将犯罪分子抓获归案。只有审时度势、当机立断，不失时机地开展侦查，才能搜集到证据、查获犯罪、迅速破案。

1. 不失时机地收集犯罪情报。侦查机关要大力加强基础业务建设，利用公开的社会力量加强对复杂场所、特种行业的控制和对违法青少年的教育帮助工作，及时掌握各种社会矛盾和隐患，通过广泛的社会调查和深入的分析，筛选出有价值的犯罪情报。

2. 不失时机地收集犯罪证据，积极侦查。刑事犯罪多是现行犯，一般作案时间短，流窜性大，逃跑和隐匿迅速。侦查工作必须趁案件发生不久、犯罪痕迹依然存在、群众记忆犹新、罪犯未来得及逃远、赃物尚未来得及处理的有利时机，及时进行勘查和访问，全面获取各方面的信息和证据。

3. 不失时机地互通情报，协同作战。刑侦部门对刑事案件实行地域管辖原则，但刑事犯罪活动是没有时空限制的。各地刑侦部门互通情报、相互配合、通力协作，不仅是侦查工作的内在需要，更是及时破案的保证。

（三）推理性

所谓推理性，是指侦查活动在获取有关犯罪点滴信息的基础上，运用逻辑思维，经过分析、判断、推论、求证的方法，由已知推断未知的推理过程。侦查的过程，就是从犯罪的结果分析求证犯罪的过程、推论判断犯罪的起因，其自始至终都贯穿于侦查人员的推理活动。无论分析案情、收集证据，还是核实证据，都离不开推理。没有推理，就没有侦查方向；没有推理，就没有侦查范围；没有推理，就没有侦查目标。所以说，没有推理就不能进行侦查活动，就不能揭露和证实犯罪。

（四）谋略性

所谓谋略性，是指侦查活动是侦查人员与犯罪分子心理素质、智力水平、计谋策略的较量过程。侦查的对象是犯罪分子。犯罪分子既要实施犯罪活动，又想逃避打击处理，势必会采取各种反侦查伎俩，包括作案前的预谋、精心设计；作案过程中破坏和伪装现场；作案后毁证灭迹、攻守同盟、制造伪证；以及被捕后仍千方百计抵赖狡辩。因此，侦查活动的全过程是侦查人员与犯罪分子斗智斗勇的过程。在侦查活动中，犯罪分子与侦查人员、犯罪行为与侦查行为之间是一种相互对立、相互抗衡的关系。犯罪分子出于趋利避害的心理，千方百计掩盖罪行，破坏侦查，逃避法律制裁。侦查人员则必须通过计谋和韬略的运用，侦查手段和侦查技术的实施，不断揭露其阴谋诡计，使其罪行暴露。犯罪分子在实施犯罪行为时要分析侦查人员日后可能采用的侦查方法而事先采取一些反侦查措施，如破坏现场、销赃毁证、伪造证据、制造假象来迷惑侦查人员；而侦查人员在现场勘查时也必须分析犯罪分子作案时可能采取了哪些反侦查措施以确定相应的侦查策略，如验证侦查线索、审核证据真伪、控制销赃渠道、识破犯罪分子的阴谋。侦查活动始终处于一种认知与反认知、侦查与反侦查的过程中。所以，侦查与反侦查是斗智赛谋的过程。

二、侦查的外在特征

（一）法定性

所谓法定性，是指侦查权的运作必须严格遵守刑法、刑事诉讼法及其他有关法律的规定。侦查是侦查机关同刑事犯罪作斗争的一项专门性的诉讼活动，它是刑事诉讼的一个独立程序。刑事诉讼法对侦查的主体、客体、程序及其采取的措施都作了专门明确具体的规定。侦查的主体资格必须由国家权力机关以法律的形式明文授予。我国刑事诉讼法规定，侦查的开展必须经过立案程序，只有经过立案的犯罪事件，才能对其进行侦查。因此，只有经过立案程序的犯罪事件才是侦查的客体。侦查程序包括启动、运行、终结三个阶段。侦查措施包括秘密的调查措施和公开的强制措施。侦查程序的运行、侦查措施的采取只能依照刑事诉讼法的规定进行，是一项专门性的法律工作。侦查只能依照刑事诉讼法的规定进行，是一项专门性的法律工作。

（二）特定性

所谓特定性，是指侦查权只能由特定的机关或者人员适用于特定的活动中，而侦查的对象也是特定的。侦查权作为国家追诉权，必须由专门机关的专门职能部门及具有侦查员资格的侦查人员来执行这项权力，其他任何机关团体和个人都无权行使侦查权，否则就是违法侦查。而侦查的前提和根据就是犯罪行为的发生，所以侦查的客体只能是经过立案程序的犯罪事件。

（二）强制性

所谓强制性，是指在侦查活动中，侦查措施往往带有一定程度的强制执行性。侦查权的实施是以国家强制力作为后盾的。国家通过法律明确赋予了侦查人员执行强制侦查手段的权力，必要时甚至可以使用武器。侦查行为本质上具有强制性和支配性，其本身就是一种强制和暴力。侦查活动是国家对犯罪行为进行追究的一项专门性调查工作，不可避免地会给犯罪嫌疑人的生活权益造成强制性损害。侦查的强制性是其与民间证据调查相区别的重要标志。

第三节　侦查的任务

侦查是国家法律赋予刑事侦查权的机关根据特定的法律所进行的专门工作和采取的强制性措施，它在揭露犯罪、证实犯罪、震慑犯罪及教育公民遵纪守法及保障人权等诸方面都有着重要功能。

侦查是刑事诉讼程序的重要组成部分，是国家专门机关同犯罪作斗争的一种专门手段。在我国，侦查的基本任务就是对已经立案的犯罪事件，依照法定程序收集、审查各种证据材料，及时地查明犯罪事实，预防和减少犯罪案件的发生，保障国家安全和社会公共安全，维护正常的社会秩序和经济秩序。

一、收集证据

证据问题，是刑事诉讼中至关重要的问题。证据是能够证明案件真实情况的一切事实，在刑事诉讼中占有极其重要的地位，是司法机关正确处理案件的最根本的依据。侦查人员应当把收集证据作为侦查中头等重要的任务，切实做好发现证据、固定和提取证据、检验和核实证据的工作。

犯罪事实是客观存在的，而犯罪事实在发生过程中留下的证据材料也是客观存在的。这些证据材料有可能完好无损地保存下来，也有可能被人为地销毁、破坏、隐匿。因此，侦查人员首先必须采取有效的侦查措施和技术手段及时、准确地发现这些证据事实。随着时间的推移和环境的改变，证据会变化、消失、湮灭。只有将其加以固定和提取，证据材料才能保存下来，得以在刑事诉讼中发挥作用。而固定和提取的证据材料并不都是客观真实的。有的证据材料能从正面真实客观地反映案件事实，而有的证据材料只能从反面歪曲错误地反映案件事实。任何一项证据材料只有经过查证属实才能作为定案的依据。因此，在侦查中必须对有关的证据材料进行检验鉴定和调查核实。

二、查明案情

查明案情是审判中定罪量刑的基础。全面地查明案件情况，才能做到定性准确、量刑适当、正确适用法律，使犯罪分子受到应得的惩罚。查明案情主要包括两个方面的内容，一是确定是否发生了犯罪事实；二是如果发生了犯罪事实，必须查明犯罪分子实施犯罪的时间、地点、手段、动机、目的、侵害的对象、造成的危害后果以及犯罪人实施犯罪时的年龄和精神状态等。也就是说，凡是根据我国刑法规定已经构成犯罪并且应当追究刑事责任的各种事实，在侦查活动中都必须周密全面地进行调查。

三、缉捕犯罪嫌疑人，追缴赃款赃物

侦查机关的首要职能，就是代表国家追诉犯罪，将犯罪嫌疑人提交司法机关并举出证据证实犯罪。犯罪分子实施犯罪后，总是千方百计地逃避法律制裁，如毁灭罪证、转移赃物，伪造证据、制造假象，或者逃跑、隐匿，甚至栽赃陷害，嫁祸他人。因此，侦查的重要任务之一就是对犯罪分子或重大犯罪嫌疑人及时地采取必要的强制措施，以防止他们逃避侦查、审判和继续进行新的犯罪活动。如果犯罪嫌疑人已经逃匿，侦查机关应迅速组织力量进行追缉堵截，实施追捕，或发出协查通报、通缉令，请求外地侦查机关协助查缉。

侦查人员破获涉及财物的犯罪案件后，应依法采取必要措施来追查犯罪分子非法占有的赃款赃物的下落，并设法将赃款赃物如数归还原主。在侦查活动中，特别是破案后，侦查机关应采取搜查、扣押、冻结等有效措施，向犯罪分子追缴赃款赃物。

四、保障无罪的人不被追究刑事责任

侦查作为有侦查权的国家机关和部门的一项专门工作，它的任务是不仅要查明犯罪事实，追查一切应当承担刑事责任的人，而且还要保障无罪的人不受刑事追究。犯罪分子在作案后，为了逃避打击，往往制造假象，转移视线，嫁祸他人，甚至故意捏造假材料，提供假证据，诬告陷害他人。这就要求侦查人员在侦查过程中，既不放纵一个犯罪分子，也不冤枉一个无罪的人。在侦查中，侦查人员应当全面收集证据，不但要注意收集能够证明犯罪嫌疑人有罪的材料和口供，而且也要注意收集能够证实犯罪嫌疑人无罪的材料，认真听取犯罪嫌疑人无罪的辩解。

五、防范控制犯罪，减少刑事案件的发生

综合治理、预防犯罪是全社会的共同任务。对此，侦查机关也理所当然地负有不可推卸的责任。而侦查机关主要是从打击犯罪方面，积极促进预防犯罪工作的开展。侦查中，防范控制犯罪的任务和作用主要表现在：

（一）通过侦查破案，消除犯罪分子继续进行犯罪的可能性，并以此激发广大公民同犯罪作斗争的积极性，震慑潜在犯罪人

通过侦查破案，揭露犯罪和揭发犯罪分子，并采取适当措施剥夺或限制犯罪分子的人身自由，实际上这是最直接的防范犯罪分子继续犯罪的方法，也可以减少其进行新的犯罪活动的可能性。通过侦查破案，结合法制宣传，可以提高广大公民的法律意识，教育公民充分认识犯罪的危害性，从而激发群众对犯罪的义愤，提高他们同犯罪作斗争的积极性。通过侦查破案，结合警示教育，不仅会使未归案的犯罪

分子坦白、自首，而且对那些图谋不轨、企图犯罪的人也有警戒和震慑作用，使其不敢以身试法。

（二）加强侦查工作的基础业务建设，进行阵地控制和技术预防

为了提高发现和控制犯罪的能力，侦查机关必须加强自身的基础业务建设，对公共场所、复杂地区和特种行业进行阵地控制，坚持专门工作和群众工作相结合，公开管理和秘密控制相结合，通过各种渠道及时发现和打击犯罪。为了保障国家、集体财产的安全，震慑犯罪分子，侦查机关要督促有关单位和部门在重点部位安装报警装置，在公共场所和复杂地区安装监控设备，做好技术预防工作。

（三）侦查机关应充分利用侦查工作的有利条件，研究犯罪发展规律，分析犯罪潜在原因，发现犯罪苗头和动态，及时采取有效措施，防范犯罪行为的发生

犯罪是一种社会风险，犯罪控制就是一种“风险管理”性质的活动。只有政府才能担负起这项“风险管理”职责。而直接行使这项职能的机关，自然就是侦查机关了。侦查机关通过侦查破案和调查研究工作，科学地分析一定时期一定地区刑事犯罪活动的规律、特点和原因，全面、客观地估量和分析社会治安形势，可以为打击犯罪的决策工作提供可靠的依据，推动立法的完善。另外，侦查机关还可以通过侦查破案发现各机关、团体和企事业单位的管理漏洞和防范的薄弱环节，向有关单位提出犯罪防范的意见和建议，推动制度改革，增强社会和个人的犯罪防范意识。

第四节　侦查的价值

一、侦查价值的概念

“价值”是一个经济学术语，意为体现在商品中的社会必要劳动，是物满足人和社会需求的属性。19 世纪，在一些思想家和哲学流派的影响和推动下，“价值”这一概念开始延伸到哲学和社会学的各个领域。“价值”是一种依凭人的认识很难达至的领域，表达的是人的理想和观念。“价值”在法哲学上通常包含两方面的含义：一方面是指法律制度的伦理目标或道德思想，即法律制度赖以存在的道德根据及其在运作中要实现的理想结果，如正义、自由、平等、秩序、安全、公共福利等；另一方面是指人们据以确定或判断一项好的法律制度和法律程序的标准。它在对法律制度和法律程序进行评价的过程中是作为具体的准则而存在的，而且人们在构建一项法律制度和法律程序时也会把它们作为具体的尺度。

侦查价值是人们通过设置侦查程序、开展侦查活动所要达到的理想目标和人们评价侦查活动的客观标准。通过对侦查价值的研究，一方面，有利于树立正确的侦

查价值观，使侦查程序的设置能够坚持正确的价值导向；另一方面，有助于采取有效的措施，尽量地避免侦查的负面价值，提高侦查行为的社会效益。

二、侦查的外在价值

侦查的外在价值（目的论价值）是指侦查程序为实现刑事诉讼目的以及实现直接社会目的所体现的价值。这种价值的衡量和评价以侦查程序对刑事诉讼目的和直接社会目的的实现状况为尺度和标准。一般而言，侦查机关在侦查程序中通过实施侦查行为，能够有效地查明案件事实，为起诉和审判提供确实充分的证据。国家制定法律赋予侦查机关侦查权的目的在于收集证据、查获犯罪人，并对犯罪嫌疑人采取相应的强制措施，防止犯罪嫌疑人继续危害社会，以保护广大人民的利益。

（一）诉讼价值

我国刑事诉讼的基本运行过程为立案、侦查、公诉、审判、执行等基本程序阶段。侦查虽然形式上为刑事诉讼的第二个阶段，而实质上是刑事诉讼的第一个阶段。立案程序的独立性并不明显，它更多地表现为履行一定的登记手续而作为侦查程序的一个内在组成部分，从某种意义上说，它只是侦查的一个组成部分。犯罪是整个刑事诉讼要解决的问题，而这个问题的解决主要取决于侦查程序的运行程度。侦查程序中收集证据和查明案情的程度决定了提起公诉的条件是否具备，也在很大程度上影响着审判程序的进行和结果。侦查是起诉和审判的基础，侦查程序体现着决定公诉提起的可行性和审判进行的质量乃至结果的基础性价值。

（二）权利保障价值

侦查程序中应确保无辜者不受刑事追究，使被害人的权益得到保护，还应保障犯罪嫌疑人、辩护人、证人、被害人及其他诉讼参与人的诉讼权利。确保无辜者不受刑事追究这一侦查程序外在价值，其基本内涵是指通过侦查程序的运行，保证无辜者不被追究刑事责任，不被错误地追究刑事责任和处以刑罚，并尽快从侦查程序中解脱出来以免程序之累。另外，维护被害人权益也是侦查程序外在价值的一个重要组成部分。侦查程序的这一价值，是通过对被害人的有关权利保障和权益维护而实现的，因为追诉犯罪本身也意味着被害人权利和利益实现的一种方式。在此，被害人是将本应该属于自己的犯罪追诉权让渡给了国家追诉机关并通过后者的刑事追诉活动以实现自己的权利，维护利益。

（三）犯罪控制价值

犯罪控制这一侦查程序的外在价值的基本含义是指通过侦查程序的运行，及时控制犯罪，防止犯罪嫌疑人继续实施犯罪或逃避诉讼程序，确保国家刑法权的实现，通过高效率和高质量的侦查活动震慑犯罪，有效预防犯罪，降低犯罪率。犯罪控制这一侦查程序的外在价值包括两个方面：一是直接的犯罪控制，二是间接的犯罪控制。直接的犯罪控制体现在诉讼程序过程之中，即侦查程序的运行结果有效地防范和制止了犯罪嫌疑人继续实施犯罪以及逃避国家追诉的现象，为有效实现国家刑罚权创造了条件。间接的犯罪控制是指侦查程序的社会功能价值，即高质量、高效率的侦查程序在发挥其直接作用的同时，也在一定程度上起到了震慑犯罪的社会心理效应，有效地遏制了一部分潜在的犯罪行为的发生。犯罪控制这一侦查程序的外在价值，是将侦查程序的运行与社会秩序间关系进行关联考察的结果，即考察侦查程序能够对社会秩序的维持和构建发挥怎样的功效，从而可以认为这一价值实际上是指侦查程序的社会价值。

三、侦查的内在价值

侦查的内在价值（过程论价值）是指人们据以评价侦查是否具有善的品质的标准，即侦查程序作为一种法律程序本身所蕴涵的道德。侦查程序不论是否具备好的结果的能力，只要它本身具备了一些独立的价值标准，则可以认为它具备了一种内在的善。这些价值标准通过具体的价值目标体现。

（一）平等性价值

我国宪法规定：法律面前人人平等。侦查机关与犯罪嫌疑人双方在侦查程序中也应平等对抗。侦查是强大的国家侦查机关对犯罪嫌疑人个人实施国家权力的活动，前者代表着国家暴力，居于强势，后者居于弱者的地位。侦查的强制性不仅易使犯罪嫌疑人个人的合法权利受到侵犯，无法求助于法律规定的救助措施，而且易使侦查机关因缺乏社会监督，导致侦查权的滥用，侵犯犯罪嫌疑人应享有的相应权利，侦查机关应为犯罪嫌疑人行使权利提供必要的保障。为此，各国刑事诉讼法都规定了犯罪嫌疑人在侦查程序中所享有的各种权利。

（二）秩序价值

秩序是构成人类理想的要素，同时也是人类社会活动的基本目标。秩序是指一种既定的状态，既可以指自然和人类社会的一切事物按一定规律的安排所形成的固定的、有规则的合理关系状态；也可以指自然、社会运动的一致性、连续性和确定性。在侦查程序所追求的众多目标中，秩序价值虽不是其核心价值，但秩序作为人类生存、社会发展和阶级统治的基础，是侦查程序最基础的价值。秩序在侦查中的价值内涵主要体现在以下三个方面：

1. 以侦查程序恢复业已破坏的社会秩序。犯罪作为一种特殊的社会现象，造成的直接后果是对社会秩序的破坏。侦查的基本职能是追诉，基本任务是代表国家追诉犯罪、将犯罪嫌疑人提交司法机关并举出证据证实犯罪。侦查的这一职能不仅惩罚了犯罪，还在一定程度上阻止了犯罪嫌疑人继续破坏社会秩序，有利于恢复正常的社会秩序，有利于生产力的发展和社会的进步。

2. 以侦查程序恢复国家统治秩序的威严。对犯罪行为进行侦查、发现犯罪证据，确定犯罪嫌疑人，最后将案件移交公诉机关提起公诉，并由审判机关对犯罪行为进行定罪量刑，实际上是对法律和统治秩序的尊严与权威的恢复和重塑过程。而这一过程只有借助国家强制力才能实现，侦查机关就是国家强制力的执行机关。在侦查程序中，国家强制力一方面体现在侦查主体资格上，侦查主体是由刑事诉讼法明确规定的；另一方面体现在侦查权内容上，侦查权的实施是以国家强制力作为后盾的。

3. 以程序性规范建立侦查机关权力运作秩序。侦查机关作为用以维护法律或统治秩序的司法机关，其本身的行为也必须合乎秩序，尤其是在权力的行使方面更应如此。因为权力的行使有两种潜在的后果：一是权力的正常行使有利于保护统治阶级的利益，维护统治秩序；二是权力的滥用既会侵害公民和社会的整体利益，又会损害统治阶级的整体利益，危及统治秩序。两种结果截然相反。因此，在有国家强制力支持的前提下，作为刑事司法权重要组成部分的侦查权的行使更应慎重。所以，从遵守和维护秩序的角度看，侦查秩序的价值在于建立权力运作秩序，即通过规定侦查主体的权力界限，权力行使方式、程序及侦查主体权力之间的制约和协调，使权力运作规范化、制度化、法制化。

（三）侦查的效益价值

效益原为经济学上的名词，是指有效产出减去实际投入后的结果，即反映投入与产出的关系。侦查程序的运行过程中无不反映出成本投入的状况。负责追诉的国家侦查机关在开展调查案件事实、收集证据、查获犯罪嫌疑人的过程中，势必要投入相应的人力、物力、财力。社会相关部门和人员在协助侦查机关破获案件过程中也需要付出一定的人力、物力、财力。犯罪嫌疑人因涉嫌犯罪而被采取强制措施、聘请律师等必然需要一定的成本投入和付出。被害人在侦查程序阶段也需要一定的诉讼投入。综上所述，侦查程序的运行是一个成本投入的过程，那么，这个成本投入的过程必然要追求一定的程序效益。国家投入侦查活动的司法资源十分有限，如果在侦查活动中不提高效率，侦查机关就不能顺利履行其追诉的职能，大量的刑事案件就可能因为来不及侦查而造成积压。另外，犯罪分子在实施犯罪后，会毁灭、伪造证据，而且由于自然原因证据会逐渐消失和变化。如果不及时进行侦查、收集、固定和保全证据，可能导致无法及时破案，严重影响侦查机关在人们心目中的地位和威信。此外，侦查期限的拖延会严重损害犯罪嫌疑人、被害人、证人的利益。犯罪嫌疑人在法院作出生效判决之前，其自由、财产，乃至生命等实体权利处于待判定的状态，他本人也处于犯罪嫌疑人的地位。这都会影响其名誉和信誉，影响他与别人的交往，影响其正常的社会活动。对于那些被羁押的犯罪嫌疑人而言，侦查期限的延长还意味着其人身自由被限制的期限延长。同时由于侦查机关的多次调查询问，被害人、证人受到诉讼的牵连，也影响其正常的工作和生活。

侦查程序的效益价值包括经济效益和社会效益两个方面。经济效益是指取得的经济利益与投入的各种物质资源之差。取得的经济利益通常为挽回的经济损失，如侦查过程中发现的赃款、赃物；投入的各种物质资源包括人力、物力、财力等。侦查的经济效益一般为负数。

由于追究犯罪人的刑事责任的目的在于保护广大人民群众的利益，恢复被犯罪行为破坏的社会秩序，所以，侦查还会带来社会效益，即精神价值。犯罪人实施犯罪行为，会给被害人造成直接损害，也间接地损害了其他社会成员的利益。被害人和其他人迫切要求追究犯罪人的刑事责任，惩罚犯罪行为。对犯罪行为立案侦查，追究犯罪人的刑事责任，能够满足人们的这种精神需要。侦查过程中对犯罪嫌疑人采取强制措施，可以防止犯罪分子继续危害社会。对社会上可能犯罪的危险分子而言，强制措施的运用还具有威慑作用。

四、侦查价值间的冲突

侦查程序的内在价值和外在价值之间以及内在价值各项价值目标之间在具体的实现过程中，由于价值取向和追求的目标不同，不可避免地会发生冲突。公正的侦查程序在一定程度上的确有利于发现、收集证据，查明案情，促进公正结果的产生。这是侦查程序的内在价值与外在价值主要一致之处。但公正的侦查程序和侦查结果之间仍存在矛盾和冲突。侦查的内在价值与外在价值之间之所以会产生冲突，不仅是由于一些偶然因素的作用，而且也有侦查程序本身的原因。首先，公正的侦查程序和公正的侦查结果各自有一套独特的价值标准体系，符合程序公正性的侦查程序并不一定具备产生公正结果的能力。程序的公正性是相对的。人类社会从来就不存在绝对公正的侦查模式。侦查模式的公正标准是在克服历史和现在侦查模式特定的不公正性的基础上制定的。其次，公正的侦查程序更可能产生公正的侦查结果，这是就一般情况且相对于不公正的侦查程序而言的。但在某些情况下，公正的侦查程序本身在客观上就具有产生非正义侦查结果的可能性。

尽管侦查程序的内在价值与外在价值之间存在矛盾和冲突，但它们之间也具有一致性。为了更大限度地提高侦查程序内外价值的一致性，消除和淡化矛盾，应对内外价值作出必要的协调。

【延伸阅读】

国渊比书

《三国志·魏书·国渊传》中记载，国渊，字子尼，乐安国盖县人，曾拜师事奉郑玄。国渊任魏郡太守时，有人写匿名信讽刺朝政，辱骂曹操。曹操闻之大怒，下令国渊限期找到写信人。国渊请示把原信留下，对匿名信事件秘而不宣。国渊仔细研究那封匿名信，发现该信很多地方引用了汉代天文学家张衡的文章《二京赋》的内容。国渊对手下的功曹说："这个郡本来很大，现在虽是首都，却少有喜好学问的人。你选择聪明有知识的年轻人，我想派他们去拜师学习。"功曹选派了三个，国渊在派遣前先召见了他们，教训说："你们学习的东西还不广泛，《二京赋》是博学多识的书，世上人忽略了它，很少有能透彻讲解它的老师。你们可以去找寻能读懂它的人，向他请教。"又秘密地告诉他们自己的真实意图。三人花了十来天时间就找到了能讲解《二京赋》的人，分别前去拜师。三人学习了一段时间，以代写家书为名，各自请老师为自己写了一封书信寄回家中。国渊将三人寄回的书信与匿名信的笔迹相比对，发现了书写匿名信的人。

第五章　侦查主体

【典型人物介绍】

李昌钰

李昌钰博士（Dr. Henry Lee），1938 年出生于江苏省如皋县，幼年随父母举家迁到台湾。1960 年从警校毕业成为台北一名警察。1965 年赴美留学，1975 年获得博士学位，随后受聘为康州纽海文大学刑事科学助理教授。3 年后成为终身教授并出任刑事科学系主任。1979 年出任康涅狄格州警政厅刑事化验室主任兼首席鉴识专家。1998 年 7 月，出任康涅狄格州警政厅厅长，是美国警界职位最高的亚裔人士。2000 年，从厅长的职位上退休。2001 年 9 月，受聘为中国人民公安大学刑事科学技术实验室荣誉主任。

李昌钰以精湛独到的刑事侦查与鉴识技术而享誉国际，因屡破奇案而被新闻媒体冠上“当代福尔摩斯”、“物证鉴识大师”、“科学神探”与“罪犯克星”等称号。迄今已荣获800 多个荣誉奖项，是一位全球性的传奇人物。

李昌钰博士曾于美国各州和全球其他十七个国家参与调查六千多起重大刑案，并经常到世界各地讲学与培训刑事侦查人员。此外，李博士还担任十种刑事专业期刊的编辑，撰写出版了约两百篇学术论文和二十本学术著作。他侦办过的许多刑案都成为国际法庭科学界与警界的教学范例。

李昌钰享誉国际，却始终以身为华人而自豪。他言而有信，因此建立了良好的信誉。在他看来，好的信誉是刑事科学家必须具备的职业道德，不能抱任何预设立场，要让证据下判断，既不冤枉好人，也不让坏人逍遥法外。

第一节　侦查机构

一、侦查机构的设置原则

侦查机构是指行使侦查权的具体职能部门。侦查机构是侦查活动的主体，其工作具有极强的专业性和特殊性，在侦查机构的设置上要以保证侦查工作的顺利进行为主要标准。其设置原则如下：

（一）实践性

即侦查机构的设立应符合其职能，符合侦查工作的客观要求，应适应同犯罪斗争的实际需要。具体地说，增减、调整侦查机构必须根据现实斗争的需要，急需的必不可少的机构应积极设置，作用逐渐增加的应由小到大地设置，与现实斗争要求不符的应坚决裁撤。侦查机构的设置应根据当地犯罪的实际情况。公安机关、人民检察院、国家安全机关、军队保卫部门、监狱等面对的犯罪类型不同，相应的机构设置亦不同，但都应满足打击所管辖犯罪的需要。另外，侦查机构的设置要考虑本单位本部门的人、财、物和技术条件，考虑适应犯罪斗争的工作模式等因素。

（二）灵活性

即侦查机构的体制不是固定的、一成不变的，而要能够随着斗争形势发展变化迅速加以调整。各级侦查机构要根据工作需要和实际情况，随时调整本部门的工作任务。

（三）合法性

即规定侦查机构的设置原则和审批程序，以及用法律规定侦查机构的性质、地位、职权、编制、工作程序和方法等。

二、我国侦查机构的设置历史及现状

中华人民共和国成立后，为了配合全国解放战争和保卫即将开展的建设工作，各级公安机关相继建立。在这个基础上，刑事侦查部门根据国家政治、经济形势发展的需要，经历了一个由上到下、由小到大、由城市到农村、由局部到全国的建设过程。在20世纪50年代前期，当时公安机关的首要任务是同妄图颠覆人民政权的反革命分子作斗争，刑事侦查工作尚未提上日程，普遍没有建立刑事侦查工作机构。50年代中期，城市公安机关普遍建立了刑警队，其工作基本上隶属于各级治安行政管理部门，没有建立独立的工作机构。50年代后期到60年代前期，公安部和省公安厅的刑事侦查工作仍归在治安部门内，多数县公安局的治安股内建立了侦破小组。60年代后期到70年代前期，十年动乱将十几年建设起来的刑事侦查工作

系统彻底破坏，这个时期是刑事侦查工作大倒退的时期。70 年代后期到 80 年代前期，为了适应打击严重暴力犯罪活动的新变化，从公安部到基层公安机关，都加强了刑事侦查工作的建设，开始形成了比较完整、独立的刑事侦查工作体系。县公安局设刑侦股（队）或侦破组，地区公安处设立刑侦组或刑侦科，城市公安机关刑侦机构为队编制，即小城市设刑警队，大中城市设刑警大队，特大城市设刑警大队和刑侦处。省、自治区公安厅设刑侦科或刑侦处，公安部在治安局设刑侦处。

20 世纪 80 年代以来，面对刑事犯罪活动日益严重的情况，刑侦部门在改革中积极探索新体制。县公安局刑侦股相继改为刑警队及至刑警大队，地区公安处设刑侦科，省公安厅设刑侦处，少数设刑警总队。当前，各地省级刑侦机构统一实行队建制，省、自治区、直辖市公安机关设刑警总队（有的设刑事侦查局）和相应的经济犯罪侦查、禁毒机构。刑事警察总队是公安厅（局）的职能部门，对公安厅（局）长负责。省辖市公安局、地区公安处设刑事警察支队，是地（市）公安机关的职能部门。直辖市和较大省辖市刑事侦查部门是整个刑事侦查系统的骨干机构，侦查技术力量较强，能够发挥地区性枢纽作用。各县（市）级刑侦机构按照刑警大队、责任区刑警队、探组三级设置，有的大队下设区中队和直属中队。

公安部于 1983 年 5 月设刑事侦查局。刑事侦查局是公安部的职能部门，负责管理和指导全国的刑事侦查工作，直接对公安部部长负责。1998 年机构改革时，根据新形势的需要，公安部建立专门的经济犯罪侦查局、禁毒局。刑事侦查局、经济犯罪侦查局和禁毒局同属公安部的职能部门，是管理和指导全国刑事侦查、经济犯罪侦查和同毒品犯罪作斗争的最高行政机构。

1996 年 3 月修订的《中华人民共和国刑事诉讼法》对我国有侦查权的部门作了明确规定。《刑事诉讼法》第 3 条规定："对刑事案件的侦查、拘留、执行逮捕、预审，由公安机关负责。检察、批准逮捕、检察机关直接受理的案件的侦查、提起公诉，由人民检察院负责。审判由人民法院负责。除法律特别规定的以外，其他任何机关、团体和个人都无权行使这些权力。"第 4 条规定："国家安全机关依照法律规定，办理危害国家安全的刑事案件，行使与公安机关相同的职权。"第 225 条规定："军队保卫部门对军队内部发生的刑事案件行使侦查权。对罪犯在监狱内犯罪的案件由监狱进行侦查。"1999 年 1 月，经国务院批准，缉私警察队伍组建。缉私警察队伍实行由海关总署与公安部双重垂直领导，以海关总署领导为主的管理体制。走私犯罪侦查局设在海关总署，为海关总署的一个内设局，也是公安部的一个序列局。缉私警察编制统一纳入公安编制序列。综上所述，我国现有的侦查机构有公安机关、人民检察院、国家安全机关、军队保卫部门和监狱。

三、我国侦查机构的管辖

侦查管辖是指有侦查权的机关因其种类、级别及根据法律规定的刑事案件的特征的不同，所确定的各自直接侦查的权限范围。侦查管辖是侦查主体职能分工的重要依据之一。科学确定侦查管辖，对于优化侦查资源配置，协调侦查主体之间的业务关系，便利当事人合法、有效地进行刑事诉讼活动具有重要意义。目前我国的侦查管辖有职能管辖、级别管辖、地域管辖、专门管辖、指定管辖和协调管辖几类。职能管辖是各侦查机关及其内部各部门，根据各自的职能特点所划分的侦查管辖；级别管辖是根据侦查机关的级别和案件的性质、种类和危害后果而划分的侦查管辖；地域管辖是对同级侦查机关之间侦查管辖的划分；专门管辖是针对有较为突出的地域特征和行业特征的刑事案件规定的管辖。

（一）公安机关的侦查机构及管辖

按级别公安机关划分为不同层次的机构进行案件的管辖。

1. 公安部的侦查机构

（1）国内安全保卫局。负责管理和指导全国的危害国家安全等犯罪案件的侦查并直接侦办少数自己管辖的案件。

（2）经济犯罪侦查局。负责管理和指导全国的经济犯罪案件的侦查并直接侦办少数自己管辖的案件。

（3）刑事侦查局。负责管理和指导全国的普通刑事案件的侦查并直接侦办自己管辖的部分案件，是我国普通刑事侦查工作的决策机构，具有指导、监督、协调的功能，设有案件管理与指导、信息情报、技术鉴定、行政管理、科学研究等业务机构和国际刑警中心局。

（4）禁毒局。负责管理和指导全国的走私、贩卖、运输、制造毒品犯罪案件的侦查。

另外，双重领导的局有铁道部公安局、交通部公安局、国家林业公安局、民航总局公安局和海关缉私局等。

2. 省、直辖市、自治区公安厅（局）侦查机构

省、直辖市、自治区公安厅（局）设国内安全保卫处、经济犯罪侦查处、刑警总队（刑事侦查处）、禁毒处。部分公安厅（局）设有刑侦局。省级侦查机构主要是管理和指导辖区范围内的侦审工作，并直接侦、审少数案件，在业务上接受公安部相关部门的指导。

3. 市、县公安局的侦查机构

市、县公安局的侦查机构是办案实战单位，一般分国内安全保卫、经济犯罪侦查、刑侦等部门，负责本辖区内的犯罪案件的侦查。

(二) 人民检察院的侦查机构

人民检察院的侦查工作主要是对国家工作人员利用职权进行的职务犯罪进行侦查。人民检察院设立反贪污贿赂部门、渎职侵权检察部门、监所检察部门进行案件侦查。

(三) 国家安全机关的侦查机构（略）

(四) 军队保卫部门的侦查机构

军队保卫部门负责军队内部刑事案件的侦查工作。一般在军级以上（不含军级）单位设保卫部，在军级单位设保卫处，师以下单位设保卫科，负责本责任区的案件侦查。

(五) 监狱的侦查机构

监狱的侦查机构是侦查在押犯中重新犯罪活动的职能机构。目前司法部监狱管理局设狱政处负责狱侦工作，各省、自治区、直辖市监管局设狱政处或狱侦处负责狱侦工作，各监狱设狱侦科（组）、监区和中队设兼职狱侦干事负责狱侦工作。

四、我国侦查机构的职责

侦查机构的职责是其根本任务的具体化、法律化。合理的职责分工，使各部门和每个侦查部门明确自己的职责范围、管辖幅度，从而有利于在分工范围内履行自己的职责，行使法律赋予的权利，集中精力做好本职工作；有利于加强与各有关部门的配合和协作，提高战斗力；有利于调动部门和个人的工作积极性、主动性、创造性。

(一) 不同层次侦查机构的职责划分

在刑侦部门从管理体制的角度，一般将一个系统划分为决策层、管理层、执行层和操作层。就全国范围来看，刑事侦查系统中，公安部刑事侦查局是决策层；省公安厅（直辖市公安局、自治区公安厅）刑事侦查处（或局、刑警总队）和地区公安处刑事侦查科（或刑警支队）属于管理层；县（市、区）公安机关的刑警队（或大队）是执行层；省辖市公安机关的刑警大队（或支队），在市县这样一种行政体制下，它具有管理层和执行层的双重功能。根据我国刑侦系统的工作特点，它没有独立的操作层。操作层的职能根据操作项目的内容，分布在各个层次中。

1. 决策层。公安部刑事侦查局的职责：

(1) 依照国家有关法律、法规，起草刑事侦查工作方面的章程、规定、条例、实施细则等，经公安部领导审核发布实施。

(2) 调查、汇集、研究、分析全国刑事犯罪的情况、动向和规律，制定全国性的犯罪对策、工作方针、措施和规则，组织经验交流。

(3) 掌握全国特大刑事案件的发生、破获情况以及其他一些严重、突出的刑事案件的侦破情况，检查、指导、督促侦查破案工作。必要时派人直接参与和指导某些特大刑事案件的侦破工作。

(4) 直接承办上级交办的案件。

(5) 制定刑事科学技术、器材、装备等方面的规划。根据斗争需要向科学技术部门提出研究课题和要求，组织新技术的引进和推广，指导、装备各级技术中心、技术点。

(6) 组织跨省较大刑事案件的并案侦查和其他重大刑事侦查活动；发挥调度指挥功能，发布全国性的通缉通报；发挥全国刑事犯罪情报资料中心的作用，向基层提供信息支援和咨询服务。

(7) 参与并协助国际刑警组织中国国家中心局的工作。

2. 管理层。省、直辖市、自治区公安厅（局）刑事侦查处（或局、刑警总队），地、市公安局（处）刑警支队的职责：

(1) 调查、汇集、研究、分析辖区刑事犯罪活动的情况、动向和规律；制定刑事侦查工作计划、规划，总结工作；针对辖区刑事犯罪活动的具体情况，制定工作对策和措施。

(2) 通过深入实际、调查研究、召开会议、下发文件等方式，对辖区刑事侦查工作进行业务指导，交流工作经验；传达贯彻公安部或刑侦局在刑侦业务方面的有关指示、通报等。

(3) 掌握辖区重大、特大刑事案件的发生、破获情况和其他重大刑事犯罪情况；检查、指导和参与侦破工作；根据有关规定，及时向公安部刑侦局和当地党委、政府报告特大刑事案件的发生、破获情况。

(4) 及时组织所属基层单位对发生的严重暴力犯罪、恐怖犯罪以及其他危害严重的特大案件，作出快速反应，果断采取应急措施，防止危害扩大，力争将犯罪制止或破获在预谋之中，尽快缉捕犯罪嫌疑人。

(5) 派人参与、指导侦破那些情节恶劣、影响很坏的特大案件、恶性重大案件，或在一地连续发生严重破坏社会治安秩序的刑事案件。其中跨省（市）发生的案件，指定专人组织并案侦查。

(6) 承办公安部、省政府依法交办的刑事案件。

(7) 向下发出刑事犯罪情况通报，加强信息交流，开展协同作战。发布全省或地（市）的通缉通报。

(8) 组织并开展以加强隐蔽力量建设为中心的基础业务建设工作，总结经验，指导基层。

(9) 进行刑事统计，完成刑事犯罪和案件及有关数字、报表的汇总工作，及时向上级部门提出刑事统计报告。

3. 执行层。县（市、区）刑警大队的职责：

（1）制定基层刑事侦查工作计划，总结工作。深入调查，及时报告刑事犯罪活动情况。结合辖区内刑事犯罪活动的具体情况，认真贯彻落实上级业务部门的工作部署和指示。

（2）总结工作经验、教训，撰写专题报告或典型案例，及时向上级报告刑事犯罪活动中出现的新情况、新特点和新趋势。

（3）负责侦破刑事侦查部门管辖的全部案件，承办上级业务部门交办的案件。认真落实破案工作的岗位责任制。

（4）广泛深入地开展和加强隐蔽力量、刑嫌调查控制、堵卡网点、控制流窜犯和阵地控制等方面的基础业务建设。

（5）全面、细致地做好刑事犯罪情报资料的收集、整理、登记工作，加强刑事档案建设；结合现实斗争，认真分析、检索刑事犯罪档案资料，为侦查破案提供情报服务。

（6）搞好三级技术点建设，不断提高勘查率、痕迹物证采获率和痕迹物证利用率。

（7）指导基层派出所对一般刑事案件进行侦破，并负责向派出所民警进行侦查业务知识等方面的教育。

（8）及时准确地完成刑事统计、调查、整理工作，按时提出各项刑事统计报表和报告。

（二）同一层次的侦查机构内部的职责分工

刑侦部门内部必须按照不同职责和不同工作对象合理地进行分工，以便有条不紊、各负其责地完成同刑事犯罪作斗争的复杂而艰巨的任务。改革后的刑侦工作具体体现在建立责任区刑警队、落实破案责任制、提高侦查破案的快速反应能力等方面。虽然全国各地刑事犯罪活动的规律特点不同，各地在内部机构设置上也不尽一致，但在形成的侦查体制和工作机制，特别是刑警大队内部常设机构方面却大体相同，各部门的职责具体划分如下：

1. 秘书部门。在刑警大队机构设置中，秘书部门是综合部门，它可以协助领导发挥刑警机构的控制、指导和服务的功能，是刑侦机构内部之间的一个中心枢纽环节，具有一定的实战功能。秘书部门的具体职责是：

（1）制订综合性的工作计划，负责刑侦队伍装备的购置规划。

（2）管理和建设刑事文书档案，全面完成各项刑事统计和分析工作，为有关方面提供各种刑事数据资料。

（3）与有关部门进行工作联系，接待群众来信来访，负责有关会议的筹备组织工作。

（4）对辖区内刑事犯罪活动的情况、动向、规律进行调查研究、分析预测，为侦查指挥员的决策提供服务。

（5）结合实际工作，组织刑侦工作方面的学术研究活动和基层刑警的业务培训工作。

2. 技术中队。刑事科学技术工作是刑事侦查工作的重要组成部分，它能够为侦查破案提供方向、线索和证据。技术中队的主要任务是通过不断加强刑事科学技术研究，增强运用现代科学技术手段揭露犯罪的能力，为侦查破案服务。技术中队的具体职责是：

（1）通过对现场勘查和痕迹、物品等检验，为发现、提取痕迹物品，分析研究案情，采取侦查措施，提供技术上的指导和意见。

（2）检验、鉴定与犯罪有关的痕迹物品，为侦查破案提供线索和证据。

（3）收集、分析、管理刑事科学技术情报工作，向有关部门提供、输送刑事科学技术情报资料。

（4）组织经验总结和交流活动，为责任区刑警队培训技术骨干，不断提高刑事科学技术人员的科学技术水平。

（5）开展刑事科学技术研究活动，大力引进先进科学技术，推广和运用先进刑事技术和方法，促进刑事科学技术的现代化。

3. 情报中队。犯罪情报资料建设是刑事侦查基础工作，情报资料部门是刑事侦查系统的信息机构，是刑事侦查工作的重要业务部门，也是实现纵向、横向联系的关键部门。在科学技术发达的今天，情报资料工作的重要性也越来越明显。情报中队的具体职责是：

（1）收集、分析、储存管理刑事犯罪情报资料。

（2）通过处理情报资料，直接侦破现行案件和积压案件。

（3）向上级输送经过初步整理、复核的原始资料，为丰富更高一级情报资料中心的储存内容作出贡献。

（4）向作战单位和基层部门提供利用情报资料的指导性意见，发挥情报资料的最大效益。

（5）向有关部门提供犯罪情报咨询服务。

（6）研究刑事犯罪情报资料系统的开发应用工作。

4. 责任区刑警中队。责任区刑警中队是刑事侦查系统的基层作战部门，主要任务是破案、办案和搞好刑侦基础工作。责任区刑警中队的具体职责是：

（1）侦查破案、办案。不但要侦破责任区内的案件，同时也要为其他责任区提供破案线索和协助抓获犯罪嫌疑人。

（2）搞好责任区的基础工作和刑嫌调查工作，建立基层情报信息网络。

(3) 通过破案，掌握和分析辖区内的刑事案件发展情况及其规律特点，发现防范上的漏洞和问题，给派出所提出防范建议和措施。

(4) 在刑警支队和大队的统一领导和指挥下，参加一些重大、特大案件的侦破工作。

五、我国侦查机构的权力

侦查机构的权力主要表现为侦查权。侦查权是国家制裁犯罪人的一种权力，是国家的一种统治权，是国家基于其主权地位所拥有的采取侦查行为的权力。

侦查机关的首要职能，是代表国家和政府追诉犯罪。无论是英美法系国家还是大陆法系国家，无论是资本主义国家还是社会主义国家，都无法改变侦查权首先是追诉权这一本质属性。追诉权是指侦查机关和侦查人员基于国家对犯罪追诉的需要而出现的。侦查权的核心和本质就是追诉权。英美法系国家和大陆法系国家尽管在侦查机构的设置以及权力配置上有一定的区别，但它们所行使的权力都是一种刑事追诉权，都对惩治犯罪、维护社会治安负有重大的责任。因此，侦查权是侦查主体对于犯罪行为采取侦查行为的一种资格，侦查权是侦查主体对于犯罪行为采取侦查行为的一种权力。

为了有效地遏制、揭露犯罪，及时惩罚犯罪，国家赋予侦查机关全面的侦查权，如有权对其管辖的案件立案侦查，进行勘验、检查、搜查、扣押、实施鉴定、查询和冻结涉嫌犯罪的存款及汇款、询问证人、询问被害人、讯问犯罪嫌疑人；有权直接采取拘留、拘传、取保候审和监视居住；对应当逮捕的犯罪嫌疑人，有权提请人民检察院批准逮捕并执行逮捕，有权决定和实施通缉。侦查权，一般包括以下内容：

（一）传唤权

传唤权，即侦查部门和侦查人员在侦查阶段通知犯罪嫌疑人于指定的时间自行到指定地点或在其住处接受讯问的权力。

（二）讯问犯罪嫌疑人权

讯问犯罪嫌疑人权，即侦查部门和侦查人员为了查明案件事实和其他有关情况，依照法律程序，以言辞方式对犯罪嫌疑人进行审问的权力。

（三）询问证人、被害人权

询问证人、被害人权，即侦查部门和侦查人员依照法定程序，以言辞的方式对了解案件真实情况的人、受犯罪行为侵害的人进行调查的权力。

（四）勘验、检查权

勘验、检查权，即侦查部门和侦查人员依法对与犯罪有关的场所、物品、尸体或人身等亲临查看、寻找和检验，以发现和固定犯罪活动所遗留下的各种痕迹和物品的权力。

（五）搜查权

搜查权，即侦查部门和侦查人员为了收集犯罪证据，查获犯罪嫌疑人，对犯罪嫌疑人以及可能隐藏犯罪嫌疑人或犯罪证据的人身、物品、信息和其他有关地方，依法进行搜索、检查的权力。

（六）扣押物证、书证权

扣押物证、书证权，即侦查部门和侦查人员在勘验、搜查中，对发现的可用以证明犯罪嫌疑人有罪或无罪的物品、文件，依法予以扣留的权力。

（七）鉴定权

鉴定权，即侦查部门和侦查人员在侦查刑事案件的过程中，为解决案件中的某些专门性问题，依法指派或者聘请有专门知识的人进行鉴别和判断的权力。

（八）通缉权

通缉权，即侦查部门和侦查人员在侦查刑事案件的过程中，对应当逮捕的在逃的犯罪嫌疑人，依法通令缉拿归案的权力。

（九）技术侦查权

技术侦查权，即侦查部门和侦查人员在侦查刑事案件的过程中，依法运用现代科学技术侦破刑事案件，发现犯罪嫌疑人和查找罪证的权力。除上述权力以外，我国侦查部门和侦查人员还享有刑事强制措施权。侦查部门和侦查人员在侦查活动中，可以采取限制或剥夺犯罪嫌疑人、被告人的人身自由的强制方法，包括：拘传、取保候审、监视居住、拘留、逮捕等。

六、国外侦查机构的设置

侦查机构的设置，是指根据国体和政体的框架，侦查机构体制的组成和隶属关系。由于各国的政治制度和国家体制不同，侦查机构的设立和归属自然不同。这种不同具体表现在侦查机构的纵向关系及内部组合方式上。即一个国家将侦查部门设置在哪个执法部门中，内部如何分工以及各级侦查机关之间是否存在隶属关系。侦查机构设置的不同直接导致侦查模式的不同。由于各国刑事侦查工作主要由警察负责，所以本书只对警察机构中的侦查部门进行比较，不包括检察机关、安全机关等其他部门。

（一）英国侦查机构的设置

英国的警察机构主要由中央警务管理机关、地方警察机构和专门警察机构共同组成。内政部是英国的中央警务管理机关，具体负责警察事务的职能部门是警政司。同时，内政部在全国主要地区建立了9个地区侦查队。侦查队由当地各警察局中有丰富经验的侦探组成，这9个地区侦查队在全国范围内的协调工作由全国警察局长联席会议负责。

英国地方警察机构，由于经费由中央政府和地方政府共同负担，因此，除大伦敦警察厅直属内政部领导外，其他警察局都接受双重领导——内政部和地方警察局。各地方警察局内一般设有刑事侦查处，侦查处中的大部分侦查人员都派驻到各区工作，各区侦探主要负责本地区刑事案件的侦破工作。一般在每个警察署都有一支侦探队，每个警察分署都有一个侦探分队，许多警察所中还设有一个侦探组，有的巡区还固定有一名侦探与巡警共同工作。各区的侦探虽然都居于各地区刑事侦查处的编制，但在工作上主要受其所在单位行政长官的领导，侦查处只负责业务指导和在形式上接受其工作报告。如果遇有疑难、复杂的刑事案件，由侦查处本部的侦探负责侦破。大伦敦侦查处下设多种专业化侦查队伍。如凶杀侦缉队、盗窃侦缉队、集团犯罪侦缉队、诈骗侦缉队、危险毒品侦缉队、飞捕队、恐怖犯罪侦缉队、特警队等。这些侦探队除向英国各地的警察机构提供侦查业务、技术人员、设备等帮助外，还经常负责大伦敦警察区内的重大案件和疑难案件的侦破。

（二）美国侦查机构的设置

美国侦查机构的设置不是自上而下，相反，是自下而上。美国的县级、市级警察机构发展的同时，各州才开始建立州级警察机构，美国联邦警察机构是在美国独立后逐步建立起来的。联邦刑事侦查机构的真正发展是在 20 世纪初期。1908 年联邦司法部成立了联邦调查局、缉毒署等五个执法机构。

美国的中央情报局、联邦调查局、检察机关和地方警察系统都是侦查机构。其中联邦调查局和地方警察系统是最大的刑事侦查机构（相对于我国的公安部和地方公安机关）。美国的警察分为联邦警察和地方警察（州警察），他们分别隶属联邦政府和地方政府，两个警察系统之间只有合作与协助关系。联邦警察系统负责侦办违反联邦法律的刑事案件；地方警察负责侦办违反各州法律的刑事案件。

联邦调查局是美国联邦警察系统中最庞大、最先进的刑事侦查机构，隶属司法部管辖。联邦调查局主要的业务范围是：保卫国家安全，保卫公民人身、财产、联邦雇员和联邦财产的安全以及对付跨州犯罪，调查特定、复杂、跨国、有组织犯罪的案件。除总部之外，全国还设有 59 个地方分局，在驻外使馆派有“法律专员”，负责与驻在国警方就引渡罪犯、侦破国际犯罪集团案件进行联络与合作。联邦调查局内部设有特情处、一般侦查处、特别侦查处、国家犯罪情报中心、科学实验室、刑事档案处、对外事物处等 13 个部门。

美国为缉毒单独成立了一个缉毒部门，并在世界上 40 多个国家设有自己的办事机构。缉毒署与联邦调查局之间没有隶属关系。

美国地方警察系统的侦查机构，以纽约警察局最为庞大，该局拥有警察 3 万人左右。具体分为：巡逻处、侦查处、集团犯罪控制处、技术设备处、监察处等职能部门。其中侦查处有3000人，主要负责侦查区警察难以承担的重大、特大刑事案件。作战方式划分为专业侦查队、组。例如，谋杀案侦查组、入户盗窃案侦查组、盗窃汽车案侦查组。

美国的侦查机构除了县、市、州及联邦警察机构外，还有检察机关、大陪审团和私人侦探等。县、市、州侦查机构分别隶属同级政府，相互之间没有指挥、领导与被领导的关系。同时，联邦侦查机构与县、市、州各级侦查机构之间也不存在行政上的垂直领导和业务上的管辖关系。

（三）法国侦查机构的设置

法国中央政府统管全国的警察事务，法国警察分为行政警察与司法警察两大系统。法国警察系统的侦查职能由司法警察行使，司法警察主管刑事侦查。内务部下设国家警察总局，国家警察总局中设立的中央司法警察局是最重要的侦查机构，同时它也是国际刑警组织的法国国家中心局，该局下设3个处：总务联络处、犯罪事务处、经济犯罪处，后两个处都由专业化侦查人员组成。司法警察局下面还设一个司法鉴定中心，该中心在现场勘查、物证检验、人身识别等方面向各地警察机构提供服务。此外，司法警察局在法国的19个上诉法院管辖区都建立有地区司法警察大队，主要负责对该地区内的集团犯罪、流窜犯罪和职业犯罪案件的侦查。地区司法警察大队既要和中央局有关部门联络，也要与地方警察局的侦查部门合作，各级国家警察之间基本上处于垂直领导的体制下。

考察法国刑警机构设置情况时，必须了解巴黎警察局，该局既有特殊性，又有代表性。该局是国家警察总局的重要组成部分，它不受法国司法警察局的领导，直接向国家警察总局局长负责。巴黎警察局由行政管理部门、行动部门、罪犯综合鉴别机构和两个法庭科学实验室组成。其中，下设在行动部门的司法警察处是巴黎警察局的主要侦查机构，在组织形式上由巴黎警察局局长领导，业务上要接受刑警中心局领导，其下级机构包括：（1）刑警大队。它是巴黎警察局最重要的一支侦查力量，主要负责巴黎地区最复杂、疑难的刑事案件。该大队分为4个常备小队和12个专业化侦破组，4个常备小队轮流值班，处理日常工作，12个专业化侦破组分别负责各类案件的侦查工作。（2）毒品、风化大队。主要负责查缉毒品犯罪和卖淫有伤风化的犯罪案件。（3）反抢劫大队。主要负责重大盗窃、抢劫案件的侦查工作。（4）反盗匪大队。主要负责重大盗窃集团、抢劫集团和绑架案件的侦破工作。同时，巴黎警察局将巴黎分为12个刑事区，各区都建立了司法警察大队，他们分别负责巴黎各刑事区内发生的一般刑事案件。

另外，从法国96个地方市镇警察局的设立情况看，法国并没有设立省级和地区级的警察机构，在上万人以上的市镇都建立了相应的警察局，较大市镇的警察局又将城市划分为若干个刑事区，每个刑事区设一个警察分局。从它们之间的隶属关系看，市镇级警察局服从省级以及下属行政区中行政长官的领导。警察分局隶属市镇警察局，市镇警察局一般负责该管区内的一般刑事案件的侦查。重大刑事案件、跨市镇的刑事案件则由司法警察局的地区大队负责侦破。特别重大的刑事案件由司法警察局中的专业侦查人员负责侦破，市镇司法警察可以作为辅助力量。

（四）德国侦查机构的设置

德国的侦查机构系统的设立具有一定的特殊性。第二次世界大战结束后，德国被分为两部分：英、美、法三国占领区组成的联邦德国和苏联占领区组成的民主德国。其中，联邦德国的侦查机构设置受到英美法系的影响较大。各地区纷纷建立起地方分权制的警察机构，而且，刑警不再是一个特殊的、相对独立的警察机构，刑警大多被分散派往地方警察局或者警察分局内的普通警务部门工作。这种分散式、非专业化的侦查队伍难以对付日趋严重的刑事犯罪。于是，1950 年成立了联邦德国刑事警察总局，隶属内政部。1990 年，两德统一后，以联邦德国的警察机构为基本模式。德国的侦查机构系统主要由两部分组成：一部分是德国警察机构；另一部分是州警察机构，它们分别向联邦内务部和各州内务部负责。

德国刑事警察总局是联邦内务部的直属机构，也是德国侦查系统的核心机构，隶属内务部，是全国的刑事侦查中心。其基本职责是侦破跨州、跨国的刑事犯罪案件；协调各州刑事侦查机构的工作；对各州刑警部门进行业务指导和援助；掌握和积累全国刑事犯罪活动情况；管理全国犯罪档案；负责政府重要人员和国宾的安全保卫；培训全国刑警；同国际刑警组织开展业务联系并收集全国犯罪活动的情报等。为适应打击犯罪的需要，目前，德国刑事警察总局（也称德国国家刑警指挥中心）又增设了 4 个分局和 12 个业务部。其主要任务是打击有组织犯罪、贩卖毒品、武器、军火犯罪、恐怖组织犯罪、伪造假币犯罪等。其中的 12 个业务部门是：技术部、保卫部（安全部）、国家保卫部、反恐怖部、侦查处理部、现场勘查处理部、禁毒部、痕迹辨认部、数据处理部、刑事技术研究所、刑侦研究所、中心任务和管理部。这些部门既承担指挥全国刑警的业务，又负责纵横指导和服务工作。

由于德国各州的法律不同，各州的侦查机构设置、权限等方面差异较大，并且各自具有相对的独立性。它们既不从属于德国刑事警察总局，相互之间也没有从属关系。州级警察局根据城市的大小，分别设立不同类型的警察局或警察分局。大城市的警察机构多称为市警察局，中小城市的警察机构一般称为警察分局，城市的警察局或者警察分局直接受州警察局领导。虽然各州警察机构的组织机构不同，但都设有刑事侦查部门。而且，该部门一般都具有较强的独立性。大型警察局或分局内部都有一定程度的专业化侦查队伍，在一些小型城市的警察分局中，一般没有专门的刑警科或刑警队，多由掌握多种法律知识和专业技能的刑警负责。

(五) 意大利侦查机构的设置

意大利国家警察隶属于内务部，主要负责维护社会治安，1981 年以前，国家警察一直属于军事编制，1981 年以后，为了适应形势发展的需要，意大利通过《第 121 号条令》，对警察体制实行重大改革，使其彻底脱离军队编制，成为政府部门。内务部下设的公安司是国家警察的直接领导部门，对国家警察实行垂直领导。公安司下设警察力量协调计划局、监察办公室以及 10 个警察总署。由于意大利国内有组织犯罪问题最为突出，因此，公安司中还专门设有打击有组织犯罪侦查总署，它由各警种的警察组成，成为打击有组织犯罪的常设机构。随着有组织犯罪的日趋猖獗，意大利 1994 年通过了《反有组织犯罪法》，并成立了两个独立于国家警察部门的新机构：全国反有组织犯罪局和大城市反有组织犯罪局。

意大利的大区没有常设的国家警察部门，公安司对省级警察部门实行垂直领导。在省级警察局内，分设有对付各类犯罪案件的侦查部门。各市、镇等地方警察机构主要是根据地域大小分设为市镇警察局、警察分局，它们都隶属于省级警察局。

(六) 日本侦查机构的设置

日本侦查机构主要分为两大类：国家级与地方级。日本侦查机构实行垂直领导体制。国家级的侦查机构包括国家公安委员会下设的国家警察厅，刑事鉴定工作归属于国家公安委员会负责，国家警察厅直属于国家公安委员会，也是日本的中央警察机构。日本警察系统的侦查机构就设在国家警察厅，国家警察厅下设刑事侦查局和警备局。

刑事侦查局是国家警察厅中最重要的侦查机构。国家警察厅的刑事侦查局是全国刑事侦查的领导、指挥机构。内设侦查一课、侦查二课、国际刑事课、鉴定课等部门。侦查一课主管凶恶案件的侦查；侦查二课主管贪污案件、智能犯罪和违法选举案件的侦查；国际刑事课负责与国际刑警组织的联系与合作，同时又是该组织在日本的中心局；鉴定课主管刑事鉴定和管理罪犯卡片档案与指纹档案。

警备局内设有公安一课、公安二课、公安三课、外事课、调查课等职能部门，分别主管涉及国家安全的案件的侦查（相当于我国的安全部）。

地方级的侦查机构。日本把全国分为 7 个刑事管区，管区警察局隶属刑事侦查局，它们主要负责本管区内的刑事案件。

东京警视厅和北海道没有纳入刑事管区的范围，国家警察厅在这两处分别设立了警察通信部。其中，东京警视厅总部设有刑事部，主要负责东京地区刑事案件的侦破。该部下设 1 个总务课、4 个侦查课、1 个鉴定课、1 个侦查协作课、3 个机动侦查队和 1 个科学侦查研究所。4 个侦查课是根据案件类别进行的分工。其中第一课负责侦查杀人、抢劫、强奸、纵火、爆炸、诱拐、绑架等案件。第二课负责贪污、渎职、选举违法案件的侦查。第三课负责盗窃、伪造货币等案件的侦破工作。第四课主要负责暴力犯罪案件的侦破。鉴定课和科学技术课主要负责提供技术服务，具体来讲，鉴定课负责现场勘查、指纹鉴定和警犬搜查等工作。科学技术研究所主要负责有关血液、体液、毛发、声纹、毒品、枪弹、笔迹、伪造货币等物证的鉴定工作。3 支机动队是侦查的机动力量，在遇到重大案件时，他们负责协助各课侦查队进行初步的现场勘查等“急性”工作。

刑事侦查局分别指挥、管理各级地方警察组织，包括全国范围内的都、道、府、县的警察署、派出所和警岗。

日本各道、府、县警察本部侦查机构的设置与东京警视厅大体相同，只是规模略小些。全国 1200 多个警察署都设有刑事课和防范课，受理积案、侦查盗窃和抢劫案件，鉴定物证，管理辖区内的预防犯罪和治安秩序。

第二节　侦查队伍

推进侦查工作发展，最关键的是要加强侦查队伍建设。要大力开展切实可行、行之有效的思想政治工作，努力提升侦查队伍的吸引力、凝聚力与战斗力，有效地提高侦查人员的业务素质，内部挖潜、外部借力，多方式、多渠道地增强侦查力量。

随着社会、经济、治安形势发展变化的需要，公安机关为了整合资源，下沉警力，首先在昆明成立了便衣警察（分局），效果很好，震慑了犯罪，是警力跟着警情走的一个好办法。随后，广州市也组建了便衣侦查支队，这种两级便衣侦查队伍和刑事侦查队伍相辅相成，互相配合打击刑事犯罪，迅速发挥了有效打击街面多发性犯罪的明显作用。

一、侦查队伍结构

侦查队伍结构是指一个系统内构成侦查队伍的诸因素及其相互关系，包括各因素的结构、数量比例及相互关系和作用。侦查队伍结构，决定着该队伍的质量和功能。只有结构最佳，整体队伍才能是高质量、高效能的。侦查队伍的最佳结构是一个侦查机构内，构成侦查队伍的各种有关成分或因素的最佳组合。它应该是适应与犯罪斗争的发展需要，有利于侦查机构内外各有关部门及与侦查工作相关因素的相互协调的，能充分发挥侦查机构内各种因素的积极作用的，有利于发挥侦查机构整体的最高效能的。

（一）研究侦查队伍结构的意义

1. 侦查队伍的最佳结构，是选择和配备侦查人才、合理组织和调整侦查队伍的内在依据。组织侦查队伍，需要根据侦查机构的任务，进行各类人员、各有关专业、各级水平、各种年龄层次和智力结构等方面的最佳配备，即根据侦查工作任务和最佳结构的需要，选择、配备和培养侦查人才，组织建设侦查队伍。同时，由于社会形势的变化，科学技术的迅速发展，侦查工作任务和侦查人员自身的变化，侦查队伍需要经常的调节和调整，而这种调整的实质是侦查队伍结构的调整。

2. 侦查队伍的最佳结构，是充分发挥现有侦查力量的作用、提高侦查队伍集体效能的关键。各种侦查人员的最佳组合、互补互助，必将提高个人的创造能力，并产生一种集体力量，增加队伍的整体战斗力。

3. 侦查队伍的最佳结构，是侦查人员成长和发挥才能的客观条件。侦查人才是在社会中、在侦查工作中、在侦查人员相互关系中成长和发挥作用的。合理的队伍结构，有利于每个侦查人员各守其位、各司其职、各负其责、各展其能，有利于施展特长、发挥优势，有利于分工协作、相互配合、团结互助、取长补短，有利于老中青结合，施行传、帮、带。

4. 侦查队伍的结构，直接影响着侦查工作的发展和打击犯罪的斗争水平。侦查队伍结构的合理化程度，决定着队伍的创造力，影响着侦查工作发展方向。一个侦查部门各种专业人员的数量和分布，决定该部门的工作重点。把力量重点放在有利于打击犯罪，特别是侦破大要案上，就能够带动侦查技术、犯罪情报等项工作的健康发展。否则，就会出现战略、方向上的失误，从而浪费人力、物力，事倍功半。

5. 侦查队伍的合理结构，是制定侦查人才战略的内在依据。侦查工作的发展，关键在于人才。侦查人才规划的制定必须依据侦查队伍内部各专业、各等级、各年龄段人员的构成，即必须依据侦查队伍的结构。同时，侦查员的培养，侦查队伍的建设要适应科学技术、经济建设和社会发展的要求也需要了解和研究侦查队伍的结构。

（二）侦查队伍的职类结构

侦查队伍的职类结构是指从事不同性质侦查工作的侦查人员之比例构成及相互关系。职类是按侦查工作的不同性质和特点所进行的基本分类，它主要包括以下五类人员。

1. 侦查员。指专职从事案件侦查的人员，是侦查工作的主导力量。一个侦查部门拥有的优秀侦查员的数量是衡量侦查队伍质量高低的一个重要标志。

2. 刑事科技人员。一是从事刑事科学技术研究工作人员。他们通过科学技术的研究、引进和开发，创造出新的刑事科技理论和方法，并把所获成果推广、应用到侦查工作中。它们的研究能力和水平，直接影响到侦查工作的提高和发展。二是刑事技术人员，即从事犯罪痕迹物品的发现、提取、检验和鉴定的人员。

3. 犯罪情报人员。指那些专门从事犯罪情报的搜集、储存、分析、检索，并为侦查破案提供犯罪信息、线索的人员。其中包括犯罪案件各类相关资料的统计人员、犯罪情报资料计算机系统管理人员、犯罪阵地控制人员和特情管理人员等。

4. 调研人员。指专门从事侦查工作各方面情况的调查、分析和研究的人员。它们主要是把侦查工作中的新经验、出现的新问题，以及犯罪活动方面的各种情况总结归纳起来提供给侦查部门的领导、指挥人员，为制定侦查决策提供依据。

5. 侦查管理人员。指专职从事组织指挥、政治思想工作和后勤保障的侦查人员。

以上几类人员在侦查机构内，应各占有一个合适的比例，其中侦查员应不少于五分之二，侦查技术和情报人员各占五分之一。

（三）侦查队伍的年龄结构

侦查队伍的年龄结构是指一个侦查系统内各类年龄的侦查人员的比例构成及侦查队伍的社会年龄构成。侦查队伍的年龄结构关系到侦查队伍的创造力和生命力。侦查人员的年龄和其创造力有密切关系。侦查活动是复杂的创造性活动，它需要侦查人员具有丰富的知识和工作经验，旺盛的精力，较强的记忆力、理解力和分析判断能力等。对于一个侦查人员来说，这些因素的最佳结合时期，是创造力最强、效能最高的时期，称为最佳年龄期。实践证明，侦查工作中侦查人员的最佳年龄期为25—45岁。当然，对于不同的国家、不同的历史条件、不同的时代、不同的岗位，侦查人员的最佳年龄值是不同的。如果侦查系统的年龄结构严重老化，侦查队伍青黄不接，高、中级侦查指挥人员年龄偏大，而文化水平较高、实际经验丰富的中青年侦查人员数量太少，将会严重影响队伍的战斗力。

二、侦查队伍的管理

侦查人员的成长，侦查队伍的建设，特别是侦查人员及其群体作用的发挥，关键在于管理。侦查队伍管理就是对侦查人才的发现、选配、使用、培养及调整等，以发挥其积极作用。侦查队伍管理是侦查工作管理的核心。尽管侦查各项工作管理对象和职能多种多样，但最核心的是对侦查人员的管理，因为侦查人员是侦查活动的主体，是构成侦查系统的基本因素。无论是政治思想管理、行政管理，还是业务管理，都离不开侦查人员。同时，侦查队伍管理是发挥侦查人员作用，实现侦查工作目标的关键。好的队伍管理，能够正确指引侦查工作方向，合理安排力量，积极地创造条件，恰当地协调关系，能够充分地发挥侦查人员的积极性，最大限度地调动每个侦查人员的积极性，增强集体的功能，实现打击犯罪的总目标。

侦查队伍管理的主要内容有规划和编制、选配侦查人员、任用侦查人员、培养提高、考核、调整、思想教育等。

(一) 侦查队伍管理的注意事项

1. 注意侦查人员的专业性。对侦查人员的挑选、使用和培养，首先要注意专业特长。由于现代科学技术的发展日益分化和更加综合，侦查人员的培养要在综合基础上加强专业性。我们认为应当采用灵活多变的、长期的培训学习方式，使侦查人员掌握个人所需的侦查破案等专业知识和技能：

(1) 根据人才培养过程中的师承效应，发掘发现队伍的能人专才，以一带一或一帮多的方式，师傅直接对徒弟进行指导和点化，使徒弟迅速成长。

(2) 尊重侦查人员的个人意愿和个性需求，允许其自愿报名参加各种业务知识培训班，自主选择培训科目。因为只有侦查人员自己才真正懂得自己需要什么，这样有针对性地去学习，才能提高学习培训的效率。

(3) 考核培训学习可采用当场评语、当场演示的方式，事后配发文字资料、演示光碟等，供侦查人员课后观摩，用心体会。

2. 需要有较大的弹性。由于侦查队伍管理的多因素复杂性，侦查人员的能动性，特别是侦查工作的思维性、探索性和创造性，使侦查队伍管理需要更大的弹性，对侦查人员所从事的各项侦查工作，特别是侦查破案这种探索性的工作，需要的不是定量管理，而是目标方向管理，对他们的工作应特别注意发挥积极性和调动更大的热情。

3. 必须把培养和使用紧密结合起来。只使用不培养，不是正确的管理，使用和培养脱节也不是有效的管理。侦查工作是在侦查人员的学习和工作的结合中进行的，组织侦查人员学习提高是十分必要的。

4. 注意把考核与奖励、晋升结合起来。考核是侦查主管部门对所属每个侦查人员的工作进行公正合理的评价，以达到充分调动侦查人员的积极性和促使他们为侦查工作作出更大、更多贡献的重要手段。考核要全面、公正，应与人事的任用、升迁、调动、安排相结合，使侦查队伍管理处于动态之中，使侦查部门不断新陈代谢。

5. 经常组织各种专题政治教育活动，经常持久地开展“爱岗敬业、遵纪守法”教育。

(二) 侦查责任制

随着改革不断深入、形势不断发展，犯罪的新情况、新问题不断出现。为了全面提高打击犯罪的能力，必须加大侦查改革力度，在体制、机制、队伍建设、人事制度、经费装备等方面进行科学、合理的配置与调整。为了适应此要求，公安机关侦查部门作出了反应，其做法值得各侦查部门借鉴。侦查部门肩负着打击犯罪，惩罚犯罪，保护公民的人身权利、民主权利、财产权利的重任。各侦查部门的领导应重视对重、特大案件侦查工作的领导指挥，及时组织精干力量，认真研究案情，迅速作出反应，果断展开部署，搞好协同作战。

1. 建立责任区刑侦队，落实破案责任制。破案责任制是侦查改革的核心。绝大多数案件的侦破任务，要由基层侦查部门来承担。基层侦查部门要根据本辖区的行政区域面积、人口、安全状况等因素，综合考虑，科学划分若干个侦查破案责任区，每个责任区建立一个刑侦队，由其承担责任区内案件的侦破任务。上级侦查部门主要侦查重大案件及基层侦查部门侦破有困难的案件。实行队建制能最大限度地发挥侦查部门打击犯罪的作用，大幅度地提高破案率，是符合建立社会主义市场经济的侦查工作运行机制的。

2. 提高办案效率和办案质量，实行侦审一体化，即立案、侦查、审讯、提请逮捕、移送起诉一体化。

3. 树立大侦查意识，建立大侦查格局。在侦查破案中，要以侦查专业队伍为主体，其他警种参与、配合，各有关部门协同作战，形成上下贯通、快速进攻、总体联合的作战格局。这种格局对于犯罪活动在时间上的突然性、空间上的不确定性、活动上的快速性以及手段上的对抗性的遏制有较强的功效，能大大提高整体战斗力。

4. 科学合理配置警力资源，实行"探长负责制"。即根据形势和工作的实际需要，进行警力的重新组合与配置，利用现有侦查警力组成侦查破案的最小作战实体，实行"探长负责制"，将任务落实到人，防止警力浪费。

5. 积极推广并落实以岗位责任制为核心，责、权、利相结合的激励、竞争、淘汰机制，增强侦查人员的风险意识。

第三节　侦查人员

侦查人员是侦查机构中具体从事各项工作的个体。侦查主体能否有效地完成揭露、证实犯罪的任务，关键在于侦查人员。侦查人员能否有效地履行职责，关键在于其本身所具有的素质及其责任意识。

一、侦查人员的素质

侦查人员的素质包括政治素质、业务素质、身体素质、心理素质、智力素质等。

（一）政治素质

侦查人员的政治素质是指其在政治立场、工作态度、思想觉悟、品德作风等方面应具备的基本素质。

1. 要有坚定的政治立场。这是侦查人员必须具备的最基本的政治条件。侦查人员长期同形形色色的犯罪分子作斗争，常常同各种阴暗面接触，受影响和腐蚀的机会多，在这种复杂的环境条件下要做到不受腐蚀，不犯错误，侦查人员就必须具有正确坚定的政治立场，保持清醒的政治头脑，始终保持忠于党，忠于人民，忠于法律的政治本色。

2. 要有严格的组织纪律。侦查人员的纪律，主要表现为一切行动听从指挥，个人服从组织，下级服从上级，执行工作任务依法办事，遵守侦查工作的各项规定，严格保守国家秘密，守口如瓶。

3. 要有大公无私的道德品质。把人民利益和国家利益放在首位，吃苦在前，享受在后，不计个人得失，不吃请，不受礼，清正廉洁，执法如山，机智勇敢，勇于献身，坚持真理，刚正不阿。

（二）业务素质

侦查人员的业务素质包括科学文化知识、政策理论水平、法学知识、侦查专业知识和技能等。侦查人员必须具备较高的文化水平，这是做好工作的基础。构成侦查人员业务素质的知识结构是多方面的。

1. 科学文化基础知识

这是侦查人员必须具备的基础文化素质和修养。它包括对人类社会发展规律的常识要有比较广泛的了解，对人类道德和科学道德，侦查人员的优秀品格及其为祖国、为人民、为侦查工作的献身精神要有正确的认识和理解。科学文化基础知识的具体内容十分广泛，它既涉及社会科学、自然科学和思想科学三大门类中的内容，又涉及日常生活知识和科学知识等各个层次中的内容。其中较为重要的涉及以下一些学科的知识：

（1）法学知识：包括宪法、刑法、刑事诉讼法等基本法律知识和一些常用的法规、条例等；

（2）社会学知识：包括人际关系学、公共关系学以及人类社会学和发展社会学等；

（3）心理学知识：包括社会心理学、实验心理学和犯罪心理学等方面的知识；

（4）语言学方面的知识；

（5）历史知识；

（6）日常生活知识；

（7）自然科学方面的知识：包括数学、物理学、化学、生物学、地理学、气象学、计算机等方面的知识等；

（8）其他与侦查有关的知识。

2. 哲学、思维科学知识

哲学是横向知识中最高层次的知识，只有熟悉基本的哲学知识，才能进行哲学思维。哲学思维的基本特征是，从主体和客体的关系中把握对象，以抽象的方式探求真理，获得关于对象的一般知识，其对侦查工作有绝对的指导意义。哲学作为人类思维的一种高级形态，具有能动地认识事物的普遍性和必然性，形成科学的世界观和方法论，促进理论思维能力发展的功能。在哲学思维的指导下，全面掌握科学的思维方式，还必须进而具有思维科学的知识。

3. 侦查专业知识

侦查专业知识主要包括三个方面：

（1）侦查业务知识。主要是侦查学类，包括现场勘察、调查访问、预审、特情侦查、外线、技侦、内线、侦查谋略与措施、案件侦查等；技术类包括痕检、文检、法医、图像等。

（2）侦查业务基础知识。主要有侦查运筹、侦查决策、侦查指挥、侦查逻辑、侦查心理、侦查情报等。

（3）与侦查业务相关的其他专业知识。包括政治侦查、治安、保卫、犯罪学、犯罪预防学、管理学、警察学等。

（三）身体素质

身体素质是一个人机体工作能力的总称，它包括机体的构造、形态、感官和神经系统的特征，以及速度、耐力、力量、灵敏性、柔韧性等。这些基本素质许多与先天性因素密切相关，但主要还是通过后天实践的锻炼发展起来的。健康的体质是侦查人员完成侦破任务，提高思维效率和工作效率不可缺少的重要因素之一，是从事侦查实践的重要保证，是打击和制服犯罪分子的重要条件。

（四）心理素质

侦查工作要求侦查人员思维灵活、反应敏捷、决心坚定、行动果断、观察细致、记忆力持久、联想丰富、自制力强、有坚韧的毅力和耐心，要具备这些素质，一方面需要智力水平，另一方面也需要除智力素质以外的其他心理品质，如兴趣、情绪、意志、气质、性格等。良好的个性心理品质对成功完成侦查工作任务有着不可忽视的重要作用，而不良的个性心理品质，如盲目性、刻板性、焦虑感、不安感则大大影响工作，甚至严重损害侦查工作。

（五）智力素质

智力是知识的灵魂，是侦查人员素质的核心。个人主体的智力素质是一个多种因素组成的动态综合体，其主要的构成因素有五个方面。

1. 观察能力。观察是有一定目的、有组织的、主动的知觉。全面的、正确的、深入的观察事物的能力称为观察力。观察能力是侦查人员认识犯罪案件及各种侦查对象的门户。侦查人员培养观察能力要从以下几个方面着手：首先，要培养良好的观察习惯，要养成有目的、有计划、有选择的观察习惯，对与侦查密切相关的事物要有重复观察、反复观察的自觉性，在观察过程中要及时作出记录。其次，要培养观察的良好心理品质。观察要深入、细致，要耐心、持久，要排除一切不良因素的干扰，追究事物的本源，边观察边分析边综合。

2. 记忆能力。记忆是对经验的事物能够记住，并能在以后再现或在其重新实现时再认识的过程。侦查人员优良的记忆能力在侦查破案中起着十分重要的作用。侦查人员必须在侦查实践中锻炼和增强自己的记忆能力，要掌握记忆成功的条件，如注意力要集中，记忆目标要具体明确，对记忆对象要有透彻的理解，要有丰富的知识经验来充实自己的头脑，同时要掌握和使用一些必要的记忆技巧等。

3. 思维能力。即侦查人员用自己已有的侦查知识或经验，去处理或解释、“翻译”新发生的案件的能力。它的主要作用是帮助侦查人员选择正确的破案目标，正确调节和指导侦查计划和侦查步骤，对搜集到的新情况、新线索进行正确的分析研究和评价、概括，对侦查中进行的观察和实验予以科学的构思和设计，并对其结果予以正确的评估和利用等。思维能力是智力素质的核心。侦查人员主要通过学习和实践，掌握丰富的知识和积累工作与生活经验，培养稳定积极的情绪，全面发展思维的广阔性、深刻性、独立性、批判性、灵活性、敏捷性和逻辑性，通过加强语言修养等途径来提高自己的思维能力。

4. 应变能力。即在侦查活动中，适应客观情况的变化，机智灵活，随时作出反应，争取斗争主动权的能力。侦查人员增强应变能力的主要途径是积极参与侦查工作实践，参与各种复杂的对犯罪的实际斗争和各种围歼、围捕、追缉、堵截犯罪分子的战斗，勇于在各种艰苦和惊险的侦查环境中去锻炼自己。

5. 操作能力。即实战能力，主要体现在能够深入实际，调查研究；善于联系群众，获取广泛支持，熟练掌握各类案件的侦破方法，具有独立办事的能力，会多种技能技巧，掌握制服犯罪分子的方法，会搜集积累业务资料，归纳总结工作经验等方面。

二、侦查人员的责任意识

侦查人员的责任意识主要应由职能意识、职业意识和荣誉意识所构成。

（一）职能意识

职能，是指某一特定机构、部门在社会生活中应有的作用和功能。职能意识则是指侦查机关对自己社会职能的认识、了解程度，它反映的是侦查机关自身对其在社会分工中的地位和作用的认知程度。由此，也许在一些人的认识中，职能好像仅仅与组织、部门关系密切，而与个人关系不大，其实这种认识是相当片面的。如果作为个体的侦查人员对自己所属侦查机构的社会职能认识不清，不能对侦查机构的社会职能准确定位，那么，侦查人员就不能产生强烈的职能意识。因此，职能意识既是侦查人员做好本职工作的前提，也是激发其工作热情的基础，职能意识越强，侦查人员的工作目标就会越明确，工作的主动性、积极性就会越高。所以，公安机关的侦查人员必须首先对自己所在部门应履行的基本社会职能要有清醒的认识，才可能将打击各种犯罪行为、维护社会稳定和国家安全放在能否正确履行公安机关职能的高度加以重视，法律赋予公安机关的侦查职能也才可能通过侦查人员的具体侦查活动得到真正履行。

(二) 职业意识

职业，是指人们由于社会分工和生产内部的劳动分工，而长期从事的具有专门业务和特定职责，并以此作为主要生活来源的社会活动。侦查人员的职业意识就是指侦查人员对自己所从事的具体侦查工作在整个侦查工作之中地位、作用的认知程度，它更多地表现为个体对自身作用和责任的认识。

职业意识其形成和发展需要经历两个时期，即职业意识的他律时期和自律时期。就侦查人员而言，他律时期的职业意识，是以侦查人员的职业义务为核心的，这一时期侦查人员在侦查活动中的各种行为纯粹出于职业义务，否则，就会因为没有履行职业义务而受到处罚甚至失去警察这一社会职业。因此，它具有较为浓厚的强制性色彩，是一种较为低级的、外在的、不完善的职业意识。在这种职业意识支配下的侦查人员仅仅在表面上对职业规则词句的机械遵守，根本不考虑这些规则的精神实质，并将它作为评价自己职业行为的唯一标准，它的唯一结果必然是侦查人员主动性和积极性的完全丧失。而自律时期的职业意识，既是体现在侦查人员意识中的一种强烈的职业道德责任感，也是侦查人员在意识中依据人民警察的职业道德规范进行自我评价的能力。这种职业意识是对职业责任的自觉意识，它不仅能够使侦查人员表现出强烈的道德责任感，而且还能够使侦查人员依据人民警察的职业道德原则和规范自觉地选择和决定行为，充分体现侦查人员在侦查工作中的自觉意识。

(三) 荣誉意识

职业荣誉，是指职业责任和职业良心的价值尺度。它既包括对职业行为的社会价值所作出的公认的客观评价，也包括从业者个人对自己职业行为正确的主观认识。作为侦查人员，职业荣誉同样是建立在个人主观认识和社会客观认同相统一的基础之上的。侦查人员职业荣誉意识的形成，既需要对自己所从事职业的社会价值和社会意义有正确的、理性的认识，这是侦查人员职业荣誉意识产生的基础，也是职业行为积极性、主动性产生的内在动力和源泉之一，同时，又需要社会对侦查人员在职业行为中的表现和贡献作出赞赏和评价，这是职业荣誉意识巩固和强化所需要的外在因素，也是维持和加深警察职业情操，从而不断提升职业荣誉意识的外在动力。如果一个人在主观上对警察这一职业评价极高，说明他对从事警察职业有很强的荣誉感，这会成为他选择警察职业并努力工作的重要动力。假如社会对他的职业行为一直评价极低或持否定态度，使他长期没有成就感而处在挫折甚至压抑的情绪体验之中，那么，职业荣誉也就无从说起，即原有的来自于主观感受的那点荣誉感也会因此而丧失殆尽。作为领导，应该具备较高的领导艺术，充分了解荣誉意识在职业行为中的重要意义，懂得如何激发下属的职业荣誉感，从而从根本上调动侦查人员的工作积极性。

侦查人员的责任意识在侦查工作中占有十分重要的地位，它直接关系到侦查队伍的整体素质和侦查工作的成败，也是公安机关队伍建设的重要内容。

【延伸阅读】

侦查作为一种社会活动，必然伴随着社会发展而进行自身的分工。同时，犯罪的专门化也要求侦查的专门化予以回应。

专门化和专业化既有联系又有区别。侦查专业化是为了使侦查人员跟上时代步伐，摆脱原始落后的传统做法，用规范的手段和技能与当今智能化、暴力化、组织化、流窜化程度不断升级的犯罪活动作斗争。相对于专业化，专门化则更进一步，根据犯罪案件的类型和性质，有针对性地组建专门队伍进行侦查活动。简而言之，侦查专业化是一种职业要求，而侦查专门化则是一种执业要求。

西方发达国家侦查机构的专门化设置起步早、发展快。典型的资本主义国家英国和美国更是优先于其他国家组建了自己的专业侦查队伍。英国于1907年在大伦敦警察厅犯罪侦查处下组建“凶杀侦缉队”。除了警察，英国还存在专门的侦查机构，如1987年成立的“严重诈骗案件侦查局”，负责对100万英镑以上的重大、复杂、涉及面广的诈骗罪案的侦查和起诉。

美国纽约市警察厅侦查局于1935年下设鉴定、窃车、谋杀、失踪、街巡、当铺等9个专门处。目前在美国的联邦一级，司法部、财政部和国防部等7个部所属的19个单位都有侦查权。其中包括联邦调查局、麻醉品管理局、海关总署、国内税务局、联邦公园警察局、国防部犯罪侦查分局、海上调查局、邮检部所属的邮检处等。

被称为“专门化之最”的德国柏林市警察局在20世纪初期，其犯罪侦查部门就已建成了极其完善的专门化体制，做到几乎刑法典规定的每一种严重犯罪都在总部有一支相应的侦查小队。仅盗窃案件，就根据盗窃的对象、地点和手段的不同而分为14类，分别由14个小队负责侦破。

无论从国内外侦查机构的建设历程来看，还是从实效来看，侦查的专门化都是大势所趋。但目前的侦破水平仍不尽如人意，全国平均破案率徘徊在30%左右，所谓的“命案必破”在命案破案率最高的地区也只有90%左右。在实践操作中，重机构设置、轻人员培养，重硬件建设、轻软件维护，由此产生了一些负面效应，阻碍着我国侦查专门化的健康发展。笔者认为，依据中国国情，侦查专门化发展具体应从以下几个方面进行建设：

第一，统一机构名称。统一规范的名称是现代社会体系高速、有效运转的象征。然而，在现实中却出现了不该有的混乱状况。例如，同样是打击发生在街头的犯罪活动的专门侦查机构，有的叫“街面犯罪侦查队”，有的叫“便衣侦查队”或“便衣分局”，有的则使用更为形象的“反拎骗中队”、“反抢劫中队”等。行使同样职能的部门在不同地区存在着多种不同的称呼。其实，不仅地市级刑事侦查部门下设机构如此，就连省一级的刑侦单位名称也不统一。名称混乱背后折射出来的是机构设置的随意性。对于今后根据新的需要组建专门侦查队伍的，应分为两种情况。如其他省市已有先例的，以公安部规范的名称命名，由省级公安部门审批、报公安部备案；如其他省市暂无先例的，应层报公安部批准决定。

第二，注重专门教育与培训。经过长期的发展，传统刑事案件专门化侦查较成熟，如命案、侵财、反黑、缉毒等，但新型犯罪案件侦破能力较低，经侦、“网侦”（计算机犯罪）、“治侦”（治安部门管辖犯罪）案件的发现率、侦破率、起诉率、移送起诉率、有罪判决率都不如普通刑事案件高。对付新型犯罪除了依靠基本的侦破手段，还需要侦查人员具备所涉及领域的专业知识。因此，在强化侦查专门化工作机制的同时，也要注意对侦查人员专业知识的教育与培训。

第三，继续加强情报信息建设。刑事犯罪情报信息对于侦破案件来说，发挥着不可估量的作用。随着“情报导侦”、“科技强警”战略的推进，侦查专门化越来越离不开情报建设的有力支持。但在侦查实践中，情报建设容易产生两个问题：一是情报信息孤岛问题，侦查实践中基本形成了国保情报、刑侦情报和治安情报，过去各侦查部门情报往往分别采集，产生重复建设、资源浪费的现象。现如今随着“金盾工程”的稳步推进，在部分地区这一情形有所好转，但从全国来看，现有信息系统多数为部、省、市三级的纵向、单向联系，数据存储相互独立，系统之间很难实现互访，制约了侦查协作的开展。二是情报种类单一，当前我国刑事案件信息系统内的数据主要包括全国在逃人员、被盗抢机动车辆、被盗抢枪支、现场指纹、无名尸体、失踪人员、打拐等常规信息，DNA 数据采样也只能算是刚刚起步，有关金融犯罪、知识产权犯罪的情报信息建设环节还比较薄弱。因此，针对侦查部门细分工导致的各自为政、信息不畅，应完善现有的信息交流机制，创建适应现行犯罪侦查机制的信息交流平台。

第四，积极开展侦查协作。针对部门间、地域间侦破能力的不平衡，应长期开展侦查协作，以促进横向交流。侦查协作是指侦查机关为提高打击犯罪的力度、发挥整体作战的优势，而长期、经常进行的侦查机关之间以及侦查机关与其他部门之间有组织的协调配合，并使之规范化、制度化的一项基础性的侦查措施。在侦查日趋专业化、专门化的今天，应由经济援助为主适度向技术支援过渡，由物质援助适度向信息援助过渡，促进警种间、地域间乃至国际间的学习与协作。另外，还要强化侦查协作意识。例如，在打击侵犯知识产权犯罪领域，我国公安机关和美国执法机构，特别是美国国土安全部移民与海关执法部门建立了良好的协作关系，为“越洋行动”、“春天行动”等大规模侦查战役的成功奠定了基础。

第六章　侦查客体

犯罪不仅见于大多数社会，而且见于所有类型的所有社会。不存在没有犯罪行为的社会。虽然犯罪的形式有所不同，被认为是犯罪的行为也不是到处一样，但是，不论在什么地方和什么时代，总有一些人因其行为而使自身受到刑罚的镇压。……现在，我们可以得出一个表面上看来似乎十分荒谬的结论。把犯罪归于正常社会学的现象，这不只是说，由于人类具有不可纠正的恶习，所以犯罪就成为一种人们虽不愿意但又不可避免的现象；而且，也在确认犯罪是社会健康的一个因素，是健康的社会整体的一个组成部分。

——［法］迪尔凯姆

第一节　刑事案件的概述

一、刑事案件的概念

刑事案件是指侦查部门对于控告、检举、自首及通过其他途径获得的材料，根据管辖范围进行审查，认为有犯罪事实发生，需要追究犯罪行为人刑事责任的案件。刑事案件又称为犯罪案件，其最根本的属性是其违反刑事法律的犯罪属性。

二、刑事案件的基本规律

世界上任何事物的发生、发展都是遵循着一定的规律进行的，刑事案件作为一种客观存在的事物，有它自己固有的规律性。

（一）刑事案件存在的历史性

刑事案件存在的历史性是由刑事案件的直接成因——犯罪的历史性决定的，即犯罪是一种属于一定历史范畴的社会现象，这种现象随着人类阶级社会的产生而产生，随着人类阶级社会的消亡而消亡，从产生到消亡是一个长期的历史过程，而不可能在短时期内从人类社会的历史上消失。

（二）刑事案件发生的时期性

刑事案件的时期性体现了犯罪活动的时期性特点。犯罪的直接结果是刑事案件。犯罪作为一种社会历史现象，与社会的经济、政治、思想、文化、生活以及社会风貌、国际环境等状况密切联系在一起，是社会矛盾的综合反映。不同的国家，不同的社会制度，不同的社会历史发展阶段有着不同特点的犯罪，因而也就存在不同特点的刑事案件。刑事案件的具体形成和内容与其存在的社会发展特定历史阶段之间的关系，以及这种关系在刑事案件上所反映出来的特征叫刑事案件发生的时期性。以我国为例，不同时期的刑事案件的特点主要体现在以下几个方面：

（1）不同时期案件性质有变化；

（2）不同时期作案成员有变化；

（3）不同时期作案方式有变化；

（4）不同时期刑事案件总量有变化。

刑事案件的时期性特征直接反映了社会政治经济生活的状况，如新中国成立初的反革命案件多，会道门案件多，三年自然灾害时期的盗抢粮食案件多，直到现在的暴力案件，邪教案件，有组织的犯罪案件，土地纠纷引起的案件等，均有鲜明的时期特征。

（三）刑事案件的地域性

由于自然地理环境和行政区域的不同反映出来的地区性刑事案件的差别，叫刑事案件的地域性。由于各方面的原因，特别是政治、经济、文化的不同，使各个国家和地区，不同社会或区域环境的刑事案件都有明显不同。我国幅员辽阔，人口众多，经济发展十分不平衡，各区域的刑事案件有明显的区域性特征。如东北的暴力性案件，东部的经济案件，贫困地区的拐卖人口案件，中原和陕西的文物案件，沿海边境的走私案件等都有十分明显的地域特征。另以监狱为例，不同类型的监狱发案情况均有不同。除了发案类型的地域性外，发案数量也有地域性特点。东部沿海经济发展迅速地区的发案数，大大高于西部的发案数，人口稠密地区的发案数多于人口稀少地区，城市案件数多于农村地区等。

（四）刑事案件发生的季节、时间性

刑事案件发生的季节、时间性是指刑事案件随着季节、月份和每天的时间变化而表现出来的数量、质量和类型等方面的变化趋势和特点。刑事案件的季节、时间性体现在发案数量的李节性变化、发案种类的季节性变化、发案数量和类型的时间特定性等方面，它形成的主要原因有：

1. 犯罪分子作案时机的选择性

犯罪分子进行犯罪活动，不仅要考虑如何侵犯作案对象，即采用什么方法作案才能达到作案目的，更要考虑在什么时间、什么机会条件下达到目的。而有些时间和季节，就是他们作案的最好时机，如开封“9·18”案件中犯罪分子事先收看天气预报，待开封地区有大雨时（易冲毁痕迹物证）才作案。狱内脱逃案件多选择夏秋雨季，因此时青纱帐便于掩护，另外野外食物较多便于逃犯生存。

2. 外在诱导因素和社会活动的季节性。如春运期间多盗窃尤其是扒窃，因为此时往来旅客携带钱物较多，犯罪分子称此为“偷年节摸假日”。

（五）刑事案件的反映性

刑事案件的反映性是指刑事案件反映犯罪分子犯罪活动的特点。只要犯罪分子实施了犯罪行为，不论其采取怎么样的隐蔽方式和手段作案，都会留下与犯罪行为相关的痕迹、物证及反映形象，给客观世界造成一定的后果。刑事案件的反映性主要体现在以下三个方面：

1. 时空的反映性。即刑事案件存在的时间和空间能反映犯罪活动的时空限制。

2. 痕迹物证能反映犯罪分子的特点和犯罪过程。

3. 案件现场能反映犯罪分子的个体犯罪习惯。

三、刑事案件的基本特点

各类刑事案件的存在是有差别的，而每一种刑事案件又有其自身的特殊性，但无论多么大差别的案件，总有其相似的地方，即共性，这是侦查主体认识刑事案件，采取有效侦查对策的前提。

（一）多有犯罪现场可供勘查

犯罪活动多是直接的破坏行为，作案人不论出于何种动机和目的，只要作案，必然要实施一定的行为，侵害一定的客体，造成一定的后果。由于任何犯罪行为都必须在一定的时间、空间条件下，与一定的人、事、物相联系，根据物质交换规律，也就必然引起客观外界事物的变化，从而形成犯罪现场，有的是原始现场，有的是变动现场，有的是真实现场，有的是伪造现场，有的只有一个现场，有的案件则有几个现场，但从总体上来说，多数刑事案件有现场可供侦查主体勘查。

（二）犯罪活动比较隐蔽

这主要体现在作案过程短暂，作案时间秘密，作案手段狡猾，作案人身份不明等方面。尽量缩短作案过程，保证作案目的在尽可能短的时间内完成，是所有作案分子进行作案的共同心理要求，也是提高作案成功率，防止败露犯罪行为的最好办法之一。犯罪分子要达到作案的最终目的，必须尽可能在乘人不备和毫无察觉的情况下，秘密完成一系列动作，如果在作案过程中的任何一个环节上出了问题，都会给实施犯罪带来麻烦，以致使犯罪活动无法进行下去，甚至当场被抓。在犯罪现场犯罪分子一般都是快速侵入、快速行动、快速离去，以缩短滞留时间，提高作案的安全性，迅速达到作案目的。如近期的飞车抢夺犯罪此特点非常明显。另外，刑事案件发生的时间和地点，一般都不是偶然的。其中一个重要因素，就是犯罪分子出于安全隐蔽和逃避打击的需要而选择作案时间和地点。犯罪分子尽量把自己的作案时间和地点掩盖起来，企图永远不被人发现，从而掩盖其犯罪活动本身。犯罪分子为了逃避打击，都有一套掩盖犯罪行为方式的作案手段，有的用假象掩盖真相，如嫁祸于人、转移目标、制造谣言，伪造现场；有的隐藏毁证，纵火焚尸、碎尸、抛尸；有的跨地区作案，甲地作案乙地销赃等。同时，犯罪分子以各种假面具和合法身份来掩盖自己的真实面目。在作案前他们往往混在群众之中，选择作案目标，作案时间、地点和路线，准备作案工具，作案中化装或冒名顶替，或伪装好人以便实施犯罪行为，作案后又伪装积极，转移视线，如某某水泥厂杀人案中作案人“积极”协助办案人员勘查现场，某某强奸杀人案中作案人郑某某“积极”帮事主寻找失踪的被害人。

第二节　刑事案件的构成要素

每一起刑事案件都有一定的构成要素。从侦查学意义来看，刑事案件的构成要素主要有作案时间、作案空间、犯罪主体、作案对象与作案结果和作案行为五个方面。

一、作案时间

（一）概念

作案时间的概念有广义和狭义之分。广义的作案时间是指犯罪分子产生犯罪意图进行犯罪预备活动到实施犯罪直至被缉获归案的一个较长的时间。包括作案预备时间、作案实施时间、销赃毁证和逃避打击时间等。狭义的作案时间是指对侦查工作具有直接作用的，犯罪分子实施犯罪的时间。作案时间是表示犯罪行为发生和存在的顺序关系的指示器，也是表示犯罪行为与环境间的顺序关系与延续关系的重要指标。按照作案时间的概念，作案时间可分为时间点、时间段两种。时间点是指被害人与证人直接感知犯罪行为人的出现及犯罪行为发生及变化的时间。时间点的感知主体是被害人和证人。因为时间点是被害人与证人或知情人对案件发生时的感知，即听到、看到、感觉到等，因而侦查人员对时间的确定和认识较为真实、客观、直接、准确，它有自身的客观效应。作案时间段是指侦查人员依据犯罪现场的状态、现象，犯罪可疑痕迹及遗留物来分析判断的犯罪时间。时间段的认知主体是侦查人员，它与现场的一切是间接关系，他对作案时间的定位是一种主观分析判断，而这种分析的依据是现场或具体案情。这个时间段的认定实际是侦查人员对客观现场分析得出的带有主观性的结论，而不是事物的本身，其正确与否还要得到实践的证实。

（二）作案时间的侦查学意义

1. 作案时间是犯罪行为人实施犯罪必要的要素。也就是说，有犯罪的发生必然存在作案时间。因此作案时间也是认识犯罪行为的不可缺少的要素，犯罪行为发生于犯罪时间中，时间又是犯罪行为存在的一个内容，因而考察犯罪行为必须考察犯罪时间。

2. 作案时间有时也是考察某人是否实施犯罪行为的确定要素。在一些案件中，犯罪时间不仅客观存在，而且也是考察此案是否系某人所为的要素。因为时间具有相对的排除性，即某个人在一个特定的时间内不可能同时做两种事，在同一时间处于不同的空间就更不可能。

3. 作案时间是考察犯罪行为延续状况的重要指标。犯罪行为在进行过程中需要的时间有长有短，而且其时间从何时起到何时止是一个十分重要的问题。时间起止可对犯罪行为存在作合理性的判断，因为犯罪行为与完成行为所需要的时间存在比例关系。如果侦查人员分析判断的犯罪行为是一段很长时间才能完成的，但作案却用了一个很短的时间，就是一个矛盾。

4. 有利于准确划分侦查范围。刑事案件侦查中，根据作案时间常常可以推断出犯罪分子的居住范围，分析出犯罪分子是本地人还是外地人以及判断出犯罪分子的知情程度等。

5. 有利于采取紧急措施。判明作案时间是采取紧急措施的基本前提和可靠依据，尤其是距案件时间短，犯罪分子逃离不远时，可通过追缉堵截、盘查等方式发现、缉拿作案人，从而直接破获案件。

（三）作案时间的伪装

由于作案时间在排查犯罪嫌疑对象时有肯定犯罪嫌疑或否定犯罪嫌疑的作用，因而犯罪分子总是利用伪装作案时间的方式来逃避打击。伪装作案时间的方法多种多样，常见的有：

1. 长途奔袭。长途奔袭是指犯罪分子的日常居住地、工作地与犯罪实施地相距较远，犯罪分子利用现代化交通工具，远距离奔波，迅速实施犯罪，整个犯罪过程在较短时间内完成，从而使他人无法察觉。如开封“9·18”案件中犯罪分子从武汉长途奔袭至开封作案连夜返回即属此法。

2. 利用他人作伪证。犯罪分子利用他人证明自己在作案时间段内正在某处进行某一活动。为犯罪分子在时间上作伪证的大多是与其有密切关系的亲朋好友，甚至其本身即为同一犯罪团伙成员。

3. 假证示人。犯罪分子为了证明自己无作案时间，往往故意出示能够证明一定时间的物品，如火车票、汽车票等，这些票据如为犯罪人所有则往往票证的时间正好与犯罪时间相同或相近，如为被害人所有则往往与被害时间不同，以达到伪装犯罪时间的目的。

4. 中途离场。犯罪人往往利用参加公共娱乐活动或参观影视文艺表演的机会，中途趁黑暗中无人注意退场去作案，有的甚至作案后返回，以使他人证明自己无作案时间。如观看电影时犯罪人往往留有电影票，甚至有的人利用循环场先将影片内容观看一遍以备讯问。

5. 利用物品。有些物品本身有证明时间的功能，如时钟、信件等，犯罪分子往往在能证明时间的物品上设置侦查障碍，以证明自己没有作案时间或使侦查人员推断作案时间出现错误，或使案件的发现推迟。

6. 利用延时设计。如爆炸时的定时装置，延时装置，纵火的延时装置，均属于延时装置的利用以伪装作案时间。投毒案中犯罪人将毒物放在面缸的最底层使发案推迟也属于延时设计。延时设计的共同特点是案件发生时作案人有不在场的证明（有别于作伪证）。

7. 雇用或指使犯罪。犯罪人在实施犯罪时不出现在犯罪现场，而是采取雇用他人或指使他人实施犯罪，以达到自己的目的。

二、作案空间

（一）作案空间的概念

作案空间，也叫犯罪地点，是指犯罪分子实施犯罪的处所。作案空间可分预备作案的空间，实施作案的空间和作案后处理的空间等。作案的空间要素是犯罪行为的广延性，也是犯罪现场三维存在的重要指标。作案空间有双生性，一是它依托犯罪行为的存在而存在，即如果没有犯罪行为的存在，也不存在犯罪行为的空间；二是犯罪行为的发生及存在之处，也就是犯罪行为的载体及存储包容之地。作案空间是以三维形式为其存在的特点的犯罪行为存在的空间，是以一个主体的全方位的形式出现的。这种全方位的表现形式决定着侦查人员的思维及勘查实践。作案空间从侦查的角度看是与环境相同的空间。现场环境指现场所处的具体方位，特别是实施犯罪现场所处环境，指实施犯罪现场所处的环境的特殊性，包括所在的自然环境和社会环境。作案空间的自然环境是指作案空间所处的地形、地貌、地势等情况，即现场所处的方位、地理位置。现场所处的自然环境对分析犯罪有着不可替代的作用。因为犯罪行为对环境不是任意的，而是有选择的。犯罪行为人作案的社会环境主要是指环境中居民起居、工作生活等动态情况及作案时所要考虑的交通运输情况。

（二）作案空间的侦查学意义

1. 作案空间是审查嫌疑对象的主要依据之一。一般而言，犯罪分子要侵害某场所的特定对象，必然要亲临一定的场所。现场上的痕迹物品和有关的人证证实某一个人曾到过犯罪现场，则可在一定程度上证明其有实施犯罪的嫌疑，在特定情况下，某人到过犯罪现场还可以直接起到证明其犯罪的作用。

2. 作案空间是推断犯罪分子情况的基本依据。作案空间与作案时间等要素结合，可推断犯罪分子是本地人还是外地人，犯罪分子的落脚点等。从作案空间的环境和内部状况等情况还可以分析犯罪分子对作案空间的知情程度，判断是内部人员还是外部人员作案。痕迹物证所处的具体空间对分析案情也很有帮助。如犯罪人往往抄小路走背巷，在一定条件下此空间点的痕迹，即可认为为犯罪人所留。

三、犯罪主体

犯罪主体指实施犯罪行为和参与策划犯罪的人，俗称犯罪分子。

（一）犯罪主体的组织形态

在侦查实践中，犯罪主体主要有三种基本组织形态：

1. 单个犯罪人。指一个人故意或过失实施犯罪的犯罪人。单个犯罪人能量较小，但隐蔽性、智能性较强。

2. 犯罪团伙。指由三人以上结成的比较松散的犯罪组织，团伙成员一般不固定，实施犯罪具有一定的随机性，犯罪能量远不如犯罪集团，没有强大的经济能力。

3. 犯罪集团。指三人以上结成的有严肃的纪律，明确的目标的犯罪组织形式，犯罪集团能量大，有严密的组织分工。

（二）犯罪主体的客观状态

犯罪主体的客观状态主要指刑事案件所反映出来的犯罪人的性别、年龄、身体条件、体貌特征和附加特征等。犯罪主体的客观状态是查找犯罪人的客观依据。根据刑事案件的反映，通过侦查人员的分析，结果可能和实际情况有一定的误差，但科学地、综合地分析结果总是接近真实的状态。

（三）犯罪主体的主观状态

犯罪主体的主观状态主要指刑事案件所反映出来的犯罪人的心理状态及常识、社会经验、职业特征等软件特征。侦查中所讲的犯罪行为人的主观状态同刑法中所讲的主观状态是有区别的。

犯罪主体的心理状态主要指犯罪行为人的作案动机与目的。犯罪人的作案动机是指驱使犯罪行为人实施作案行为的内在起因。犯罪人的作案目的指犯罪行为人实施作案行为所要达到的后果。犯罪主体的心理状态是犯罪行为人作案时遗留的有意识或无意识的潜在的行为轨迹，分析作案动机与目的是为了找出犯罪行为人作案的因果关系。

四、作案对象与作案结果

（一）作案对象

作案对象是指犯罪分子实施犯罪行为所指向的具体的人或物，即作案侵害对象，他是犯罪行为的承受者。这种承受者是多元的，既有人又有物，还有空间等。

依照侦查学的分类可将作案对象分为直接侵害对象、间接侵害对象与接触对象三类。所谓直接侵害对象是指犯罪行为人作案目的的直接指向，其中有人也有物。间接侵害对象是指非直接作案目的的指向，即排除障碍类，这是犯罪行为人为达到作案目的，在实施作案行为时，因有障碍而不能直接实施，犯罪行为人在排除障碍时所侵害的对象。

（二）作案结果

1. 作案结果是指犯罪行为对作案对象造成的影响。犯罪行为人在作案时，侵害一定对象，也必然形成不同的结果，作案对象与作案结果之间紧紧相连，其联结方式构成犯罪过程的一个特殊衔接链。二者衔接的关系，是侦查人员认识犯罪现场，认识犯罪行为，认识犯罪行为人，再现犯罪现场的客观条件。

2. 作案结果的分类：

（1）给人留下的印象。包括被害人及证人对犯罪行为人的印象；被害人及证人对犯罪行为人的犯罪行为的印象；对犯罪现场的印象；对犯罪引起的各种现象的印象等。

（2）对个体对象造成的影响。这种影响又可分为对人及对物的个体造成的影响。对人的影响如被害部位的各种表现，血泊的各种形态，血迹喷溅的现象及状态，被害人与犯罪行为人搏斗的各种痕迹与形态，犯罪行为人杀害被害人后又在其身上继续追加的各种动作留下的痕迹及遗留物等。各种变动的动作，如移尸、分尸、焚尸、埋尸等。侦查人员从对个体对象造成的影响中挖掘与犯罪行为人有关的信息。有的信息反映了犯罪行为人与被害人之间的关系，有的信息反映了犯罪行为人的心理状态，有的信息反映了犯罪行为人的主观恶性程度等。对个体物的影响，按个体物在犯罪行为人实施犯罪行为中发挥的作用不同或侵害的目的不同可以分为不同种类。

（3）对现场整体造成的影响。这种影响有的是破坏型的，有的是毁坏型的，有的是迁移型的，有的则是隐蔽型的，有的可能是伪装型的。犯罪行为对作案对象造成的整体性的影响有很重要的侦查价值。因为就犯罪现场整体而言，其所存储的信息是更全面的、整体的，是局部或个体不能替代的。破坏型影响是指犯罪行为人在实施作案行为时，对犯罪现场实施了破坏行为，使整体现场遭受了破坏，但其破坏后保持的是破坏后的现状，并未进行再次毁灭性的破坏。毁坏性的影响指现场形成后，又一次遭到人为或非人为的破坏。它与破坏性影响的区别在于它是犯罪现场形成后，又被犯罪行为人使用其他手段将现场进行处理，将人或物移到他处，形成了迁移后的又一新的现场。伪装性影响指犯罪行为人在作案过程中或作案结束后实施了伪装，使得现场发生了很大的变化，有的甚至是质的变化。

(4) 犯罪行为对现场造成的局部影响。犯罪行为人作案时在现场上侵害的客体及对象有个体的，也有整体的，还有局部的。每一种影响都有着自身的特征，而不同的特征反映着不同的信息。因而侦查员对现场上每一类的影响都不能放弃。整体涵盖局部，局部涵盖个体，即三者相互交叉包容，但同时三者又是不能互相替代的。局部影响可分为以下几个类型：

A. 翻动型。主要指犯罪行为人在犯罪现场上为了达到某种目的，翻动某些物品而造成的结果。犯罪行为人在现场的翻动行为，是其在现场上活动的局部表现，是其犯罪行为的重要组成，是考察犯罪行为人的心理及其他要素的重要依据，也是发现犯罪行为人的遗留物及痕迹的重要空间，说明了犯罪行为人对现场的熟悉程度。

B. 排除型。指犯罪行为人在现场活动时为达到某种目的，将某种障碍排除而对现场造成的影响，这种后果有的是以人的结果表现的，有的则是以物的结果表现的，这对发现犯罪行为人的心理痕迹及活动特点有着重要价值，也是研究犯罪分子侵害目标的重要参照物。

C. 有准备进入型。指犯罪行为人在进入现场前，做好一些准备，如在现场之外准备好工具，或等待时机等，这些地方就有了犯罪现场的局部特征。

D. 出入特殊型。犯罪行为人在进入或离开现场时有某特殊的行为，有的利用现场的特殊条件，有的则创造进出的有利条件，如挖洞、毁门窗，攀登而入，有的从屋顶上放下梯子而入等。

E. 交流型。是指犯罪行为人进入现场后，在现场与被害人进行的某种交流，这种交流以动态的形式留在被害人的印象痕迹中。

F. 抛物型。指犯罪行为人在作案中及作案后将一些物品有意或无意地抛扔在现场及现场周围。

G. 总结经验型。犯罪行为人在自身的犯罪历程中，不断地总结自身作案经验与教训，不断改变着作案手法。

(5) 作案人带走的痕迹及物品。犯罪行为人在现场上不仅可能留下痕迹或物品，有时还会带走一些痕迹及物品，有些是有意识带走的，有些是无意识带走的。

五、作案行为

作案行为是刑事案件结构要素中最核心的内容，作案行为本身即是一个系统，其构成的要素有三个，即作案行为的内容、作案行为的手段、作案行为的过程，三者缺一不可。作案行为的内容是指作案行为的具体本质，而作案行为的手段是指实施作案行为的方式方法，作案行为的过程是指作案行为实施的顺序。任何作案行为的手段都是在过程中实施的，任何过程都必须有手段而展开，而过程与手段都是为实现犯罪行为人所要达到的目的，所要实现的内容的后果而作为的。不存在作案行为的内容也就不存在手段及过程。过程及手段是因作案行为的过程而存在的，如果没有作案行为的内容也就不是犯罪行为的内容的过程或手段。在三个要素中，作案行为的内容又是犯罪行为的核心要素。

第三节　刑事案件的基本类型

我国刑事案件的分类主要依《中华人民共和国刑法》的规定分为危害国家安全案件，危害公共安全案件，破坏社会主义市场经济秩序案件，侵犯公民人身权利、民主权利案件，侵犯财产案件，妨害社会管理秩序案件，危害国防利益案件，贪污贿赂案件，渎职案件，军人违反职责案件等。

一、危害国家安全案件

危害国家安全案件是指故意危害中华人民共和国的国家政权、社会主义制度、国家主权、领土完整、国家统一、国家的安全、荣誉和利益，依照我国国家安全法和刑法的规定，构成犯罪的案件。

危害国家安全案件具体地分为如下几类：

1. 危害政权、分裂国家犯罪案件。具体包括背叛国家案件、分裂国家案件、煽动分裂国家案件、武装叛乱、策动叛乱、暴乱案件，颠覆国家政权案件、煽动颠覆国家政权案件、资助危害国家安全犯罪活动案件。

2. 叛变、叛逃犯罪案件。具体包括投敌叛变案件、叛逃案件。

3. 间谍、资敌犯罪案件。具体包括间谍案件、为境外窃取、刺探、收买、非法提供国家秘密、情报案件、资敌案件。

二、危害公共安全案件

危害公共安全案件是犯罪人故意或过失地实施危害不特定多数人的生命、身体健康，或大量公私财物安全的行为，由此而形成的犯罪案件。

危害公共安全案件可分成以下几类：

1. 以危险方法危害公共安全的案件。主要包括放火案件、决水案件、爆炸案件、投毒案件等。

2. 破坏交通工具和设施的案件。主要包括破坏火车、汽车、电车、船只、航空器案件，破坏轨道、桥梁、隧道、公路、机场、航道、灯塔、标志等案件。

3. 破坏电力设备、燃气设备、易燃易爆设备和广播电视、电信设备案件。

4. 组织、领导和积极参加恐怖活动组织案件。

5. 劫持船只、汽车、航空器案件。

6. 非法制造、买卖、运输、邮寄、储存枪支、弹药和爆炸物案件。

7. 盗窃、抢夺枪支、弹药和爆炸物案件。

8. 交通肇事案件。

9. 重大责任事故案件。

三、破坏社会主义市场经济秩序案件

破坏社会主义市场经济秩序案件是指违反国家市场经济管理法规，破坏市场经济秩序，使社会主义市场经济遭受严重损害的行为构成犯罪的案件。

破坏社会主义市场经济秩序案件分为生产、销售伪劣商品案件，走私案件，妨害对公司、企业的管理秩序案件，破坏金融管理秩序案件，金融诈骗案件，危害税收征管案件，侵犯知识产权案件，扰乱市场秩序案件等。

四、侵犯公民人身权利、民主权利案件

侵犯公民人身权利、民主权利案件是指犯罪行为人故意或过失地非法侵害他人人身和其他与人身直接有关的权利以及非法剥夺或妨碍公民自由行使依法享有的管理国家事务、参加社会活动及其他民主权利的行为，依法应受刑罚处罚的案件。

侵犯公民人身权利、民主权利案件包括以下几类：

1. 侵犯生命、健康权利的犯罪，即故意或过失地侵害他人身体，侵犯他人生命权利，健康权利的行为，包括故意杀人案件，过失致人死亡案件，故意伤害案件，过失重伤案件，刑讯逼供案件，暴力取证案件，体罚虐待被监管人案件，指使、纵容体罚虐待被监管人案件等。

2. 侵犯妇女、儿童身心健康的案件。包括强奸妇女案件、奸淫幼女案件、侮辱妇女案件、猥琐儿童案件等。

3. 侵犯人身自由的案件，包括非法剥夺人身自由案件，非法扣押、拘禁他人案件，绑架案件，偷盗婴儿勒索案件，拐卖妇女儿童案件，收买被拐卖的妇女、儿童案件，强迫职工劳动案件，非法搜查案件，非法侵入住宅案件等。

4. 侵犯人格、名誉权利的案件。

5. 破坏民族平等、宗教信仰的案件。

6. 侵犯民主权利的案件。

7. 妨害婚姻、家庭的案件。

五、侵犯财产案件

侵犯财产案件是指以非法占有为目的，获取公私财产，或以非法使用为目的，挪用公私财产或故意毁坏公私财产的案件。

侵犯财产案件包括以下种类：

1. 抢劫、抢夺、聚众哄抢、敲诈勒索等案件。
2. 盗窃、诈骗等案件。
3. 侵占他人财物、侵占遗忘物、埋藏物、单位财物案件。
4. 挪用财物案件。
5. 毁坏财物、破坏生产经营的案件。

六、妨害社会管理秩序案件

妨害社会管理秩序案件是指妨害国家对社会的管理活动，破坏社会正常秩序，情节严重构成犯罪的案件。

妨害社会管理秩序案件主要包括以下几类：

1. 扰乱公共秩序犯罪案件。
2. 妨害司法犯罪案件。
3. 妨害国（边）境管理犯罪案件。
4. 妨害文物管理犯罪案件。
5. 危害公共卫生犯罪案件。
6. 破坏环境资源保护犯罪案件。
7. 走私、贩卖、运输、制造毒品犯罪案件。
8. 组织、强迫、引诱、容留、介绍卖淫犯罪案件。
9. 制造、复制、贩卖、传播淫秽物品犯罪案件。

七、危害国防利益案件

危害国防利益案件是指违反国防法规，拒不履行国防义务，或以其他形式危害国防利益依法应受刑法处罚的案件。

可分为危害作战和军事行动的案件，危害国防物质基础的案件，妨害国防管理秩序的案件，危害武装力量的案件等。

八、贪污贿赂案件

贪污贿赂案件是指国家工作人员以及其他有关个人或单位利用职务之便贪污、挪用、行贿、受贿，或其他破坏国家有关制度，情节严重的案件。

九、渎职案件

渎职案件是指国家机关工作人员利用职务上的便利，或不尽职责，侵害国家机关正常活动，致使公共财产，国家和人民利益遭受重大损失的犯罪案件。

十、军人违反职责案件

军人违反职责案件是指军人违反职责，危害国家军事利益，依照法律应当受刑法处罚的犯罪案件。

【延伸阅读】

犯罪黑数，又称犯罪暗数或者犯罪隐数，它是指一个国家或地区一定时期内，社会上已经发生，但由于诸多原因并未被司法机关获知或者没有被纳入官方犯罪统计之中的刑事案件。与犯罪黑数相对应的是犯罪明数，即官方统计的犯罪数，它是指已经实际发生并已被司法机关纳入统计之中的犯罪案件数量。人们一般常用的犯罪统计数是犯罪明数。

在统计学的概念范畴中，犯罪黑数是对潜伏犯罪的量指标的估计值。潜伏犯罪是指确已发生，但由于各种原因未被计算到官方正式的犯罪统计中的犯罪，又称未知的犯罪或未登记的犯罪。潜伏犯罪是实在发生的犯罪，不是还未付诸实施的潜在犯罪倾向。由于潜伏犯罪的实际总量很难精确测定，所以犯罪黑数只能是一个估计值。它表明实际犯罪的总量指标往往大于已知犯罪的总量指标。也就是说，实际的犯罪危害往往比官方了解或公布的犯罪危害严重。例如1976年，法国的暴力行为研究委员会强调："在许多犯罪领域，未被澄清的案件以及未被告发的案件的数量是巨大的……有二分之一的谋财害命案、四分之一的抢劫案、六分之一的破门入室案是这种情况。"1979年美国人口调查局进行的调查结果表明，3年全美国刑事案件的发案数约为警方登记的发案数的5倍。

犯罪黑数的比例因不同犯罪行为、不同时间和地点、不同的调查而有所差异。雷姆斯密特、莫尔斯曼等学者1975年对德国的卡赛尔市6所中学的学生进行的抽样调查显示，平均每人犯过问卷所列66种违法行为的22种，其中财产犯罪最多，占98%。他们还发现，随着违法程度的增加，女孩的比重在减小。施温特、埃格等学者1975年对哥廷根市进行的抽样调查表明，隐案比例分别为：一般盗窃（不含在商店行窃）为1:15，严重盗窃为1:2，故意伤害为1:8。施温特、威斯等人于1976年对波鸿市进行的抽样调查表明，隐案比例为一般盗窃犯罪方面1:6，严重盗窃1:2，故意伤害1:8。10年后，施温特、阿尔伯恩等人又对波鸿市进行了隐案研究，结果表明，隐案比例为一般盗窃案件（不含在商店行窃）为1:8，严重盗窃为1:1，故意伤害为1:60。

第七章　侦查行为

【案例导入】

侦查行为起源：上帝侦破盗窃案

上帝在东方造了一个伊甸园，并给里面配上了许多种活物。园中央有两棵树：生命树与智慧树。上帝造了亚当，让他去园中，告诉他说，除生命树和智慧树上的果子外，其他果子他都能吃。之后，上帝就让亚当好好睡一觉。亚当睡觉的时候，上帝取下他的一根肋骨，用这根骨头造了夏娃，这样，亚当就不会孤单了。亚当和夏娃光着身体，很幸福地生活在伊甸园里，与上帝和谐相处。

所有动物中最邪恶的一种是蛇，蛇问夏娃，问她可否能吃任何想吃的果子。"那当然。"夏娃答道，"除了智慧树上的果子，我们想吃什么果子就吃什么果子。但智慧树上的果子，我们吃了便会死。""才不会哩。"蛇说，"如果你们吃智慧树上的果子，就会发现善恶有别，这样就跟上帝是一样的了。上帝就是因为这个理由而不让你们吃智慧树上的果子的。"夏娃带着渴求看着那棵树，被那水灵灵的果子诱惑得受不了，因为那果子会使她聪明。最后，她再也忍受不了了，就摘下一枚果子吃了。之后，她再摘一枚递给亚当，亚当也吃了。之后，他们彼此对望，意识到自己是裸体，也明白男女身体有别，就有了羞耻之意。他们急忙摘下一些无花果叶盖住身体。

天黑下来，有了凉意，他们听到上帝的声音，上帝来到了园中，他们就藏了起来，上帝看不见他们两个。可是，上帝喊亚当，问他在何处，为何藏起身来。亚当答到，他听到上帝的声音，但很害怕。上帝说："如果你害怕，那一定是吃了我禁止你们吃的果子。"亚当立即指着夏娃说："是这女人让我吃那果子的。""是的，"夏娃答道，"可是，诱惑和欺骗我的是那条蛇。"

这样，上帝对蛇下了诅咒，并把亚当和夏娃赶出伊甸园，说："既然你们已经知道了善恶，那就必须离开伊甸园了。如果你们留下来，那你们可能会去吃生命之树上的果子，那你们就会永远活下去了。这样的事情是我所不能允许的。"上帝就把他们赶到尘世里，咒骂他们，说从今往后，亚当必须累得满头冒汗才能活下去，夏娃必受分娩之苦。

第一节 侦查行为概述

一、侦查行为的概念

《刑事诉讼法》只对侦查作了界定，而未使用侦查行为这一概念。所以对侦查行为的界定学界有不同的观点。关于侦查行为的含义主要有四种观点。第一种观点认为“侦查行为就是收集和审查证据的行为”。第二种观点认为“侦查行为是指侦查机关在办理案件过程中，依照法律规定进行的各种专门调查工作”。第三种观点认为“侦查行为是指侦查人员在办理刑事案件过程中，依据法律而进行的专门调查活动和采取的其他紧急措施。侦查行为也称侦查活动”。第四种观点则把侦查行为界定为“侦查机关为收集发现证据和保全犯罪嫌疑人而进行的各种专门调查活动和强制措施”。

前两种观点把侦查行为分别限定为收集和审查证据的行为与专门调查工作，有违刑事诉讼法关于侦查的一般规定，似有以偏概全之嫌。《刑事诉讼法》对侦查中讯问、询问、勘验、检查、搜查、扣押、鉴定、通缉、侦查终结等进行了规定。我们认为在侦查阶段，刑事诉讼中的强制措施也应视为侦查行为。第一种和第二种观点却将强制措施排除在侦查行为之外，显然有失偏颇。第三种观点把侦查行为界定为专门调查活动和紧急措施，也有值得商榷之处。第四种观点虽然涵盖了专门调查活动和强制措施，但定义方法欠妥。再者，除发现、收集证据和保全犯罪嫌疑人之外，发现犯罪嫌疑人也是必不可少的。不发现又怎能实施拘留、逮捕等保全行为？而发现的过程往往比保全更难，所实施的侦查行为也更多。因而发现犯罪嫌疑人的行为应当纳入侦查行为之中。

我们认为：侦查行为是指侦查机关在办理刑事案件过程中，依照法律实施专门调查工作和采取有关强制性措施的行为。这一定义既揭示了侦查行为的内涵，确定了侦查行为的外延，又能与各主要国家刑事诉讼法对侦查的规定兼容，从而为研究国外侦查行为提供平台。无论是英美法系国家，还是大陆法系国家，都将拘留、逮捕等强制措施作为侦查程序的重要部分进行规定。虽然实施强制措施要经过严格的审批程序，但这并不妨碍其是一种侦查行为，只是与那些完全由侦查机关自主决定的侦查行为在实施程序上有区别而已。

对这一概念应从以下几方面理解：

（一）侦查行为实施的主体

侦查行为实施的主体，只能是侦查机关及其侦查人员，即侦查行为只能由具有侦查权主体资格的人在侦查过程中实施。一切非侦查主体或者侦查主体在非侦查过程中，均不能实施侦查行为。因为侦查行为一旦运用于侦查实践中，便具有了侦查的属性，所以侦查行为的实施就必须按照有关侦查的法律规定，由特定的侦查机关及其侦查人员进行。一切非侦查主体或侦查主体在非侦查过程中，均不能实施侦查行为。

（二）侦查行为实施的对象

侦查行为实施的对象，是与侦查工作相关的人、事、物、时间和地点。通常侦查的对象是刑事案件，而刑事案件是由与犯罪相关的人、事、物、时间、地点等因素构成的。所以，侦查行为实施的具体对象应该是与犯罪相关的人，比如犯罪嫌疑人、被害人、知情人等；与犯罪相关的事，比如杀人、放火、爆炸、盗窃、抢劫等犯罪事实，是通过犯罪现场表现出来；与犯罪相关的物，比如犯罪人使用的犯罪工具，犯罪人获得的赃款赃物，犯罪人在现场遗留的物证，犯罪人在现场破坏的物品，犯罪人在犯罪中制造的物品等；与犯罪相关的时间，比如预谋犯罪的时间，侵入现场的时间，实施犯罪的时间，逃离现场的时间等；与犯罪相关的地点，比如原始现场、移尸现场、伪造现场等。侦查人员的侦查行为只有以犯罪相关的人、事、物、时间、地点为对象，才可能达到侦查目的。

（三）侦查行为实施的目标

侦查行为实施的目标，是保证侦查工作有效实施，尽快达到侦查目的。侦查行为实施的目标有宏观和微观之分。所谓宏观目标，是保证整个侦查工作的有效顺利进行，推进整个刑事案件的及时侦破，尽快达到及时破案、及时捕获犯罪嫌疑人的目的；所谓微观目标，是保证某一具体侦查工作或某一具体侦查环节的顺利进行，推进某一侦查环节或具体侦查工作要达到的目标，以求得整体侦查工作的推进。

（四）侦查行为的本质内容

侦查行为的本质内容，是灵活有效的侦查措施。侦查行为作为侦查活动最基本的因素，是依附于各项侦查措施的，是通过各项侦查措施的执行和实施来实现的。侦查措施作为一种侦查的方法手段，只是一种理论上的法律规定，只有侦查主体去切实地实施执行，才能构成侦查行为。应该说侦查行为能充分体现侦查主体的思维方法、心理规律和侦查意向。侦查的行为过程是对侦查措施的实施执行过程，如果没有侦查措施，也就无从谈及实施和执行，也就不会有侦查行动。因此，侦查行为的最本质的内容，应该是侦查措施。

二、侦查行为的性质

（一）认识性

侦查的过程本质是侦查人员收集、运用证据，使自己对案件的认识从未知走向已知的过程，是一种认识活动。其中，认识的主体，是侦查人员；认识的客体，是犯罪行为人实施的犯罪行为；认识的方法，是侦查技术、侦查措施和侦查手段。

首先，侦查活动是一种寻找性的认识活动，侦查活动的主要任务，就是认识犯罪嫌疑人、认识犯罪证据、认识犯罪嫌疑人所实施的犯罪行为。但侦查之初，谁是犯罪嫌疑人、有哪些犯罪证据、有什么具体犯罪行为，即何人、何时、何地、何因、何过程、何结果往往不是很清楚。侦查活动正是要侦查人员通过侦查手段、方法和措施，寻找、发现直至查明犯罪行为。侦查行为是一种从无到有、从少到多的过程，是从知现象到知本质、知点到知面、知此到知彼，从感性认识到理性认识的过程，是一个从量变到质变的过程。

其次，侦查行为是一种回溯性的认识活动。侦查活动的开始，往往是犯罪行为发生后才开始立案侦查。侦查活动的认识，相对于犯罪行为的发生，具有一定的滞后性。

最后，侦查是一种证明性的认识过程，对于侦查部门而言，通过侦查完成的对案件和犯罪嫌疑人的认识虽然已经产生和明确，但这一认识结论并不具有权威性。侦查部门必须向检察部门、法院、辩护方直接证明和说服，使那些事先并不了解案情的裁判者信服其查明的内容。这样，侦查活动实际上还是一种"证明给人看"的活动。

（二）法律性

侦查行为是一定历史条件下特定的法律制度的衍生物，是由法律制度派生出来、由侦查人员实施、带有法律属性的特殊行为。

首先，侦查行为是一种诉讼性法律行为。侦查在刑事诉讼中被视为诉讼程序之一，是刑事诉讼的一个阶段。侦查行为是一项诉讼性法律行为。侦查活动的诉讼性，使侦查活动不应仅仅考虑能否准确、客观地认识案件事实真相，能否充分地证明案件事实真相，而且更重要的是应当注意侦查的这种认识和证明事实真相所采用的手段和方法是否具备正当性、合理性、人道性和公正性。

其次，侦查是一种行使控诉职能的法律行为。在诉讼理论上，认为刑事诉讼中有三种基本的职能，即控诉职能、辩护职能和审判职能。控诉职能是指向人民法院起诉并出庭支持控诉，要求追究被告人因其犯罪行为所应承担的刑事责任，由国家公诉人、被害人行使。控诉、辩护、审判三种职能相互联系、相互制约。作为诉讼行为，侦查是行使控诉职能。

最后，侦查行为是一种限权性法律行为。侦查活动的诉讼性，包括相互矛盾的两个方面：一方面是授权性，赋予侦查机关和侦查人员对特定对象和行为进行侦查的权力；另一方面是限权性，限定了侦查权的界限和行使方式。侦查的认识活动，必须由法定的侦查主体，遵守法定程序，通过法定方法，采取法定措施，在法定的期限内，进行法定的认识活动。这样，侦查的认识结果才具有法定的效力。一般来说，规范侦查行为的具体措施和内容有：一是侦查行为主体的规范化，即规范侦查行为的掌握者和实施者，使其依法行使侦查权；二是侦查行为内容的规范化，即规范各项侦查措施和侦查手段的使用和监督；三是侦查程序的规范化，即侦查行为行使程序上的制约；四是侦查行为目的的规范化等。

（三）权力性

为了有效地遏制、揭露犯罪，及时惩罚犯罪，国家赋予侦查机关全面侦查权。因此，侦查行为始终与权力密切相关，侦查的任何措施、手段和方法都必须依赖侦查部门运用权力进行理智的选择并加以运用。侦查权是国家的一种权力；而侦查行为是国家行使侦查权的一种表现形式。侦查权的实现是由侦查人员的职务行为加以体现的。没有侦查人员的具体侦查行为，侦查权便无从实现。

首先，侦查行为是一种追诉性的权力行为。侦查的基本职能是追诉，基本任务是代表国家追诉犯罪、将犯罪嫌疑人提交司法机关并举出证据证实犯罪。由于侦查是公诉的必要准备，是诉讼活动的组成部分，非经侦查，便无从确定应否起诉，因此，从广义上说侦查也是行使控诉职能。

其次，侦查行为具有强制性。侦查行为的强制性，具体体现在侦查行为的实施是以国家强制力为后盾的。在侦查活动中，查缉犯罪嫌疑人、收集物证、书证等职权行为都可以借助国家强制力。这集中表现在国家通过法律明确赋予了侦查主体执行强制侦查手段的权力（如搜查、扣押、通缉、拘传、拘留、逮捕等），必要时甚至可以使用武器。因此，侦查行为本质上具有强制性。侦查行为的强制性是其与民间证据调查行为相区别的重要标志。

最后，侦查行为具有侵害性。侦查活动中侦查措施的采用大都是以限制甚至剥夺犯罪嫌疑人或第三人的人身、财产权益为前提的，如搜查、拘留、逮捕、扣押、查封等。侦查活动是国家对犯罪行为进行追究的一项专门调查工作，不可避免地会给犯罪嫌疑人的生活权益造成强制性损害。同其他权力形式一样，侦查权具有较强的扩张性和攻击性，侦查行为的实施往往伴随着对公民个人权利的强制性侵犯。

（四）救济性

犯罪行为是侦查行为存在的前提。没有犯罪行为就没有侦查行为。侦查行为的存在主要是为了给那些受到威胁、限制、剥夺的权利提供一种法律上的救济。

首先，侦查行为是对被害人的一种救济。犯罪是对他人权利的一种侵犯行为，使得个人、集体和国家利益受到侵害。侦查行为能够在一定程度上满足被害人及其家属要求惩罚犯罪行为人的强烈报复愿望，可以平息或缓和被害人以及社会其他成员的激愤情绪，避免私力报复，增进其安全感，恢复其心理平衡，使他们在心理上、精神上得到安抚。

其次，侦查行为是对社会秩序的一种救济。犯罪行为是对统治秩序的威胁和破坏，导致权利的滥用而侵犯了他人、社会及国家的利益。犯罪行为是对被害人利益、现有社会秩序的一种严重破坏。侦查行为作为一种救济行为，正是通过查明犯罪行为、收集证据、查获犯罪嫌疑人，以恢复、维护被犯罪行为所侵害的利益和秩序。

最后，侦查行为是一种公力、主动的救济行为。目前，我国对于犯罪行为基本保持着“自力救济”和“公力救济”相结合，并以“公力救济”为主的侦查制度，仅对轻伤害等少数案件，采取由被害人自行行使救济权的侦查制度。另外，侦查行为具有主动性。作为侦查行为，只要有需要追究的犯罪行为，就要启动侦查行为。侦查行为是一种主动救济行为。

第二节　侦查行为的分类

对侦查行为进行分类，不仅有助于正确认识和把握不同侦查行为的性质、适用的范围、适用的主体以及程序，也为构建完善和科学的侦查行为规则体系提供依据。分类的前提是标准的确立。侦查行为的法律性、多样性和决定实施程序的复杂性，决定了其分类标准的多样性。实施主体、决定程序、实施方式、行为对象等都可以作为分类的标准。常见的分类主要有：

一、公开侦查行为和秘密侦查行为

这是根据侦查主体的行为方式来划分的，即侦查主体采取公开侦查的身份和意图方式进行的，为公开侦查行为；反之，则为秘密侦查行为。区分秘密侦查行为和公开侦查行为的意义在于，从有效侦查的角度而言，既要重视公开侦查手段的运用，同时对一些特殊类型的案件，也要重视秘密侦查手段的运用。

公开侦查行为是指侦查机关公开侦查目的、公开侦查人员身份所采取的行为。公开侦查行为常发生在获取犯罪证据和对犯罪嫌疑人采取公开的查缉和强制措施之时。我国刑事诉讼法规定的侦查行为都是公开形态的。诸如询问证人和被害人、勘验检查、侦查实验、搜查、通缉、讯问和强制措施等。

秘密侦查行为是指侦查机关为了揭露和证实犯罪，针对犯罪嫌疑人或者犯罪嫌疑物品和场所采用的，有意识地不让犯罪嫌疑人知晓的侦查活动。其最本质的特征在于侦查机关在采取侦查行为时有意识地不让犯罪嫌疑人知晓。按照这种界定，秘密侦查行为包括窃听、秘密录音录像、卧底侦查、特情侦查、秘密搜查、秘密辨认、跟踪、守候行为。秘密侦查行为常发生在对重点嫌疑对象开展侦查的阶段。侦查机关通过秘密侦查行为获取的材料一般不能直接作为证据使用，但它是公开侦查行为获取证据的基础。从诉讼程序和保障人权的角度而言，秘密侦查手段由于是在犯罪嫌疑人不知晓的情况下实施的，会对公民的隐私权造成损害，与之相伴的是来自犯罪嫌疑人权利监督的缺位，容易导致这些权力被滥用，因此，对秘密侦查行为，实践中采用的是限制其适用范围，以少用、慎用为原则。

二、强制侦查行为和任意侦查行为

这是根据侦查相对人是否同意或自愿配合作为区分标准的，即侦查主体在实施侦查活动时，是在取得侦查相对人同意的情况下进行的就属于任意侦查行为。反之，则为强制侦查行为。

区分强制侦查与任意侦查的意义在于，强制侦查会对公民的基本人权造成损害，因此立法上应当对其进行规制，严格限定适用的条件，并且，只有在立法上有规定时，才能够进行。而对于任意侦查，即使法律没有作出明确规定，原则上也可以采取适当的方式进行。考虑到强制侦查对公民基本权利的强制性损害，在侦查程序上应确立任意侦查为主，强制侦查为辅的原则。

在此要对“强制”作个界定，强制侦查行为的强制力不仅表现为物力上的，还包括以其他方式违背人的自由意志的力量，如以某种损害作为威胁，也属于强制。秘密侦查行为在采取过程中因为不可能也不会征得侦查相对人的同意，不存在是否“自愿配合”的问题，所以秘密侦查行为属于强制侦查行为。

三、技术侦查行为和非技术侦查行为

从侦查手段的技术含量而言，侦查行为可以分为技术侦查行为与非技术侦查行为。传统的侦查手段如讯问犯罪嫌疑人、询问证人、搜查、扣押等基本上不涉及技术性装备的操作与使用，技术含量很低，因此可以称为非技术侦查行为；而监听、拍照、摄像等现代侦查手段则是通过运用现代科学技术装备来查明案情、搜集证据，整个侦查过程就是技术装备的操作与使用过程，技术含量很高，因此在侦查理论上称为技术侦查行为。

技术侦查手段的出现有着深刻的社会基础。随着20世纪60年代社会政治经济的发展，犯罪现象也日益复杂起来，在传统的犯罪方式之外，出现了各种新的犯罪方式。白领阶层犯罪增长，把犯罪行为带入许多从前有免疫力的、新的领域，而且其犯罪手段技术化程度高、隐秘性强；同时，有组织犯罪也在新的形势下得到发展。新的犯罪方式日益向组织化、技术化、隐秘化发展，给侦查机关的侦查带来重重困难，严重影响到了侦查的效果。为应付犯罪形势的新变化，首先是在西方国家，侦查机关的侦查手段开始日益向技术化、高隐秘性方向发展。随着科学技术的发展和运用，许多现代科学技术成果被用于侦查之中，如窃听监听装置与技术、红外线望远镜以及电子计算机技术等，这就使得侦查机关的侦查手段丰富起来，技术

侦查措施由此产生并日益成为打击犯罪的一种重要的侦查手段。

四、自决侦查行为和审批侦查行为

以决定和实施机关是否同一为标准可分为自决侦查行为和审批侦查行为。自决侦查行为即侦查机关依法可以自行决定的侦查行为。根据现行法律的规定，在我国目前的侦查行为中，除逮捕外，都是自决侦查行为。审批侦查行为是指需有关机关审查同意后方能实施的侦查行为。国外的立法例一般将两类侦查行为——具有强制性的侦查行为和其他对公民权益威胁较大的侦查行为规定为审批侦查行为，需经检察官或法官审查后才能实施。前者如搜查、扣押、逮捕等行为，后者如窃听、派遣秘密侦查员等侦查行为。依审批程序的不同，审批侦查行为又可分为一般审批侦查行为和特殊审批侦查行为。前者如我国对普通犯罪嫌疑人的逮捕，经检察机关批准或决定后即可实施；后者如对县级以上人民代表大会代表的逮捕，还需经同级人民代表大会主席团或常委会批准。在紧急情况下，出于侦查的需要，侦查机关可以先实施一般审批侦查行为，但应立即或在一定的期限内向审批机关补办审批手续。因为，国家除了要承担侦查、惩罚犯罪的职权外，还有保护公民权利免受非法侵犯的义务。对具有强制性和对公民权益威胁较大的侦查行为，通过履行一定的审批手续予以适当控制，既能达到侦查犯罪的目的，又能起到维护公民权利的作用。

五、法定侦查行为与非法定侦查行为

以法律是否有明文规定为标准，可把侦查行为分为法定侦查行为与非法定侦查行为。法定侦查行为即严格意义上的法律所明文规定的侦查行为，非法定侦查行为是指法律没有明文列举的侦查行为。刑事诉讼法规定的强制措施和侦查一章规定的七种侦查行为即法定侦查行为。根据《刑事诉讼法》第 89 条的原则规定和根据国家安全法、人民警察法对技术侦查的原则规定而实施的各种行为属于非法定侦查行为。非法定侦查行为往往在行政法规、司法解释、规章中进行详细规定。国外刑事诉讼立法为顺应日益高涨的人权保障需要，近年来逐步扩大了法定侦查行为的范围，相应地缩小了非法定侦查行为的范围。我国的非法定侦查行为范围过于宽泛，为个别侦查人员滥用职权、侵犯公民权利大开了方便之门。我们认为，凡取证行为和可能对公民权益造成较大危害的侦查行为，应作为法定侦查行为进行规制；对公民权益危害不大的获取线索的侦查行为，则只需在刑事诉讼法中作出原则规定，而后由下位法进行相应的规制。

六、获取线索的侦查行为、获取证据的侦查行为和查缉嫌疑人的侦查行为

以行为的直接目的为标准，可将侦查行为区分为获取线索的侦查行为、获取证据的侦查行为和查缉嫌疑人的侦查行为。获取线索的侦查行为是指为了获取侦查信息而采取的调查活动。因这类行为既不直接取证，也不具有强制性，故法律规制不多。我国侦查实践中使用的公布案情、调查走访、通报等即属于获取侦查线索的行为。另一类获取线索的侦查行为是密搜、密拍等旨在发现证据线索和嫌疑人线索的技术侦查行为。但是一旦法律明文规定通过这些行为取得的材料可以作为证据使用，那么它们就不再是获取线索的行为，而是取证行为。取证类侦查行为是法律明确规定的、以获取证据为其主要功能的侦查行为。根据我国刑事诉讼法的规定，我国取证类的侦查行为有讯问犯罪嫌疑人、询问证人、勘验和检查、搜查、扣押物证和书证、鉴定。取证侦查行为的直接目的是获取证据，是任何案件侦查中的必需行为，因而是法律规制的重点。对取证行为从两个方面予以规制。首先是科学性方面的规制即要保证所获证据的真实性。其次是通过见证、录音、录像等方式对侦查主体的取证行为予以制约，如允许律师在场、邀请见证人参加取证、对讯问进行同步录音或录像等。查缉侦查行为是指为查获和缉捕犯罪嫌疑人而采取的侦查行为。如追缉堵截、通缉、清查、缉捕在逃犯罪嫌疑人等。查缉侦查行为对嫌疑人的权利有较大影响，也是法律规制的重点。对此类行为的规制要从实质要件和审批程序上进行严格规定。实质要件即必须具备一定的证据条件才能实施查缉行为，并应按比例原则对不同的行为规定不同的实质要件。审批程序方面应体现制约原则，对较严厉的查缉行为应由独立于侦查机关以外的机关审批，以有效地保障人权。

第三节　侦查行为的实施原则

一、合法运用的原则

侦查是一项法律活动，受一定的法律规范的调节和制约。

（一）侦查行为的运用对象只能是与犯罪嫌疑人有关的人、事、物

侦查作为刑事诉讼行为，其对象是已经立案、需要侦查的犯罪事件，即刑事案件。某一种行为是否构成犯罪以及构成何种犯罪是我国刑法调整的范畴。侦查活动的开展必须以刑法规定的犯罪的存在或可能存在为前提。相应地，侦查行为的实施对象只能是与犯罪有关的人、事、物，如被害人、犯罪嫌疑人、犯罪工具、赃物、犯罪嫌疑线索等。

（二）侦查行为的实施必须遵循刑事诉讼对侦查的程序规定

刑事诉讼法中，对于讯问犯罪嫌疑人、询问证人、勘验和检查、搜查、扣押物证和书证及鉴定活动的程序及逮捕、拘留等强制措施的条件、程序、时限等都作了明确的规定，设计上述侦查行为时必须严格遵循刑事诉讼法的有关程序规定。实施违反刑事诉讼法规定的侦查活动而获取的证明案件事实的有关材料，不能作为证据使用。

（三）侦查行为的实施还须遵循有关侦查职能部门制定的侦查法规

侦查是一项复杂的社会工作，涉及社会生活的各个领域和各个方面，仅有刑法和刑事诉讼法的原则规定显然是不够的，为此，有关侦查职能部门为了适应各自工作的需要，颁行了大量的法令、条例、规定、细则等，使侦查工作日趋制度化、法制化。如公安部主持制定的《刑事侦查工作细则》、《刑事现场勘查细则》、《关于刑事侦查部门分管的刑事案件标准和管理制度的规定》等。这些法规是对刑法、刑事诉讼法原则规定的具体化、明确化，对现实的侦查工作具有更加切实可行的规范和指导意义，在侦查行为中必须严格遵循这些法规的规定。

二、严密部署的原则

侦查行为的实施是一项认识活动，更是一项实践活动，建立在对犯罪情况分析判断的基础之上的侦查行为要有效地实施，还有赖于严密部署。其具体要求是：

（一）侦查部署要有点有面，点面结合

侦查工作开展之初，由于犯罪情况往往不明确，侦查决策的依据不充分，因而在侦查的设计和部署上强调在确定的侦查方向和侦查范围内有点有面地开展工作。也就是说，既要运用侦查策略在较大的范围内去发现侦查线索，又要把侦查已发现的转为突出的、明显的线索作为侦查行为的主攻目标，做到点面结合。如此部署侦查，即便在侦查重点线索和侦查主攻目标的确定方面出现了某些偏差，也不会使整个侦查工作受到重大影响，因为可以通过面上的侦查工作逐步缩小侦查范围，及时调整侦查重心，把侦查工作推向深入。

（二）侦查措施要统一组合，交叉使用

每一项侦查措施都有其特定的功能，也都有其局限性，每一项侦查行为都不可能是万能的，因此，为了迅速地推进侦查，必须使各项侦查行为在一定的侦查情势下合理组合，形成合力。实践证明，在已经确定的侦查范围内实行多层次、多种类的侦查行为组合，只要其中的一种或几种措施发挥了功能，就能迅速地发现侦查线索，推进侦查。即使是单一的侦查措施的实施也离不开相关的侦查措施的支持和配合。如每一项侦查措施的实施都需要运用正面调查和侧面调查的方法获取有关情况；一些秘密措施的实施也需要运用其他侦查措施掩护或监控犯罪嫌疑人。只运用某一个侦查措施就能侦查终结某一个刑事案件，或者是单靠某一个侦查措施就可以圆满地达到某一侦查目标在客观上都是不可能的。

（三）公开措施和秘密措施要有机配合

侦查措施既有公开的，也有秘密的，其功能和使用的策略方法各不相同，但两者之间联系紧密，互相配合。公开的侦查措施常常被运用于掩护秘密侦查措施，秘密侦查措施常常被用于为公开的侦查措施的实施查明情况，如用秘密侦查措施查明了犯罪组织内部的情况，监视控制犯罪嫌疑人，可以为公开搜查和缉捕的实施提供可靠的依据。

三、优化选择的原则

优化选择的原则是指侦查行为在运筹过程中要根据具体的侦查情势，从客观存在的若干侦查措施中选择花费时间短、侦查代价小、侦查功效大的措施付诸实施。侦查措施之所以要进行优化选择，受制于下列诸多因素：

（一）侦查措施的多样性

由于侦查策略有着广泛的理论渊源和实践基础，因而，侦查中形成了门类齐全的侦查策略措施体系。这些侦查措施从功能上考察，既有调查性的，又有强制性的；从运用形式上分类，既有公开的，又有秘密的；从法律属性上分析，既有刑事诉讼法规定的调查取证措施和强制措施，又有相关侦查法规中规定的侦查措施。这些侦查措施多数情况下在侦查中都有其适用性，可以解决案件侦查中的某一个或某一些问题，但是，任何侦查措施的实施都必须具备一定的客观条件，同时，也都有一定的局限性。这样，就必然涉及具体侦查中对侦查策略措施的取舍问题。

（二）侦查思维的多维性

侦查思维的多维性是指侦查认识活动并不是单向定位的简单思维，而是多方位、多角度的综合性思维。侦查思维的多维性是由刑事案件中因果联系的复杂性决定的。刑事案件因果联系的形式多种多样，既有一因多果，又有一果多因，还有多因多果；既有真实的，又有虚假的；既有直接的，又有间接的；既有必然的，又有偶然的等。因果联系的复杂性要求侦查认识活动不能沿着一条线路进行，侦查主体在侦查过程中，要不断地开拓思维领域，尽可能穷尽各种可能性。在对刑事案件各种可能性的评价中，必然会有所偏重，而由各种可能性派生的侦查策略措施也就自然地需要优选。

（三）侦查工作的及时性

及时破案是对侦查工作的基本要求。由于犯罪大多是物质性的破坏活动，危害大，影响坏，因此，无论是已经实施的犯罪，还是正在预谋的犯罪，一般都应予以及时揭露和打击。侦查工作这一目标的实现有赖于在对犯罪情况全面科学分析的基础上采取有效的策略措施，因此，侦查行为的运用必须充分考虑到其效益包括策划侦查行为实施的人力、物力、财力、时间等因素，力求用最少的侦查代价达到最大的侦查效果，使侦查工作尽可能少地出现重复消耗或无谓消耗，从而达到及时揭露证实犯罪的目的。

四、因势施策的原则

因势施策的原则是指要求侦查主体要根据犯罪的具体情况和侦查的基本态势灵活实施侦查行为。任何侦查行为的实施都必须有充分的依据，侦查人员运用侦查行为的主观意图要与客观实际相符合。

（一）侦查行为的设计要知己知彼

知己知彼，是指侦查主体在设计和运用侦查行为时，必须熟悉侦查行为实施主体和实施对象的具体情况，并根据双方的实际情况施计用谋。侦查行为的实施是一场极其复杂的智力斗争，行为实施主体面对的是阴险狡诈的犯罪分子，如何利用自己的有利条件和对方的弱点，采取隐蔽巧妙的策略方法，往往是侦查工作成败的关键。因此，侦查主体实施侦查行为时，要深入周密地研究自身和对方的具体情况，尤其是侦查人员和犯罪嫌疑人的对比和相互关系。在分析判断犯罪情况时，侦查人员应在分析犯罪人的经验、能力和心理倾向的基础上，采用“心理换位法”，设身处地地考虑在一定条件下的犯罪人会如何犯罪以及如何对付侦查，从而使侦查行为的实施建立在知己知彼的基础上。

（二）侦查行为的实施要“敌变我变”

“敌变我变”，是指侦查行为在实施过程中要根据不断变化的犯罪情况进行调整和改革以适应侦查工作的需要。

【延伸阅读】

立案前侦查行为之论证

我国传统理论认为，先有立案后有侦查，侦查活动必须在立案之后才能开展。只有经过立案，其他诉讼阶段才能进行，公安司法机关进行侦查、起诉、审判活动才有法律依据，才能产生法律效力。司法实践中，恰好相当一部分侦查行为是在立案之前实施的。例如，警察接到报案，立即赶赴杀人现场，对现场进勘验，访问目击证人，提取收集现场遗留的痕迹物证。可见，从实质上看，侦查行为并非一定要立案之后才能实施，立案之前也可以实施侦查行为。实践中，立案前实施的侦查行为大量存在。立案前侦查行为在功能上类似于民事诉讼中的诉前证据保全行为。承认立案前侦查行为，允许在紧急情况下，侦查机关可以在正式立案前实施必要的侦查行为，对有关的犯罪证据进行保全，这既是侦查实践的需要，也是提高诉讼效率的要求，对于刑事诉讼活动的顺利进行具有重要意义。

如果否认立案前侦查行为的存在，则在某些紧急情况下，侦查人员收集的证据，能否在诉讼中使用就成了问题。如警察在立案前现场勘查获取的证据，这种在进入诉讼程序之前就搜集的证据，是否具备证据能力和证明力？侦查机关在尚未进入诉讼程序之前就收集证据，是否构成违法操作？如果不能作为证据使用，由于在案件发生过程中形成的证据不可能再生，一旦将其排除，则可能导致犯罪嫌疑人或被告人无法被追究刑事责任。

如何弥补立法没有规定立案前侦查行为的不足？笔者认为，可以有两个方案：一是取消“立案”这一诉讼阶段，规定侦查机关发现、获知犯罪信息后，即可进行侦查。二是在保留“立案”这一独立的诉讼阶段的情况下，立法上作出关于“立案前侦查行为”的例外规定。如在立法上规定：“在紧急情况下，侦查机关可以在立案前采取现场勘查、讯问犯罪嫌疑人、询问证人、搜查、扣押等措施。”这样，也可以解决立法上欠缺“立案前侦查行为”带来的问题。这是一种“相对合理”的做法。同时，应当明确规定在此种情况下侦查机关获取的证据具有证据能力和证明力。

第八章　侦查方法

【案例导入】

某年3月24日，某省某县北小段村发生一起杀人案件，村支书梁祥的妻子白玉娥和女儿梁金枝被杀死在卧室，接到报案后，某县公安局刑警大队、某市刑警支队立即组织人员到达现场进行侦破工作。

根据现场勘验和现场访问初步分析：案犯很可能是本村人；系一个人有预谋作案；自带作案工具；从室内翻动很严重和抽屉里的现金被盗来看有杀人抢劫的可能，从死者被害惨状看有仇杀的可能；再从梁金枝阴部也有损伤看不排除奸情杀人。为进一步确定案件性质，专案组决定围绕梁祥家人及死者生前关系查找线索，同时深入细致地走访群众。

经过参战民警连续六个昼夜的奋战，行程万里，访问了数千人，排除了报复杀人和奸情杀人的可能。确定此案为抢劫杀人。并大胆分析在前面的排查工作中可能接触过凶手，可能因某种因素致使其被排除。经过认真分析研究，专案组重新调整了工作部署：围绕抢劫杀人的判断重新勘验现场，扩大搜索范围；进一步深入细致地走访群众，对重点人员逐个进行排查。3月31日，搜查小组在村民刘久平门前的猪圈里发现一副血手套，经检验系作案所用。经对该村途经刘久平家住户进行排查，发现与梁家有亲戚关系的刘祖寿案发前后举止异常且有作案时间，遂确定其有重大嫌疑。因证据不足，专案组遂决定对刘实施秘密监视，并作进一步调查。但询问梁祥时，梁祥一再为刘担保，说两家是亲戚关系，刘因盗窃被公安局拘留时，梁祥为其取保候审并为他联系了工作，其未婚妻也是他和老伴为他介绍的，并认为刘绝不会对他们家下毒手。专案组进一步分析判断后，认为难以排除刘作案的可能性，于是决定对其采用“打草惊蛇”的侦查策略。侦查员按专案组的安排有意无意地把发现血手套的情况透露给正在工作的刘时，刘突然一愣，正扶着扳车的手突然松开，导致板车向前滑去。根据刘这一反常情况，专案组决定正面接触刘，并对刘家进行搜查。虽然讯问开始时刘负隅顽抗，拒不交代。但同时侦查员在刘家里搜查到刘埋在家里的匕首以及作案时的衣物、鞋和被盗现金。经检验，刘衣物、鞋上的血渍与现场的一致，死者的损伤系该匕首所留。至此，刘终于交代罪行，案情真相大白。

原来刘因盗窃被公安机关处理后不思悔改，在工作中利用厂里的机械改制了作案工具。2月24日，刘到梁家做客时，看到梁家摆设阔气，认为他们家很有钱。3月23日晚，趁村里放电影时又对梁家进行踩点。零点时分，刘带着作案工具潜入梁家。先对睡觉的梁金枝下了毒手，又把惊醒的白玉娥杀死。接着又撬开梁家的抽屉、衣柜，窃得现金后逃离现场。

第一节　侦查基础工作

侦查基础工作是侦查机关为服务侦查破案这一中心目标而开展的长期性、基础性的业务工作，是以收集犯罪情报信息和控制犯罪为目的的阵地控制、刑嫌调控、犯罪情报资料和刑事特情等基础性工作的总称，它突出侦查工作的整体性、全局性，事关侦查工作的长远发展，是一项战略性的系统工程。

一、侦查基础工作的概念

侦查破案和防控犯罪需要准确、丰富、全面的犯罪情报信息，侦查人员必须在全面占有与犯罪有关的人、事、物等情报信息的基础上，进行侦查决策，制定出防控犯罪和打击犯罪的规划、措施和具体的行动方案，采取有针对性的措施，精确打击和防控犯罪。只有依靠准确、及时、全面的情报作出侦查决策，侦查资源才能得到合理的配置，侦查效能才能得到最大的发挥。

侦查基础工作是指侦查部门利用日常职能工作，围绕与犯罪有关的人、事、物等情报信息，为侦查破案和预防犯罪创造条件、奠定基础和提供支持的工作。

二、侦查基础工作的内容

（一）阵地控制

阵地控制是指侦查部门采用公开和秘密的手段，掌握、控制犯罪分子经常涉足、流窜、销赃挥霍、落脚藏身和犯罪作案的地区、行业、场合，以便防控犯罪和及时发现犯罪线索，侦破刑事案件的一项专门性侦查基础工作。

对犯罪分子经常涉足的地区、行业、场合进行阵地控制，张网以待，实际就控制了其实施犯罪后可能暴露的关键环节，就可以及时发现并控制其现行犯罪活动，可以收集到反映刑事犯罪活动动态和发展趋势的情报资料，对制定侦、防对策具有重要意义。

（二）刑嫌调控

刑嫌调控是指通过对刑嫌人员的了解、观察和监控，及时掌握其外部活动，搜集侦查线索，发现、控制现行犯罪活动的一项秘密侦查措施。

通过刑嫌调控工作，可以随时掌握刑嫌分子的活动情况、预谋犯罪的企图，从而主动进攻、先发制敌将犯罪活动消灭在萌芽阶段。刑事案件发生后，侦查机关可以根据刻画的犯罪嫌疑人的条件，在刑嫌分子中进行排查，发现犯罪嫌疑人，认定其犯罪。刑嫌调控是向犯罪活动发动主动进攻的重要手段，对于发现犯罪线索、及时破案具有十分重要的意义。

（三）侦查情报

侦查情报是指公安机关刑事侦查部门采用公开与秘密的侦查措施、手段或其他方法获得的有关刑事犯罪的一切线索和情况，以及对其分析研究的成果。案件的侦查需要大量可供分析、决策的情报信息，而侦查情报工作由于来源渠道多，内容丰富，传递迅速，全方位、多角度地服务于侦查破案，能使侦查部门耳聪目明，真正做到“敌动我知”，大大减少了侦查人员的盲目性和被动性，大大增加了侦查活动的针对性和准确性，通过情报主导侦查是实施精确打击和防范的保障。

侦查情报工作是指公安机关通过多种途径获得的零星、分散的各种刑事犯罪情报信息，按统一规定加以集中、分类、整理、储存和检索，形成比较系统的情报信息资料，并对其科学管理，分析研究和综合利用的一项刑侦基础业务工作。

（四）刑事特情

刑事特情是侦查机关刑侦部门建立和使用的，用于侦查刑事案件，收集犯罪情报，发现和控制犯罪活动的隐蔽力量。

刑事特情作为侦查机关对付犯罪活动的一种秘密武器，无论是阵地控制收集情报防控犯罪，还是开展专案特情内线侦查向犯罪分子积极发动主动进攻，实施对犯罪目标的精确打击，刑事特情都发挥着其他侦查措施不可替代的作用。

三、侦查基础工作的基本属性

（一）建设性

侦查基础工作建设作为侦查机关的一项重要的刑侦基础建设必须常抓不懈，长期“经营”。基础工作建设不仅包括有形的物质基础“硬件”的建设，还应包括人的因素，包括建立和形成基本的运作模式这一无形的“软件”的建设，因此侦查机关要统筹规划，立足当前，着眼未来，积极稳妥，多管齐下，使各项基础工作措施同步开展，分步推进，提高侦查工作的运作能力、提高及时发现犯罪线索和侦查突破案件的能力。

（二）备用性

侦查基础性业务并不只是为了服务于侦查某一起案件，而是为了增强侦查机关整体打击犯罪的能力，提高侦查机关发现与查缉犯罪人能力的长远目标服务的，是侦查工作的有力支撑。所以按照侦查机关侦查基础工作建设的整体部署，利用平时的日常工作，有计划、有目的地狠抓基础工作建设的落实，这就需要大量人力和物力高投入作为铺垫。俗话说“养兵千日，用兵一时”，只有“厚积”才能“薄发”，才能在打击犯罪的过程中做到游刃有余，我们必须高瞻远瞩，具有战略眼光，深刻认识它的重要作用，坚定不移地搞好侦查基础工作。

（三）秘密性

刑事犯罪活动的诡秘性，决定了刑侦工作的秘密性，侦查基础工作属于侦查工作范畴，因此，侦查基础工作也具有秘密性，特别是刑事特情和作为“神经中枢”的刑事情报，更是侦查工作的机密。“谋成于密，败于泄”，充分说明了保密的重要性，任何泄密，都会给刑事犯罪分子逃避打击、对抗侦查提供可乘之机。刑侦基础工作正是由于它的高度“秘密性”，才能保障侦查工作做到“敌动我知”，这要求有关人员严格遵守保密规定，保守侦查基础业务中的有关秘密。

（四）综合性

侦查基础工作说到底是情报工作和控制工作，构建情报网络和控制体系是一项规模宏伟的系统工程，需要多种侦查策略措施的综合运用，需要侦查科技作为平台，需要情报信息的积累、专业化的侦查人才的培养，需要整合侦查部门的有效资源，形成侦查工作合力机制等，与其他刑侦专门手段相互联系，形成一个有机整体，所以必须用系统论、全局观来认识和指导侦查基础工作的建设，处理好整体与各组成部分、各组成要素之间的关系，协调发展，发挥出它最大的综合效益。

总之，扎实刑侦基础工作，是向犯罪分子主动进攻、先发制敌取得斗争主动权的客观需要，也是落实“侦控并举”战略型侦查策略的重要举措，如果基础工作不扎实，那么侦查工作就可能成为无源之水、无本之木。在目前以公安“三基”建设为契机，牢固树立情报信息主导侦查的理念，以推进侦查工作信息化建设，充分利用网络情报资源，积极开展网上侦查、网上追逃、网上比对鉴定、网上情报查询等，并搞好阵地控制网络、特情据点的建设，编织一张覆盖面广，有点有面，点面结合，功能完备的无形的大网，收到“天网恢恢，疏而不漏”的效果。

第二节　侦查措施

一、侦查措施的概念

侦查措施是指侦查部门在同刑事犯罪斗争中，依据法律、法规所采用的各种策略手段和方法的总和。

侦查部门进行侦查活动，为了达到侦查破案的目的，必然要借助各种侦查措施。如果缺乏侦查措施，就不可能完成侦查的任务，所以能否实现侦查目的，关键看是否选取了有效的侦查措施。侦查措施的范围很广泛，既包括刑事诉讼法明确规定的讯问、询问、勘验检查、搜查、扣押、通缉、侦查实验等专门的调查措施和有关的强制性措施，也包括有关法规、规章所规定的秘密侦查手段，还包括追缉堵截、通报、辨认、控制销赃等常规性侦查措施。

二、侦查措施的分类

（一）以是否具有公开性为标准，可将侦查措施分为公开侦查措施和秘密侦查措施

1. 公开侦查措施，是指侦查主体为了发现、揭露和证实犯罪，在明示犯罪嫌疑人或其他有关人员的情况下采取的侦查措施。公开侦查措施具有实施的公开性、施用对象广泛性的特点，所获取的材料通常可直接作为认定案件事实的根据。例如，公开辨认、公开询问、公开搜查等。

2. 秘密侦查措施，是指侦查主体为了发现、揭露和证实犯罪，在不被犯罪嫌疑人或其他有关人员察觉的情况下采取的侦查措施。主要有特情侦查、卧底侦查、秘密拘捕、秘密辨认等。刑事外线侦查手段如窃听、电话监听、邮件检验、密搜密取、跟踪盯梢和守候监视等也都属于秘密侦查措施。其特点是：实施的组织性与时间性强，机密程度高，在特定的环境或针对特定对象使用，通过秘密侦查措施所获取的证据材料，必须经过转化才能作为证据使用。

（二）根据实施的过程、方式、规模以及对侦查对象的控制形式的不同，通常可以分为六大类

1. 基础性侦查措施。在侦查过程中，侦查机关为了提高侦查措施的精度和侦查的效率，依法开展的、以收集犯罪情报信息和防控犯罪为目的，为侦查破案和预防犯罪积累、准备创造条件，奠定基础而采用的侦查措施。包括刑事犯罪情报资料、刑事特情和阵地控制等。

2. 常规性侦查措施。常规性侦查措施是侦查部门在侦查破案中所普遍采用的，

侦查人员必须掌握使用的措施。包括现场勘查、摸底排队、调查访问、侦查实验、公开辨认、公开搜查和讯问等。这类侦查措施的主要特点是：使用率高，收集证据的直接性较强，需要广泛的群众配合。

3. 紧急性侦查措施。紧急性侦查措施是侦查部门针对那些必须在既定时间内查获案件线索、犯罪证据和捕获犯罪嫌疑人的刑事案件而采取的战机性强的行动措施。包括通缉、通报、追缉堵截、控制赃物、警犬追踪搜索等。

4. 强制性措施。强制性措施是公安机关在刑事诉讼活动中，为了防止犯罪嫌疑人逃跑、自杀、毁灭和隐匿犯罪证据，或者继续犯罪，保证侦查活动的顺利进行，而依法采取的临时限制或剥夺犯罪嫌疑人的人身自由的强制方法。我国《刑事诉讼法》规定的强制性措施有拘传、取保候审、监视居住、拘留、逮捕五种。

5. 综合性侦查措施。综合性侦查措施是指侦查部门在同刑事犯罪作斗争的过程中，针对某一时期或某一类犯罪活动突出的问题所采取的一系列侦查措施。主要有专项斗争、破案战役和侦查协作等。综合性侦查措施的基本特点是：需要综合运用多种措施和手段打击犯罪，实施打击行动的阶段性强，涉及范围广泛。

6. 防范性措施。防范性措施是侦查部门为及时发现、制止、控制和打击犯罪，以及预防刑事案件的发生，紧密配合侦查破案工作而采取的主动进攻的侦查措施。主要有阵地控制、电子监控、联防堵卡和技术预防等。这类措施的主要特点是：主动性强，获取犯罪信息的途径较为广阔，具有综合性功能。

三、侦查措施的运用原则

（一）合法性原则

这一原则就是要求必须按照《刑事诉讼法》和《公安机关办理刑事案件程序规定》的要求行使侦查权，必须由法定的侦查人员依照法定的程序、法定的条件和时间采取法定的措施和手段进行侦查。特别是需要采取秘密措施和技侦手段时，必须执行依程序向上级呈报审批的具体规定，获得批准后方可使用，任何侦查措施的实施都不能侵犯公民的人身权、财产权等合法权利。

（二）战机性原则

战机性原则，就是遵循实施侦查措施的时间紧迫性和及时性的原则。侦查任务、侦查目标确定之后，侦查措施的部署要及时，行动要迅速，侦查措施的反馈要快捷，快速反应，以快制胜，只有这样才能抓住战机，速战速决，充分发挥侦查措施的效能。否则，贻误战机，不仅失去侦查措施的使用价值，而且会给整个案件的侦查带来严重后果。

（三）针对性原则

针对性原则，就是遵循实施侦查措施要坚持因情、因案、因人施策的原则。就是要针对不同的刑事犯罪活动的规律，不同的个案，不同的侦查对象的情况，采用与之相适应的侦查措施。针对性的另一含义是采用侦查措施的机动性和灵活性。机动性就是采用的侦查措施要随侦查情势的变化而随时加以调整；灵活性就是不能以固定不变的侦查模式和侦破方法，对待千变万化的刑事犯罪。

（四）优选性原则

优选性原则，是指侦查人员在侦查活动中，对几种可能采取的侦查措施进行最佳选择的原则。优选是一个从比较到决断的侦查决策过程，是提高侦查效益的关键步骤。优选就是要以最小的代价取得最佳的效果。根据侦查部门的人力、物力，以及侦查环境、社会基础等各方面的条件，是要选择代价最小、风险最低，取得效益最大的侦查措施。

（五）综合性原则

综合性原则，是指在个案侦查、专项斗争和破案战役中，根据实际情况和现有条件，坚持充分发挥有关各项侦查措施的多功能作用的规则。综合性使用可以避免单一措施的局限性，多种措施的综合运用可以实现措施间的优势互补，能多角度、多渠道、多功能发挥其在侦查工作中的作用，以提高打击犯罪的综合效益。

第三节　侦查技术

科技的迅猛发展，导致犯罪手段的科技化、专业化、智能化、现代化以及各种反侦查手段的运用，大大提高了犯罪能量，强化了犯罪的隐蔽性，导致发现线索难、取证难、案件突破难，同时也促进侦查手段的科学化，侦查技术必须动态地引进、移植自然科学的最新成果，不断拓宽、提升侦查技术的范围和精度，为侦查破案服务。

侦查技术是指在侦查活动中运用于与犯罪作斗争的各种科学技术的总称。“科技强警，科技强侦”是公安部在20世纪90年代中期提出的一个战略性措施，“科技强侦”的方法就是通过科技工作，以科技创新为基础，以科技管理为动力，以科技建设为龙头，总体规划、分步实施“科技强警”战略。

一、侦查技术的分类

侦查技术按其功能性质分为鉴定型技术和侦查型技术。

（一）鉴定型技术

鉴定型技术是指对与案件有关的客体进行鉴定而采用的技术，可以分为两大类：

1. 物证鉴定技术。这是一类利用物证技术学学科专业知识解决某些专门性问题时进行鉴定的技术，其鉴定对象通常是手印、足迹、工具痕迹、枪弹痕迹、文件、各种微量化学物证与生物物证、视听资料（图像和语音）及电子证据等。这类鉴定技术解决的主要问题是同一认定问题、种属认定问题和真伪认定等问题。

2. 法医鉴定技术。这是一类利用法医学学科专业知识进行鉴定的技术，其鉴定对象通常是死因不明的尸体、身份不明的尸体和碎尸尸块、不同原因造成的受伤活体，以及来自人体的各种物质。这类鉴定型技术解决的主要问题是死因问题、伤情问题、个体识别问题，以及来自人体物证的种属认定和同一认定问题。

（二）侦查型技术

侦查型技术是指实施各种侦查而采用的技术。

1. 通讯指挥技术。通过建立侦查指挥中心，采用网络数字视听技术，实现案件侦查远程指挥等功能，真正实现让领导运筹帷幄、决胜千里。

2. 侦查情报资料处理技术。当前，公安部启动了遍及全国的“金盾工程”，建立了联通各级公安机关的高效快速信息传输系统，侦查情报信息综合系统的构建与“金盾工程”发展进程实现了有机结合，建立了全国刑事犯罪信息中心（简称CCIC）等公安专用网络数据库，建立了全国性或区域性的诸如违法犯罪信息系统、刑侦信息综合管理系统、指纹自动识别系统、人口信息系统等供侦查机关运用的信息资源共享系统。

3. 现场物证检验技术。在现场勘查中为了发现、显现、固定、记录、提取可能有证据意义的痕迹、物品、文件以及各种微量物证所采取的技术。

4. 刑事图像技术。包括刑事摄影、刑事录像和刑事影像处理（比如进行影像、倍率、影像方向、影调、变形图像校正）等技术。

5. 技侦技术。我国国家安全法和警察法明确规定了技术侦查措施，主要包括侦听、电话监听、电子监控、秘密拍照或录像等。现代世界各国的侦查机关，为了侦查犯罪，有控制地使用电子装置听取他人的住所等场所的谈话，在通讯线路上安装机械装置截获通话的内容，利用电子设备对特定人、物或场所进行监视，以及秘密拍照或录像等技术侦查手段对付犯罪。

6. 测谎技术。测谎技术指专门技术人员按照一定的规则，运用测谎仪器设备，记录测谎对象在回答其所设置的问题的过程中某些生理参量的变化，并通过分析测谎仪器设备所记录的图谱，对被测谎对像在回答有关问题时是否说谎作出判断的活动。

7. 警犬技术。警犬技术是指通过对警犬的培养训练，并在科学的组织下使其在侦查破案和安全防范上发挥作用的应用技术。警犬技术包括运用警犬进行追踪、鉴别、搜索、巡逻、护卫、救援等。

二、侦查技术的任务和作用

（一）对事件进行定性，为立案提供依据

运用痕迹学和法医技术对现场进行勘查，运用光谱仪、质谱仪、中子活化技术等，对微量物证进行定性、定量分析，同时结合现场访问的材料，确定死者的死亡原因，死亡性质是自杀、他杀还是意外事故，确定事件现场是伪造的现场，还是真实的犯罪现场，对事件进行定性，为立案提供依据。

（二）分析判断案情，确定侦查方向和侦查范围，为部署侦查计划和实施侦查活动提供科学依据

通过侦查技术手段客观、准确地记录、固定犯罪现场，为侦查工作提供第一手资料，为反复分析研究案情提供依据；通过侦查技术对现场和痕迹物证的分析，确定是本地人作案还是外来人作案，案犯的职业，案犯的人身形象以及应具备的条件，从而确定侦查方向和侦查范围，为摸底排队提供依据。

（三）通过技术手段采集和鉴定物证，为破案提供依据

在勘验、检查、搜查等活动中，利用各种侦查技术，广泛搜集与犯罪有关的痕迹物证，为检验鉴定痕迹与长期保管痕迹提供可靠的措施。在现场勘查中，多波段光源、红外、紫外摄像系统的运用，极大地扩展侦查人员的视野，大大提高了现场的采证率；在鉴定中，大型比对显微镜的运用，DNA 分析技术的运用大大增强获取犯罪信息的能力与证实犯罪的能力。

（四）通过技术手段串并案件，查缉案犯

对同一地区或相邻地区在一段时间连续发生的几起案情相似的刑事案件，通过对现场留下的痕迹物证进行比对，如能认定不同案件现场手印、工具痕迹、枪弹痕迹的造痕体系同一客体，就可以将这些案件串并起来，实施并案侦查，通过查对各种痕迹档案，也可以为串并案件提供依据。

（五）为侦查基础工作提供支撑

把搜集到的犯罪情报资料录入综合犯罪信息系统，实现基础工作档案管理微机化，达到信息共享，使破案由费时费力的摸底排队变成主要靠信息查询、资料比对，由人工操作变成主要靠科技、靠计算机网络提供快捷、明确、便利的服务，在阵地控制中，把最先进的探测仪器、电子监控系统和报警系统运用于全天候的探测、识别和报警，及时发现犯罪，这些都需要侦查技术提供支撑。

从过去由于科技不发达，口供成为“证据之王”，侦查机关办案便是千方百计获取口供，导致刑讯逼供成为常规，到法律禁止在侦查中侵犯人权，客观上要求了侦查机关侦破工作要从言词证据向实物证据转变，总体趋势是传统的侦查手段越来越为科学的侦查技术方法所取代。科学证据的时代已经到来，所以需要重构侦查方

法与理念，要努力提高利用证据办案的意识和能力，要努力提高证据调查手段的科技含量。

第四节 侦查谋略

侦查谋略，是侦查主体在侦查活动中，为达到一定的侦查目标，在一般策略原理指导下，在法律允许的范围内，围绕侦查手段、措施的使用对侦查对象采取的智谋运筹艺术和斗争的方式方法的总称。侦查谋略是侦查人员与犯罪人的活力对抗，侦查谋略是侦查理论的精髓，是决策的核心，是以智慧克敌制胜的斗争方式与方法体系。

一、侦查谋略的分类

(一) 依据侦查谋略功能范围划分侦查谋略

1. 战略型侦查谋略。是为刑事侦查的战略目标服务的，是从犯罪活动的规律特点出发策划与制定侦查犯罪的全局性斗争方针和方式，如“主动进攻，先发制敌”、“侦防并举”，对有组织犯罪采取“打早打小，露头就打”的方针，在反黑斗争中要打掉“保护伞”等。

2. 战役型侦查谋略。是指在一段时间内，侦查机关为提高侦查效益或侦破某类突出的犯罪案件而对综合性侦查行动进行设计与运筹的谋略，如“破案战役”和“专项斗争”等。

3. 战术型侦查谋略。是为夺取具体案件侦查的胜利而采取的斗争艺术与方式。

(二) 依据侦查谋略的实施时机划分侦查谋略

1. 先发型侦查谋略。先发型谋略是指在犯罪分子的预备犯罪阶段或实施犯罪立足未稳的时候，我方迅速、主动开展侦查工作、抓获犯罪嫌疑人，及时破案的策略。先发型侦查谋略的主要形式有“主动出击”、“以快制快”、“攻其不备”等。

2. 后发型侦查谋略。后发型谋略是指在不了解敌情的情况下，采取先让一步，等待对方充分暴露出弱点后，再一举战胜敌人的一种斗争方式。后发型侦查谋略的主要形式有“以静制动”、“缓兵待机”、“网开一面”等。

(三) 依据侦查人员对犯罪嫌疑人施加心理压力的方式划分侦查谋略

1. 加压型侦查谋略。加压型谋略是指采用一定的方法造成犯罪嫌疑人的心理紧张，使其失去正常的判断力，从而诱其暴露破绽的一种斗争方式。加压型侦查谋略的主要形式有“敲山震虎”、“以势攻心”等。

2. 减压型侦查谋略。减压型谋略是指采取一定的方式缓和紧张气氛，以造成侦查对象心理上的松弛与麻痹，从而使其充分暴露破绽的一种斗争方式。减压型侦查谋略的主要形式有“内紧外松”、“感化攻心”等。

（四）根据谋略作用的效果划分侦查谋略

1. 迷惑型侦查谋略。迷惑型谋略是指侦查人员通过一定的方式分散、转移侦查对象的注意力，使其在关键问题上失去警觉或松弛防御能力，造成其错觉，从而使其暴露出犯罪情况的一种斗争方式。迷惑型侦查谋略的主要形式有“声东击西”、“示假隐真”、“出其不意”等。

2. 调动型侦查谋略。调动型谋略是指在侦查中，侦查部门为争取侦查工作的主动权和占据有利的时空位置，设置一定情境，造成有利于调离侦查对象的假象，投其所好调动驱使侦查对象，从而使其受制于我的谋略。调动型侦查谋略的主要形式有“调虎离山”、“欲擒故纵”等。

（五）根据侦查对象为我所用的条件划分侦查谋略

1. 利用型侦查谋略。利用型谋略是指侦查人员在充分研究侦查对象情况的基础上，巧借对方的力量或抓住其弱点、矛盾为我所用的一种斗争方式。利用型侦查谋略的主要形式有“利用矛盾，各个击破”、“分化瓦解”、“利用弱点、避实击虚”等。

2. 诱导型侦查谋略。诱导型谋略是指侦查人员通过创设情境、设置诱饵等方法，诱导侦查对象产生判断上的错误，从而使其落入我方圈套暴露自己的一种斗争方式与艺术。诱导型谋略的主要形式有“抛砖引玉”、“引蛇出洞”等。

二、侦查谋略的作用

没有不用谋的战争，也没有不用谋的侦查策略，侦查谋略是“侦查之首”、“用兵之本”。成功的谋略的运用能促使犯罪分子暴露，争取主动，起到事半功倍的效果，侦查人员必须以奇谋良策战胜敌人。侦查谋略的具体作用体现在以下几个方面：

（一）侦查谋略能对全局性侦查工作起统率作用

针对某一时期犯罪活动的规律特点，侦查工作应该有基本的目标，并且围绕这一目标确定侦查工作的重点和方向，采取何种全局性的侦查策略方法便成为实现侦查目标的关键。对有组织犯罪采取“打早打小，露头就打”的方针；在“严打”中组织全国性的打击犯罪分子的“破案战役”行动，中央为政法部门制定了“依法从重从快”打击犯罪的方针；根据暴力犯罪的规律特点，侦查机关制定了“主动进攻，先发制敌”的侦查策略方法；1997 年在全国刑侦工作会议上提出“建立公安机关统一指挥，快速反应，各警种各地区密切配合、紧密协作的打击犯罪的整体作战格局”战略指导思想。

（二）侦查谋略能对刑事案件的侦查工作起指导作用

侦查任何一起犯罪案件，在总体上都应该有一个基本的对策，它对侦破工作的成败起着决定性的作用。如侦破有组织犯罪案件一般采用“拉出，打入”的策略建立特情，为我所用或采取“利用矛盾，分化瓦解，各个击破”的策略；侦破内盗案件，如果范围不大，现场物证较多，一般采取刚柔相济的攻心战术与内紧外松的策略。实践证明，侦查破案如果没有一个基本的战术对策或者基本对策失误，就会导致侦查活动陷入困境。因此，必须根据不同的案件性质与时机，设计运用战术谋略，才能在复杂的斗争中变劣势为优势，化被动为主动，达到破案的目的。

（三）能提高运用侦查措施、手段获取证据，缉捕犯罪嫌疑人的效率

在侦查过程中，一切侦查措施、手段的运用都必须讲究方式方法。许多侦查措施、手段的运用都是直接或间接地同犯罪分子斗智的过程，也就是运用和施展谋略的过程。这就要求侦查措施的选择和开展，必须建立在科学运筹的基础上并且受谋略思想的指导。侦查措施的谋略效应，通常表现为侦查行动的准确性和搜集证据、缉捕罪犯效率的提高。侦查人员在运用侦查措施的过程中，做到有谋而战，有计而进，从而在复杂的斗争中占据主动。

【实训设计】

侦查方法的运用

一、实训目的

通过实训，使学生能够熟练运用已学习的刑事侦查措施、技术和策略，体会刑事案件侦查活动中各种刑事侦查措施、技术和策略的地位和作用。

二、实训内容

1. 熟悉刑事案件侦查的步骤和方法；

2. 按刑事案件侦查的要求进行运用侦查措施、刑事技术和谋略进行现场勘查、案情分析、确定侦查方向和范围、开展侦查破案、侦查讯问等活动；

3. 根据案件侦查不同阶段和进展，按照侦查工作的实际情况，合理运用侦查措施、侦查技术和侦查策略。

三、实训器材

现场勘查箱、法医勘查箱、多波段光源、现场勘查灯、紫外灯、静电提取仪、照相器材、通讯器材、交通工具、绘图记录工具、石膏制模器材及材料、保护现场所需要的器材、模拟现场、模拟审讯室以及有关刑事案件侦查所需的相关物品、法律文书材料和证件等。

四、实训方式

学生每15—20人一组，选择教室、学生宿舍、实训室或室外适宜做模拟室外现场的场地，根据设计的案件，布置现场、分配角色和承担实训任务。按刑事案件侦查人员的构成，分工明确、责任分明的组织学生承担不同角色，在指导教师的指导下进行实训。在具体考虑设计案件和实训时，可因地制宜考虑各种刑事侦查措施、技术和策略的有所侧重的选择或强调综合运用，也可根据不同的训练需要进行多次实训。

五、实训方法（略）

六、实训作业

（一）完成个人承担角色的实训任务；

（二）写出实训报告，要求说明实训目的、实训内容、实训方法、实训步骤以及心得体会。

第九章 侦查的基本原则

【案例导入】

某年7月2日上午，某省某县刑警大队接到南平派出所报告，南平镇中副村村民周某于昨晚在家中厨房上吊身亡，要求查明死因。

接到报告后，刑警大队立即组织人员到达现场进行现场勘查。经现场走访，死者周某与妻子关业灵关系不和，昨天还打过架，邻居曾于昨晚隐约听到有呼救的声音。关业灵陈述说：7月1日晚两人发生争吵，后死者跑出，当初以为他在堂屋里睡了。早上起来发现死者吊死在厨房里，忙喊人，赶来的邻居不敢解吊，隧自己用刀将吊绳砍断，然后通过村干部报案。现场勘验时发现：周家厨房房梁上仍系有半截胶绳，死者颈部胶绳尚未解开，其手、脸干净，衣着整齐，神态安详；尸表为青紫色，舌尖挺出，颈枕部提空呈“8”字不交，索沟走向与胶绳的走向相吻合；面、颈部有四处不规则的表皮擦伤；解剖未见皮下出血；其他部位未见损伤。隧定案为自缢身亡。

周死后12天，其远在新疆工作的弟弟周颖群赶到公安局反映其兄不是自杀，是被其嫂关业灵伙同奸夫黄明所杀害，并声称关业灵已承认周某为黄明所杀。听取周颖群的申诉后，县公安局亦觉得另有隐情，遂决定另行组织人员进行调查。经调查了解到周性情开朗，为人和善，没有可能自杀的因素；为周取吊时，其尸体双脚弯曲未悬空；邻居在其死的当晚确听到有呼救的声音；不少人反映关业灵生活放荡、水性杨花，与本组村民黄明通奸；群众对周的自杀结论不服；黄明在周死后第二天外出一直未归，似有畏罪潜逃的嫌疑。于是专案组立即正面接触关业灵，经过突审，关业灵供认伙同黄明杀害周某的事实。7月14日在邻县桦滋县将黄明抓获。经审讯，黄对犯罪事实供认不讳。

原来周黄两家是邻居，在周外出山西打工时黄关二人勾搭成奸。周回来发现后两人吵架过程中，周打了关，关隧起了杀死周的念头。经关黄二人密谋，7月1日晚黄潜入室内，趁周熟睡之际，由关铐住周的双手，周被惊醒坐起，黄窜上床头，从背后将周的颈部向上提将其勒死，后伪装成自杀现场，并编造了谎言报案。

关黄二人供述后，虽随时间推移，现场已遭到严重破坏，侦查员重新对现场进行勘验，发现并获取自黄明家里勒死周的绳索；根据现场条件，结合吊绳的长度、尸长及厨房房梁的高度进行侦查实验，证实周某上吊不可能双脚悬空；在周家里发现周被杀挣扎蹬破而被关换下的蚊帐；从现场外的甘蔗地里发现关为周擦洗尸体所用的塑料盆和擦布。经开棺验尸，认定周的死亡和损伤与两人交代的实施暴力方式相一致。

第一节　依靠群众的原则

依靠群众的原则是党的群众路线在侦查工作中的具体体现，也是我国侦查工作的优良传统，“警力有限，民力无穷”已成为现代警界的共识，当今世界各国警察都十分重视改善和密切警民关系，以取得公众对警务工作的支持和合作。

一、侦查中的群众工作

群众路线是我们党和政府一切工作的根本路线和优良传统，群众路线也是刑事侦查工作的根本路线。公安部于1978年制定的《刑事侦察工作细则》中确定“依靠群众、抓住战机、积极侦察、及时破案”的刑侦工作16字方针，把依靠群众摆在首位，其基本精神是依靠群众和专门工作相结合，反映了我国侦查工作的特色，充分显示其在侦查破案中的重要地位和作用。侦查中依靠群众的内涵：

（一）只有紧密依靠群众，侦查人员才能有效地获取揭露、证实犯罪的线索和证据材料

犯罪分子实施的犯罪行为是发生在特定时间、空间的特定事件，马克思主义哲学认为事物是普遍联系的，任何事物都不可能孤立地存在，因此，犯罪分子及其犯罪行为必将为他人所感知，这就为侦查工作坚持群众路线提供了哲学基础。

犯罪分子是从群众中分离出来的，隐藏在群众之中，必然也暴露在群众之中，犯罪活动发生时群众最知情，甚至对犯罪活动的细枝末节都了解，比如犯罪分子犯罪前踩点、犯罪后携赃逃窜以及毁证灭迹等可疑行径和反常表现，都难逃群众的耳目，只要及时进行调查访问，往往可以获取有价值的线索。受我国的传统文化影响，人与人之间相互依赖，联系较为紧密，犯罪嫌疑人的不良行为、与被害人的私仇恩怨、经济状况、犯罪之前后的疑人疑事等容易被周围的群众所了解，加之犯罪行为总是直接、间接地侵犯了群众的个人利益，势必造成群众与犯罪分子之间的对立，激起群众与犯罪行为作斗争的内驱力，这些又为侦查工作坚持群众路线提供了现实基础。

（二）人民群众能在侦查的各个环节给予支持、配合和监督

首先，从案件线索的来源看，当前侦查机关立案的主要线索来源是群众的检举、揭发和控告；现场勘查作为侦查工作的起点，自始至终，都要依靠群众，勘查

前后需要群众保护现场；勘查过程中需在群众中邀请见证人；遇到某些疑难问题，需要向群众请教。调查访问是获取侦查线索和证据材料的一种主要手段，需要知情群众的配合。另外，在许多侦查措施、手段（比如摸底排队、阵地控制、刑嫌控制、控制赃物、辨认、追缉堵截、守候监视、秘密逮捕和密拍密录等）的使用过程中也需要群众的支持和配合。由此可见，群众是侦查信息的重要来源，广大人民群众是完成侦查任务、实现侦查目的的依托。

（三）依靠技术专家、学者解决侦查中的各种专门问题

刑事犯罪可能发生在各个领域，案件中的专门问题也是多种多样的，比如犯罪工具、手段、目标、对象等，可能涉及金融、税务、海关、民族、宗教、军事、天文、地理、民俗等学科的科学知识，为了解决案件中的专门性问题，侦查人员需要向各行各业的专家和学者请教，比如在现场勘查中发现了案犯作案时留下的鞋印、工具痕迹，通过以痕找物，以物定人是侦查破案的一般性规则，这一过程需要请教有关行业的专家对造痕体进行种属认定。在犯罪分子利用计算机网络进行犯罪时，需要邀请计算机专家，协助侦查人员查明犯罪的手段、方法。

总之，只有依靠群众，才能有利于捕捉战机，才能广辟侦查线索来源，选择最佳的侦查途径，达到及时破案的目的。

二、专门工作必须与群众工作相结合

专门工作是指侦查机关在办理案件过程中，依照法律进行的专门调查工作和有关的强制性措施。专门工作主要由刑侦基础业务，侦查措施、手段，侦查谋略，侦查技术，技术侦查等构成的完整的对策体系，通过专门工作达到查明案情、收集证据、揭露证实犯罪和防控犯罪的目的。毫无疑问群众工作固然重要，但真正在侦查中起主导作用的仍然是专门工作，只有专门工作才能在同现代犯罪作斗争的过程中实现攻坚效能。然而，广大人民群众是侦查工作顺利进行的基础和力量源泉，专门工作的有效开展必须建立在群众基础之上，如果脱离了群众，专门工作就会陷入“孤立无援”的境地，寸步难行，二者必须相互配合、相互支持。在新时期，依靠群众要作为一项基础工作常抓不懈，不断探索侦查工作依靠群众的新途径和新方法。

（一）牢固树立新时期侦查工作的群众观念，增强侦查工作依靠群众的自觉性

必须加强对刑警的思想教育，强化宗旨教育，解决为何执法、为谁执法的问题，树立“权为民用、利为民谋、情为民系、事为民办”的执法理念，使“立警为公，执法为民”成为侦查破案的出发点和归宿。

（二）要规范侦查执法行为，取得群众的信任和支持

在侦查工作中，刑警要从群众的立场、感情出发，规范侦查的各个环节，保护

群众利益，维护社会正义，以热情服务的精神和高度负责的态度处理每一个案件，通过严格、公正、文明执法，取信于民。

（三）要创新新时期依靠群众的新方法

为了适应新时期变化了的形势需要，要不断探索依靠群众的新方法，比如利用大众传播媒介传播快而广的特点，适度公布案情，发动群众提供线索；实行公开悬赏、设立保密的群众举报犯罪线索的联系通道以及建立保护知情人、证人的制度，解除群众的后顾之忧，激发群众的斗志；树立群众见义勇为的典型，鼓励群众勇敢地同犯罪作斗争；加强公安基础工作，充分利用派出所这个联系群众的重要窗口，搞好派出所的社区警务工作；采取多种形式组织群众参加社会治安综合治理，建立健全基层治保组织、内保组织、治安联防组织，使其成为公安机关的一支重要辅助力量。

总之，专门工作与群众路线相结合就是把侦查工作建立在充分发动群众和依靠群众的基础上，积极发挥专门侦查手段的作用，大力加强侦查专门工作，在侦查的各个环节注入科技思想和科技动力，走“科技强警、科技兴警”之路，专群结合，两条腿走路，是新时期刑侦工作的坚实基础和力量源泉，也是中国侦查工作的优势和威力所在。

第二节　实事求是原则

实事求是，一切从实际出发，是马克思主义理论宝库的精髓，是我国社会主义国家的立国之本，同时也是侦查学的一个根本的指导思想。实事求是就是一切要从实际出发，尊重客观事实，按照客观事物的本来面目去认识事物，并如实加以反映。

侦查中的实事求是原则，就是要求侦查人员在具体侦查过程中，必须从每个具体案件的实际情况出发，以收集的证据为依据，研究具体的犯罪嫌疑人与犯罪事实之间的联系，认定犯罪。

一、坚持实事求是的必要性

（一）坚持实事求是是侦查工作性质和任务决定的

侦查是一项执法活动，是刑事诉讼的重要阶段，“以事实为依据，以法律为准绳”的刑事诉讼基本原则同样适用于侦查活动。就侦查结果而言，其过程和结果常常关系到一个公民的人身自由，以至生命权利。因此，侦查人员必须坚持实事求是的思想作风和工作态度，不放纵坏人，也不伤害无辜。

（二）坚持实事求是是由侦查认识活动的逆向性特点决定的

侦查中，认识活动的最大特点就是认识的逆向性，是对“既往的犯罪事实”的认识和查证，由于侦查人员面对的大多是过去的事实，不可再现，侦查人员只能通过联想、假设、推理等方式重现犯罪的原因和过程，并以此制订相应的侦查计划去发现和收集相关的线索和证据，必然要经历一个从不知到知的认识过程。从逻辑上讲，正确的推理必须建立在正确的前提和基础之上，这个正确的前提和基础就是侦查人员所掌握的真实可靠的证据材料，运用证据进行逻辑证明，才能查清案件的本来面目，这就必然要求在侦查工作中坚持实事求是的原则。

（三）坚持实事求是是犯罪活动的复杂性决定的

犯罪分子为了逃避打击，转移侦查视线，常常毁灭证据以割断与案件的因果联系，有的反侦查意识强烈的犯罪分子对现场进行伪装，制造各种假象，设置圈套来迷惑侦查人员，造成案件真假难辨，使侦查人员在分析案情、确定侦查方向和范围时发生错误。另外，现场上的犯罪信息都存在一个产生、持续、消亡的过程，由于自然因素的影响，可能使某些对侦查破案有价值的犯罪信息消失或遭到破坏，客观上增加了侦查人员认识案情的难度。侦查中，只有坚持实事求是的原则，运用唯物主义的认识论、方法论，才能从纷繁复杂的犯罪案件中去粗取精，去伪存真，从而准确地揭露、证实犯罪。

二、坚持实事求是的要求

由于犯罪行为去而不返，过去的犯罪行为和犯罪事实是一种时间和空间的终结。侦查行为需要认识的犯罪行为与事实中的犯罪行为存在着一定的时空差距，那么侦查人员又如何穿越时空差距，认识已经发生的犯罪行为呢？这就需要认真的调查，收集到真实可靠的证据，运用证据进行逻辑证明，查明案件的真相。

（一）要求侦查人员重证据、重调查研究，不轻信口供

所谓重证据，就是要尊重客观事实，并依据这些客观事实认定案情和处理案件。在收集证据时，既要收集能够证明犯罪嫌疑人有罪和加重其刑事责任的证据，又要收集能够证明犯罪嫌疑人无罪或减轻其刑事责任的证据。对收集到的所有证据分别从不同的角度细致、谨慎地予以审查判断以及查证，以确定其真伪以及与案件事实之间是否存在客观联系，只有收集到充分确凿的证据，才能准确地认定案件事实，提高办案质量。

所谓“重调查研究”是指侦查过程本身就是一个实践的过程，要获取对案件事实的全面认识，就必须经过实践—认识—再实践—再认识的过程。这一过程就是一个对证据的发现、收集、核实、运用的反复调查、研究的过程。只有广泛深入地调查研究，紧密依靠、深入发动群众，充分利用技术手段才能有效地发现和获取符

合客观实际的证据，才能澄清嫌疑，透过现象认识本质，由此及彼，去伪存真，作出符合实际情况的结论。

不轻信口供是指对于犯罪嫌疑人的口供在查证属实之前，不论是认罪的供述，还是否认罪行的辩解，都不能轻易相信。由于犯罪嫌疑人与案件的处理存在着直接的利害关系，其口供的虚伪性很大甚至全是谎言，所以在侦查中，对犯罪嫌疑人的口供，必须持十分谨慎的态度，不能轻易相信，更不能仅凭口供作为处理案件的唯一依据。口供只有查证属实，才能作为定案证据使用。

（二）要求侦查人员全面、细致地开展侦查工作

全面、细致就是全面了解与案件有关的情况，凡是与犯罪有关的地点都要勘验，凡是与案情有关的物证都要提取，凡是与案情有关的单位和个人都要进行调查，不能放过任何看来是细枝末节、不引人注目的线索，不能忽视现场上任何细微的痕迹，特别是微量物证的收集，不能凭主观想象而任意取舍；绝不能仅仅根据案件的某个情节或部分材料就轻易下结论；收集到的各种证据必须查对核实，确定其可靠程度；对证据中的矛盾，要反复核实，澄清疑点，这样使证据在侦查中真正能发挥作用。

（三）要求侦查人员要充分发扬民主，敢于坚持真理、修正错误

在侦查中，不论是现场勘查、分析判断案情、制订侦查计划，还是采取侦查策略措施，部署侦查工作，侦查人员尤其是侦查指挥员都要充分发扬民主，听取不同的意见和主张，这样可以集思广益，充分调动侦查人员的主观能动性。在侦查中，符合案件事实的证据和认识要坚持，对于不符合案件事实的证据和材料，要坚决予以纠正，力求主客观相符，达到准确破案的目的。

总之，实事求是，就是要求我们对具体情况、具体问题要作具体分析，要尊重客观事实，探索事物的本质规律，不主观臆断，不先入为主，不迷信经验，充分依靠群众和侦查科技手段，收集充分和确凿的证据，准确认定犯罪事实和犯罪人。

第三节　遵守法制的原则

社会主义法制集中代表了广大人民的意志和利益，侦查行为是诉讼行为，在侦查中坚持遵守法制原则是刑事诉讼本身的要求，侦查工作必须严格遵守法制，严格依法办案，才能实现揭露犯罪、惩罚犯罪，保障国家安全和社会公共安全，维护社会主义秩序的宗旨。

在侦查中遵守法制的原则就是要求侦查人员在办案过程中严格遵循《刑事诉讼法》和其他有关法律规定。它大体包括两方面的内容：一是程序合法，即侦查活动要严格依照法定的程序进行，包括遵守法定的形式、遵守法定时间并履行法定

的手续；二是实体合法，即侦查人员适用法律要把案件事实与法律规定恰当地结合起来，以法律的规定作为处理案件的客观尺度。法律是必须普遍遵守的规范，侦查人员必须严格执行法律。

一、转变“重实体，轻程序”的观念，做到程序与实体并重

在侦查实践中，侦查人员普遍存在着“重实体、轻程序”的错误观念，不少侦查人员认为只要是为了打击犯罪，遵守办案程序与否“无所谓”。现代刑事诉讼理论提出：实体真实与程序正当是刑事诉讼制度所追求的双重价值目标，程序公正是实现实体公正的前提，实体公正是程序公正追求的目标。要将实体公正作为侦查工作的价值取向，将程序公正作为实现这一价值取向的根本保障，坚持两者的有机统一。我国《刑事诉讼法》和《公安机关办理刑事案件程序规定》，从程序上规定了侦查部门在办案中，采取各项侦查措施调查取证时，应当遵循的程序、步骤和基本原则。侦查人员在办案过程中必须严格遵守这些规定。

二、树立“打击犯罪与保障犯罪嫌疑人的合法权利并重”的理念

传统的侦查理论认为，侦查作为诉讼的第一道工序，应以打击犯罪为第一要务，以提高破案率，“抓住战机”、“积极侦查”、“及时破案”为价值取向。由于历史的原因，长期以来，不尊重犯罪嫌疑人的权利，随意侵犯人权的现象时有发生，这与当今世界保障人权，程序公正的执法理念是相悖的，如果不树立这一理念，使打击犯罪与保障人权保持平衡，就很难开创公正文明执法、尊重人权的新局面。侦查机关在办理刑事案件的过程中一定要保障犯罪嫌疑人依法享有的权利。在侦查阶段，犯罪嫌疑人依法享有的权利主要有：了解自己涉嫌何种罪名，并根据事实和法律，提出材料和意见，辩解自己无罪和罪轻的权利；拒绝回答与本案无关的问题的权利；使用本民族语言文字进行诉讼的权利；对侦查人员侵犯公民诉讼权利和人身侮辱的行为提出控告的权利；亲笔书写笔录和对笔录进行阅读、听读、提出补充、修改意见的权利；知道用作证据的鉴定结论和提出申请补充鉴定或者重新鉴定的权利；要求工作人员回避的权利；未成年犯罪嫌疑人在被讯问时，可以要求通知其法定代理人或监护人到场；第一次讯问后或者被采取强制措施后，有权聘请律师为其提供法律咨询、代理申诉、控告等。

三、严禁刑讯逼供

刑讯逼供，是指侦查人员对犯罪嫌疑人使用肉刑或者变相肉刑，逼取口供的行为。口供具有取得容易、证明价值高等特点，故而其深得侦查人员的“偏爱”，但它会使侦查人员产生工作惰性，办案时过分看重口供，甚至不惜以侵犯犯罪嫌疑人

基本人权为代价，对其进行缺乏人道的肉体或精神的摧残折磨，来达到获取“口供”的目的。目前绝大部分国家，对刑讯逼供都持否定态度，在美国，法律不仅排除因刑讯逼供而获得的证据，就是因违法取证行为而间接获取的其他证据——“毒树之果”，也一概予以排除。我们党和政府历来主张办理案件要重证据，重调查研究，严禁逼供。毛泽东同志早在1940年就明确指出：“对任何犯人，应坚决废止肉刑，重证据而不轻信口供。”1972年又尖锐地批评刑讯逼供是“法西斯式的审查方式”，“应一律废除”。我国《刑法》、《刑事诉讼法》都明文规定禁止刑讯逼供。它不仅严重侵犯公民人身权利，还容易造成冤假错案，从而伤害无辜，放纵真的犯罪分子，危害极大，必须杜绝。因此，侦查人员在办理案件的过程中，要把主要精力放在调查研究上，放在除口供之外的其他证据的收集上，不能在缺乏证据的情况下，强取犯罪嫌疑人的口供。

四、侦查中如何贯彻遵守法制原则

遵守法制总的要求是侦查人员要坚持法律面前人人平等，坚持有法必依、执法必严、违法必究。

（一）要求侦查人员必须学法、懂法

侦查工作不仅要求侦查人员了解和掌握有关的实体法，如刑法，还要求侦查人员掌握刑事诉讼法和其他相关的法律法规，掌握其基本内容和精神实质，精通各种侦查行为的性质、适用范围和程序。侦查人员知法是其执法、守法的前提和基础。

（二）侦查人员在侦查过程中必须严格执法

侦查人员在侦查过程中必须严格执法，认真做好侦查各个环节的工作，特别是应当严格遵守刑事诉讼法和其他侦查法规有关侦查的规定。如要严格按照立案条件、立案标准和管辖范围立案，认真执行侦查中的立案、破案、销案等的管理制度和审批制度。案件侦查中运用的侦查措施，特别是秘密侦查措施手段的运用，应严格遵守刑事诉讼法及有关法规的规定，对于强制措施的运用，一定要符合法律规定的范围和条件，确实保障公民的合法权益。

（三）在侦查过程中，侦查人员要秉公执法，刚正不阿，不徇私情，这是坚持遵守法制原则的重要保证

秉公执法、刚正不阿、不徇私情既是每个侦查人员都必须具备的优良道德品质和职业道德，也是解决侦查中执法水平滞后于立法水平问题的重要途径。只有侦查人员具备了这样的品质，才能保持法制的严肃性，才能树立起侦查机关的崇高威信。

（四）对于在侦查中违反法律规定的行为必须严格追究

对侦查人员违反法定的办案程序所获得的证据，根据相应的规定不得进入诉讼

证据体系，对于侦查人员个人违法行为，如对徇私枉法、不依法办案的侦查人员，对犯罪嫌疑人采取刑讯逼供，采取威胁、利诱、欺骗以及其他非法手段收集证据的行为等要坚决予以追究，如此才能使遵守法制原则在侦查过程中得到全面贯彻。

随着依法治国方略的实施，民主与法制不断发展和完善，犯罪嫌疑人的维权意识愈来愈强，尤其是我国已加入 WTO，我国政府已经签署了《公民权利和政治权利国际公约》等反映国际刑事司法准则的国际公约，这就意味着一些国际社会普遍接受的侦查理念和规则，必然会逐渐为我国所接受和推行，对侦查工作的法制化要求也越来越高，侦查工作必须纳入法治的轨道。

第四节 快速反应的原则

快速反应，是指侦查部门在接到报警后，能够迅速出击，果断决策，及时制止、控制犯罪，部署侦查，缉获犯罪嫌疑人。侦查工作 16 字方针中有 12 字强调了时间性，充分说明快速反应在侦查破案中的重要作用。

一、侦查中坚持快速反应原则的必要性

（一）快速反应是有效地打击犯罪的重要保障

快速反应是获取犯罪证据、抓获犯罪嫌疑人的重要保证，在当前的侦查工作形势中，犯罪嫌疑人作案的手段日益狡猾、人员流动性日益增大，如果侦查中不坚持迅速及时的原则，一方面造成犯罪嫌疑人成功逃脱的机会大大增加，另一方面人员的流动也为调查取证带来很大的难度。法国著名的犯罪学家艾德蒙·费加尔说过“侦查工作的头几个小时，其重要性是不可估量的，因为失去了时间，就等于蒸发了真理”。能否快速反应，直接关系到能否抓住战机破案。

（二）快速反应是适应刑事诉讼法关于侦查中使用的强制措施必须严守时限的需要

侦查作为一个诉讼阶段，其迅速及时的要求较其他诉讼阶段更迫切，特别是刑事诉讼法对各种强制措施适用期限的规定都很严格，如果侦查期间运用强制措施超过了法定期限，不仅会导致侦查的合法性受到人们的质疑，而且会影响到通过运用强制措施所获取的证据的证明力。

二、侦查中快速反应的基本内容

在侦查中，坚持快速反应原则的基本内涵就是：

（一）抓住战机

快速反应基本精神就是“快”，快速反应的目的就是要抓住战机，抓住战机就是要抓住线索、抓住证据，最后抓获犯罪嫌疑人。侦查的战机，是指在侦查破案过程中一切有利于发现、查获犯罪分子而不利于其逃避隐匿的时机。抓住战机，是争取侦查主动权的关键，由于刑事犯罪一般都是现行破坏，突发性强，犯罪分子作案快、逃跑快、销赃快、毁证灭迹快。战机稍纵即逝，侦查工作的时间性强，这是要求我们在侦查活动中，抓住案发不久，现场痕迹物证尚存，群众记忆犹新，案犯未及远逃，赃物、罪证未来得及转移、销售或毁灭等有利时机，快速反应，以快制快，先发制敌。

（二）积极侦查

“积极侦查”是对刑事侦查工作提出的基本要求。积极侦查，就是要根据对案情的科学分析，正确制定侦查方案，千方百计地运用法律赋予的侦查权利，充分发挥主动性、进攻性，及时地查明案情，获取证据，缉获犯罪嫌疑人。在专案侦查的设计指挥上，要坚持“主动进攻，先发制敌”的原则，积极创造条件，运用各种侦查措施和手段，开展侦查破案工作。

（三）及时破案

及时破案是侦查要达到的目的。刑事犯罪是直接现实的破坏活动，对社会治安秩序和人民生命财产的危害严重，如不及时揭露、打击，犯罪人就会继续实施犯罪，造成更大的危害，因此，对刑事犯罪而言，只要查清了基本犯罪事实、掌握了基本证据就应当及时破案。对严重暴力犯罪、重大预谋案件更要强调主动进攻，先发制敌，速战速决，及时破案，以避免给社会治安造成重大危害。对某些重大犯罪集团案件、涉外案件、跨境案件，在积极侦查，及时破案的方针指导下，同时要从斗争全局和长远出发，积极而艺术地选择破案的时机。

三、侦查中快速反应的要求

（一）侦查人员要具有雷厉风行、英勇顽强的职业作风

坚持快速反应的原则，侦查人员要有高度的政治责任感和雷厉风行的作风，对侦查破案有充分的信心和坚定的决心，一切行动都要神速果断，只要一接到报案，侦查人员就要迅速出击，勘查现场要快，判断决策要快，落实查缉措施要快。特别是侦查工作陷入僵局时，侦查人员更要坚韧不拔，沉着冷静，迎难而上，充分发挥其主观能动性，要积极开辟线索来源，积极寻找侦查突破口，不破案绝不收兵。

（二）建立一支快速反应的队伍和健全各种机制

为了实现快速反应，侦查机关必须建设一支常备不懈、快速反应的适应现代社会要求的高素质警察队伍。从接警、指挥、出警、处警、反馈等纵向五环节和速度、态度、装备、配合、处置等横向五要素上，对人员配置、警容装备、言行举止、处置配合进行规范，为快速反应创造条件。

本着科学、高效、精干的原则，建立和健全各种内部运行机制：

1. 指挥机制。以“110”指挥中心为核心，用先进的通讯工具，建立、健全侦查的指挥系统，实现统一指挥调度。

2. “多警联动”的协同作战机制。采取刑侦、治安、派出所、交警、巡特警分警种、分业务直接接处警模式，在日常的接处警中实行交警控线、巡特警控面、派出所控点的动态巡逻接处警工作机制，形成点、线、面相结合的全方位控制体系，构建巡、管、查、缉、控并举的打防控一体化快速反应警务机制，充分发挥多警联动、协同作战的作用，提高对犯罪嫌疑人的现场抓获率，提高处置突发事件和严重暴力性案件的能力。

3. 情报机制。包括建立和健全情报信息系统，建立丰富的情报信息来源，完备的数据库建设，现代化的计算机全程处理，充分利用网络传递情报、整合情报资源实现情报资源共享等。

4. 保障机制。配备必要的现代化的交通、通讯工具和武器装备等，并始终保持性能完好，随时处于待命状态。

总之，实现快速反应就是要在侦查的各个环节缩短反应的时间，一次成功的快速反应行动，无不是情报的准确性，决策的正确性，战斗组织的有效性，参战人员的协同性，装备的适应性以及后勤保障的及时性等诸要素的完美结合，只有切实搞好“快速反应”机制的建设，才能在侦查破案中以快制胜。

第五节　侦查协作的原则（略）

（见第十四章　“侦查协作”）

第六节　保守秘密的原则

侦查的双方始终处于一种破坏与反破坏，侦查与反侦查的活力对抗中，侦查双方尖锐对立，这种较量是在一条无形的隐蔽战线上展开的，没有固定的阵地和现场，并相互保持着自我一方的秘密性。任何一方失去秘密性，都会在斗争中处于不利的地位。这决定了侦查工作必须斗智、斗勇，必须运用周密、有效的策略去获取证据，揭露和证实犯罪人，而“谋成于密，败于泄”，任何泄密，都会给刑事犯罪分子逃避打击、对抗侦查提供可乘之机，保守秘密是侦查工作的必然要求。

保守侦查秘密原则，是指在侦查活动中严格禁止将案情、证据、当事人及诉讼参与人的有关情况向无关人员泄露。

一、侦查中保守秘密的内容

侦查中，需要保密的事项主要有：

（1）在立案前审查和侦查阶段不宜暴露的案件情况，如举报的事实；

（2）在侦查中涉及的被害人、证人及其他有关人员的隐私等；

（3）现场勘查情况和制订的侦查计划；

（4）在侦查中侦查措施的组织实施，秘密力量的布置等情况；

（5）在案件侦查中所使用的侦查手段；

（6）在案件侦查中摸底排队的对象；

（7）在案件侦查中获取的犯罪证据；

（8）在案件侦查中涉及的党和国家的机密。

侦查工作存在着自身的特殊性，具有这一工作的内在的保密性要求。整个破案工作从现场勘查、分析案情、确定侦查方向和范围，到审查犯罪嫌疑人，各个环节都需要严格保密。

首先，要对社会公众保密。在案件主要事实未查清之前，犯罪嫌疑人往往隐藏很深，与之进行的斗争是背对背的，为防止其闻风而动，大多侦查手段都是在秘密的情况下采取的；

其次，要对犯罪嫌疑人及其律师保密，犯罪嫌疑人即使被侦查讯问，也无权了解案件的侦破情况及证据情况，侦查机关在对犯罪嫌疑人讯问时，律师无权在场。律师只能向侦查机关了解其委托人涉嫌的罪名，无权了解案件情况；

再次，要对侦查机关内部的非办案人员保密，以防泄露案件内容；

最后，即使是对公开采取的侦查行为的结果，除将被用作定案依据的鉴定结论外，侦查机关无告知当事人的义务。

二、侦查中泄密的危害

（一）可能导致犯罪分子毁证、灭迹和逃跑

犯罪分子实施了犯罪行为后害怕自己的罪行被揭露而遭到刑罚的处罚，总是格外关注甚至积极打探侦查工作的动向及进展情况，并根据获取的信息来采取针对性的行动，以逃避侦查机关的打击，有的千方百计地去毁灭对其不利的证据，有的编

造各种与案无关的证据，有的买通他人充当自己的证人，这种“敌暗我明”的情况对侦查工作不利。侦查工作进展的详细情况一旦泄露，就会严重违背侦查工作自身特殊性质的要求，导致侦查工作进入误区、形成僵局。

（二）对案件的举报人、控告人及相关证人不利

只要犯罪分子还未归案，证人被打击报复的危险就未解除。犯罪分子对证人必然存在一种敌视情绪，如果其身份暴露，出于逃避打击、毁灭证据以及打击报复的心理就极有可能会对证人实施人身攻击及精神恐吓甚至杀人灭口。目前，在我国的司法实践中对证人缺少有效的保护机制，导致很多证人不愿、不敢去作证，有些正直的证人还因此遭受了严重的身心伤害，为了避免对证人的不利情况发生，侦查人员必须严守侦查秘密。

【实训设计】

侦查基本原则的体会

一、实训目的

通过实训，使学生能够在侦查实际业务中体会到侦查基本原则的要求以及侦查基本原则对侦查工作的指导性意义。

二、实训内容

1. 熟悉刑事案件侦查的步骤和方法；

2. 按案件侦查的要求进行运用侦查策略措施和相关方法、步骤进行侦查，注意在设计案件和案件侦查活动中对依靠群众、实事求是、快速反应、相互协作配合、遵守法制和保守秘密的内容体现，让学生能体会到侦查基本原则在侦查工作中的现实意义；

3. 根据案件侦查不同情况，按照侦查工作的实际情况，合理考虑侦查基本原则对侦查工作的指导意义。

三、实训器材

现场勘查箱、法医勘查箱、多波段光源、现场勘查灯、紫外灯、静电取迹仪、照相器材、通讯器材、交通工具、绘图记录工具、石膏制模器材及材料、保护现场所需要的器材、模拟现场、模拟审讯室以及有关刑事案件侦查所需的相关物品、法律文书材料和证件等。

四、实训方式

学生每15—20人一组，选择教室、学生宿舍、实训室或室外适宜做模拟室外现场的场地根据设计的案件、布置现场、分配角色和承担实训任务。按侦查人员的

构成，分工明确、责任分明的组织学生承当不同角色，在指导教师的指导下进行实训。在具体考虑设计案件和实训时，可因地制宜考虑各种基本原则对侦查工作指导性的体现，并根据教学内容的侧重点对相关内容有所选择或强调综合运用，也可根据不同的训练需要进行多次实训。

五、实训方法（略）

六、实训作业

（一）完成个人承担角色的实训任务；

（二）写出实训报告，要求说明实训目的、实训内容、实训方法、实训步骤以及心得体会。

第三编　侦查运行论

第十章　侦查程序

【案例导入】

2007年9月12日上午10点，某市贸易大学生活小区教授何某家中浓烟滚滚，邻居大声喊叫敲门无人应答，只好几人把门撞开入室救火。进入室内后邻居发现何某坐在客厅的沙发上，沙发燃烧得很厉害，何某已经死亡。邻居立即向公安机关报案。

公安机关立即赶到现场。死者所住是该大学去年才建成的高层楼房，为一套四室两厅的住宅。住宅装修高档豪华，明显高于一般消费水平。通过现场勘查，现场门窗没有损坏，没有明显撬压、翻爬的痕迹。大门是邻居强行进入救火时所损坏。几个房间都显得十分凌乱，东西扔了一地，显然被人翻腾过。书房更是一塌糊涂，所有抽屉、壁橱、箱柜都被打开。死者呈仰卧位躺在沙发上，背部、臀部已被烧焦。死者头颅的右侧顶枕部有一处条形挫裂创，该处头皮下有广泛的出血，颅骨呈粉碎性骨折。从损伤部位、形态、程度上看是被人用棍棒一类的钝器一次性重击头部，因颅脑严重损伤而立即死亡的。死者全身没有抵抗伤或其他生前损伤。死者的腹部和胸部还分别有一处轻微的死后伤，从损伤形态上看是小刀之类的利器所割伤。侦查人员在楼内垃圾道中找到了一根一尺多长的铁管。该铁管与死者头部的伤痕相吻合。该铁管不是何某家中所有的。侦查人员据此断定，这是一起入室抢劫杀人纵火案件，立即立案侦查。

据调查，何某的妻子早故，儿子又出国留学，家中只有他一人居住。何某近年来利用自己的专业技能与人合作发了一笔大财。但是他从不露富，为人低调谨慎，来往人员除了几个熟识的同事、学生外，就是亲戚。何某很少与外人来往，一般不是熟人不会随意开门。

公安机关根据现场情况和死者情况，断定三点：犯罪嫌疑人应对死者的家境比较了解，认识死者；犯罪嫌疑人与死者并不是很熟悉，对现场也不太熟悉；犯罪嫌疑人能堂而皇之携带工具进入死者家中。

公安机关对死者仅有的几位同事、学生、亲戚进行了摸底排查，均排除了作案的可能性。最后公安机关针对房屋刚刚装修的情况，对该房屋的装修工人进行了调查，确定了两个嫌疑对象——装修工人王某、于某。

侦查人员对王某、于某进行了讯问，两人交代了犯罪的过程。两个月前，两人到何某家中进行装修。两人发现何某家境富裕，并且家中常年只有何某一人在家。两人就萌发了犯罪的念头。两人在装修中表现得老实卖力，努力博得何某的好感，并承诺有质量问题一律保修。两人在安装电路的过程中故意留下一定的瑕疵，为以后上门留下借口。果然过了两个月，何某打来电话说电路出了问题，要求两人上门修理。两人便携带工具袋，内装一根铁管上门修理。在何某给两人指出问题时，一人绕到何某背后，用铁管狠狠砸向其头部。何某当场瘫倒在地，没有任何反应。两人急忙在房间内四处搜罗，把值钱的东西和现金全部装进工具袋。临走时两人觉得何某又动了一下，就用随身携带的小刀在其胸部和腹部尝试性地割了两下，何某没有任何反应，两人仍然觉得不放心，就将何某拖到沙发上将沙发点燃，将大门关好后离开现场。

第一节 启动程序

立案是刑事诉讼的开端，是每个需要追究刑事责任的案件都必经的诉讼程序。我国刑事诉讼法规定，侦查的开展必须经过立案程序，只有经过立案的刑事案件，才能对其进行侦查。立案是侦查的前提和合法依据。

一、刑事案件的受理

刑事案件的受理，是指侦查部门对有关刑事犯罪线索的接受与处理活动。刑事案件的受理是我国刑事诉讼法规定的一项重要的接受报案制度。它是公安机关没有正式立案前的程序，是公安机关了解案件、发现案件的重要途径，是侦查活动的起点，是依法立案的前提和基础。公安机关接受刑事案件的材料来源主要有：(1) 单位和个人的报案或者举报；(2) 被害人的报案或者控告；(3) 公民扭送犯罪嫌疑人和犯罪人的自首；(4) 其他途径。

《刑事诉讼法》第84条第3款规定："公安机关、人民检察院或者人民法院对于报案、控告、举报，都应当接受。对于不属于自己管辖的，应当移送主管机关处理，并且通知报案人、控告人、举报人；对于不属于自己管辖而又必须采取紧急措施的，应当先采取紧急措施，然后移送主管机关。"第4款规定："犯罪人向公安机关、人民检察院或者人民法院自首的，适用第三款规定。”

《公安机关办理刑事案件程序规定》第155条规定：“公安机关对于公民扭送、报案、控告、举报或者犯罪嫌疑人自首的，都应当立即接受，问明情况，并制作笔录，经宣读无误后，由扭送人、报案人、控告人、举报人签名或者盖章。必要时，公安机关可以录音。”

《人民检察院刑事诉讼规则》第120条规定：“人民检察院直接受理依照本规则第二章规定的由本院管辖的报案、控告、举报和犯罪嫌疑人的自首。对于不属于本院管辖的有关犯罪的报案、控告、举报和自首，也应当接受。”

（一）告知法律责任

为了既能充分保障单位或者公民行使控告、举报的权利，又能防止诬告、陷害事件的发生，接受控告或者举报的工作人员应当首先向控告人或者举报人说明必须实事求是地提供有关情况，对犯罪事实的反映必须做到客观准确；并向他们说明诬告应负的法律责任以及控告、举报的权利和义务。对错告或者举报失实的，侦查人员应对其进行必要的教育；对故意捏造事实、有意诬告并构成犯罪的，应当追究相应的刑事责任。

（二）立即接受，问明情况，制作笔录，并根据案件情况进行录音

凡是公民扭送、报案、报告、举报的或作案人自首的，无论是否属于自己管辖，公安机关都应当立即接受，不得拒绝或推诿；如果不属于自己管辖，接受之后再移送主管机关。

对于扭送、报案、报告、举报的，应当先问清情况，并制作询问笔录，经宣读无误后，由扭送人、报案人、控告人、举报人签名盖章；对于有扭送情况的，还应当对扭送人和被扭送人分别问明情况，制作笔录，签字盖章。根据案件情况的需要侦查部门也可以采用录音方式接受立案材料。但录音不应当代替笔录，录音和笔录应同时并用。制作笔录和录音时，必须客观真实地记载案件受理情况，不允许人为地夸大和缩小，更不许故意地编造和歪曲。笔录要重点突出，详略得当，录音要客观全面，音质清晰。

（三）填写《受理刑事案件登记表》

接受案件后，应在24小时内填写《受理刑事案件登记表》，其内容包括报案人（控告人或举报人）和犯罪嫌疑人的基本情况、报案方式、发案时间地点、简要案情、领导批示、处理结果等项目。《受理刑事案件登记表》是侦查部门在接受案件材料后，认为属于自己管辖的案件，根据受案笔录填写的报送县级以上公安机关主管负责人进行审查决定处理的文书。《受理刑事案件登记表》作为侦查部门决定立案侦查、不予立案或移送其他机关处理的原始资料，要妥善保管，存档备查，不能丢失或随意处理。

（四）紧急措施的先行采取

这里所讲的紧急措施，是广义上的紧急措施，它既包括对案件的紧急处置，也包括对犯罪嫌疑人采取的强制措施。它是侦查部门在立案前采取的应急性侦查行为，它包括保护现场，收集、保全、固定第一手证据材料，包括抢救伤者、救火等处理现场紧急状况，还包括防止犯罪嫌疑人逃跑、行凶、自杀、毁证匿赃。侦查实践中，我们会遇到案件不属自己管辖又必须采取紧急措施的情形。对于这类紧急情况，侦查部门必须采取紧急措施，然后再办理移交手续。

（五）保障扭送人、报案人、控告人、举报人及其近亲属的安全

《刑事诉讼法》第85条第3款规定："公安机关、人民检察院或者人民法院应当保障报案人、控告人、举报人及其近亲属的安全，报案人、控告人、举报人如不愿公开自己姓名和报案、控告、举报的行为，应当为他保守秘密。"如果上述人员正处于危险之中或可能遭受伤害，应及时采取保护性措施，对上述人员采取各种手段进行报复，已经构成犯罪的应当追究其刑事责任，未触犯刑法的依法给予治安管理处罚或建议有关主管部门予以党纪、政纪处分。

二、立案审查

所谓立案审查，是指受理刑事案件部门对于获得的刑事案件线索进行的初步分析和调查。公安机关对所有的犯罪线索，不论来源于什么途径都应当进行审查。

（一）审查的内容

1. 审查犯罪事实是否实际发生、客观存在。

2. 审查是否需要追究犯罪嫌疑人的刑事责任。

3. 审查管辖权，即要查明是否属于受案机关和本级、本部门管辖。

（二）审查结果

1. 立案侦查。侦查部门对已受理的案件材料经审查认为，有犯罪事实存在，需要追究行为人的刑事责任，且属自己管辖范围时，应迅速予以立案。

2. 移送管辖。依据刑事诉讼法和其他相关规定，受理案件的侦查机关认为有犯罪事实存在、应追究刑事责任并且不属于自己管辖的案件，应在24小时内移送有管辖权的机关处理。移送管辖应经县级以上公安机关负责人批准，并签发《移送案件通知书》。

3. 告知自诉。对符合自诉条件的案件，受理案件的侦查机关应当将案件材料和有关证据送交有管辖权的人民法院，并告知被害人及其法定代理人、近亲属向人民法院自行起诉。根据刑事诉讼法的有关规定，自诉案件包括三种：一是告诉才处理的案件；二是被害人有证据证明的轻微刑事案件；三是被害人有证据证明对被告人侵犯自己人身、财产权的行为应当依法追究刑事责任，而公安机关或者人民检察

院作出不起诉决定的案件，被害人也可以直接向人民法院起诉。

4. 行政处理。实践中，侦查机关接受扭送、报案、控告、举报和自首的案件中，有大量是不构成刑事犯罪的一般违法案件。这些案件虽然不符合刑事案件的立案条件，但应该给予行政处理的，依照《治安管理处罚条例》及有关法律、法规，对当事人予以“治安处罚”或者“劳动教养”。

5. 不予立案。在实际工作中，不予立案的情形有三种：（1）没有犯罪事实；（2）虽有犯罪行为发生，但根据《刑法》第13条的规定，属于情节显著轻微，危害不大，不认为是犯罪的事件；（3）虽有犯罪行为发生，但行为人具有不需要追究犯罪责任的法定情形。以上三种情形只要具备一种，受案单位就应当制作《呈请不予立案通知书》，在7日内送达控告人。

三、立案

立案，是指侦查人员对已经受理的案件，经过审查，认为符合法定的立案条件，依法确立为刑事案件而进行侦查的一种诉讼活动。立案表示刑事案件的正式成立。它是办理刑事案件必须经过的诉讼程序，是公安机关进行侦查活动的法律依据，是刑事案件侦破工作开始的标志。立案是我国刑事诉讼活动中一个独立的诉讼阶段，与侦查、提起公诉、审判和执行阶段不同的是：立案阶段的任务只限于解决是否开始追究犯罪的问题，即公安机关通过对有关材料的审查，查明是否发生了犯罪行为，如果认为确有犯罪事实发生且需要追究刑事责任，则依法立案，决定进行侦查活动。立案是国家赋予公安司法机关的重要职权，根据我国《刑事诉讼法》的规定，只有公安机关、人民检察院、人民法院才有立案的权力和职责，其他任何组织、单位和个人都无权立案。

（一）立案的条件

1. 立案的事实要件——是否有犯罪事实发生。在刑事诉讼法中，需要立案追究刑事责任的，必须是依照刑法及立法机关的有关规定，构成刑事犯罪的行为。有犯罪事实是指有依照刑法的规定构成犯罪的行为，包括正在预备犯罪，实施犯罪，犯罪未遂、中止或者已经实施完毕的犯罪行为。因此，立案必须要有足以证明犯罪事实已经发生的证据材料，不能仅凭侦查人员的主观认识。当然，证明犯罪的所有事实和犯罪人的全部证据材料，要待立案后通过侦查或者审理去收集、证明，不能苛求在立案阶段全部完成。

2. 立案的法律要件——是否需要追究刑事责任。在刑事诉讼中，决定立案的必须是依法应当追究刑事责任的案件，对于情节显著轻微、危害不大、不认为是犯罪的以及依照《刑事诉讼法》第15条规定依法不需要追究刑事责任的，就不应当立案。

3. 是否属于自己管辖。刑事诉讼法对案件的管辖有严格的规定，立案必须按照管辖范围进行。我国《刑事诉讼法》第18条规定："刑事案件的侦查由公安机关进行，法律另有规定的除外。"所谓"法律另有规定"的案件主要是指法律规定由检察机关直接立案侦查的案件、危害国家安全的案件、军队内部发生的刑事案件以及罪犯在监狱内犯罪的案件。对于这些案件，应由检察机关、国家安全机关、军队保卫部门、监狱分别行使侦查权。其他刑事案件应当一律由公安机关决定立案后侦查。在公安机关内部，地区与地区、部门与部门以及不同级别的机关之间也有是否属于"自己管辖"的问题，原则上是谁管辖谁立案。《公安机关办理刑事案件程序规定》第18条规定："县级公安机关负责侦查发生在本辖区内的刑事案件；地（市）级以上公安机关负责重大涉外犯罪、重大经济犯罪、重大集团犯罪和下级公安机关侦破有困难的重大刑事案件的侦查。"

以上三个条件都是立案的必备条件，缺一不可。

（二）立案的程序

受理案件的部门经审查后认为符合立案条件的，应制作《刑事案件立案报告书》，在报告书中应写明案件类别、发案时间地点、线索来源、伤亡及财物损失情况、简要案情等。承办单位要签署意见，承办人和填写人要签名，并将填好的《刑事案件立案报告书》连同接受立案的材料一并报县级以上公安机关负责人审批。通过审批后，正式予以立案，并告知报案人。

（三）立案监督

立案监督是指人民检察院依法对公安机关的立案活动是否合法进行的法律监督。立案监督的主要内容有：（1）公安机关的立案是否符合法律规定的条件；（2）在具备法律规定的条件时，公安机关是否立案。立案监督的主要作用是保证准确、及时、合法地惩罚犯罪，防止和纠正有罪不究或者以罚代刑等违法行为，保护公民的合法权益，维护社会主义法制，保障国家法律的统一实施。

立案监督实际上是对不立案的监督，其实施主体包括人民检察院和控告人（主要是被害人）。《公安机关办理刑事案件程序规定》第164条规定，对于人民检察院要求说明不立案理由的案件，公安机关应该在7日内作出答复，并通知人民检察院。人民检察院认为不立案理由不能成立，公安机关应当在接到通知后的15日内决定立案，并将立案决定书送达检察院。立案监督可以通过两种方式实现：一是人民检察院依法行使司法检察权；二是控告人依法行使申请复议权、申诉权和自诉权。立案活动完成后，侦查工作正式启动。

第二节　运行程序

立案后立即进入侦查程序，侦查机关要根据案件具体情况和特点灵活运用侦查措施，查明案情，收集证据，揭露和证实犯罪，为下一步的起诉和审判打下良好的基础。

一、分析案情，拟订侦查方案

（一）分析案情

分析案情，是在现场勘验、调查访问的基础上，对初步占有的各种证据材料，加以综合分析、研究推理，从认识上再现案件发生的全过程。分析案情贯穿于侦查工作的始终，从立案侦查到发现嫌疑对象、获取犯罪证据、破案，都离不开分析案情。通过分析案情，能确定侦查方向和范围，制订侦查工作方案，为下一步的侦查活动打好基础。因此，侦查中应十分重视分析案情。

1. 案件性质。案件性质是对案件具体属性所作的界定。案件性质反映了侦查工作的方向和范围。这里值得一提的是，案件性质并不等同于刑法罪名。案件性质主要根据犯罪动机、犯罪方式等来确定，而刑法罪名有着严格的法律界定。

2. 犯罪时间。分析犯罪时间，主要是凭借获取有关犯罪时间的材料，运用回溯推理的方法，推断出作案人犯罪活动的时间点、时间段。

3. 犯罪地点。主要是分析研究作案人实施犯罪行为的具体地点，以及研究犯罪分子选择的犯罪地点与周围环境、犯罪时间、犯罪对象之间的联系，以便作为确定侦查方向和侦查范围的依据。

4. 犯罪行为事实。主要是对实施犯罪行为的后果及其形成过程的推断，包括犯罪的预谋活动、实施犯罪的过程、案后掩盖处理现场的方法等。

5. 分析作案人。一是分析推断作案人数；二是确定作案人的作案条件；三是刻画作案人的人身形象。

6. 确定侦查方向和范围。侦查方向一般是侦查范围的具体指向，具有纵向、空间的含义，而侦查范围是指开展侦查的地域、行业、人员范围，具有横向、广延的含义。准确地确定侦查方向和范围，有赖于对作案人条件的准确刻画，有赖于对案件性质的正确判断。

（二）拟订侦查方案

1. 侦查方案的概念

“凡事预则立，不预则废。”侦查方案，是依照侦查规律，在全面分析案情、研究案件特点的基础上，预先拟定案件侦查的总体部署、具体步骤和行动规范。依照《公安机关办理刑事案件程序规定》第165条关于“对疑难、复杂、重大、特别重大案件决定立案侦查的，应当拟定侦查方案”的规定，侦查部门只是对疑难、复杂、重大、特别重大案件决定立案侦查时才制定侦查方案，一般刑事案件，不必制订侦查方案。

侦查方案是案情分析的成果，是侦查部门正确组织、领导和指挥侦破工作的依据，是依法完成任务的保证。侦查方案对案件侦查起指导作用，它可以使侦查人员井然有序地开展工作，同时也使指挥人员心中有数，避免在工作中产生盲目性和片面性。侦查方案能提高侦查活动效率，避免失误。但侦查方案不是一成不变的，它可以随着侦查工作的深入开展不断调整、补充和完善，使侦查工作始终沿着正确的方向发展。

2. 侦查方案的内容

（1）立案的根据。包括案件发生、发现的时间、地点，当事人的基本情况及犯罪造成的后果等，并简要叙述通过审查立案材料所查明的犯罪事实等，应重点说明需要侦查的犯罪事实或犯罪嫌疑事实。

（2）对案情的分析判断。包括案件的性质、实施犯罪的时间地点、作案的手段过程、犯罪后果、侦查人员对作案人的刻画、侦查方向和侦查范围等。

（3）侦查工作的具体任务和拟采取的措施。

（4）侦查力量的组织和分工。根据侦查工作的具体任务和参加案件侦破的人员的特长、业务和思想素质等对人员进行明确分工。分工时应把主要力量都放在解决关键性问题上。

（5）必须遵守的制度和规定。侦查作为刑事诉讼的一个阶段，侦查行为必须获得法律的明确授权，不能超出刑事诉讼法和相关法律规定的范畴。

二、初步侦查，发现犯罪嫌疑人

初步侦查阶段的主要任务是选择正确的侦查途径，通过公布案情、摸底排队的方法，发现嫌疑线索，确定重点嫌疑对象，推进下一步侦查工作的深入开展。

（一）选择侦查途径

任何一起刑事犯罪案件的侦查活动，在客观上都存在着若干条可供选择的侦查途径。由于刑事案件的复杂性和特殊性，选择侦查途径要视情而定，因案制宜，因人施策。我们要选择一条最佳途径，即投入人力、物力、财力最少，花费时间最短而效果最好的途径。侦查途径的选择，直接关系到破案的速度和质量。

（二）发现犯罪嫌疑人

侦查途径选定后，侦查工作就是根据已经刻画的犯罪条件和犯罪特点在确定的范围之内开展深入细致的侦查工作，发现侦查线索，寻找犯罪嫌疑人。发现犯罪嫌疑人常用的方法有公布案情、摸底排队等。

凡是具有下列情况之一的人，可确定为重点犯罪嫌疑人：

1. 具备犯罪时间和动机条件，暂时没有取得证据的人；

2. 具备犯罪动机和部分间接证据，而犯罪时间和条件暂未查清的人；

3. 具备犯罪的某些间接证据，而犯罪时间和因素条件暂未查清的人；

4. 具有重大预谋犯罪活动迹象或掩盖罪行迹象的人。

确定重点犯罪嫌疑人虽然不需法定程序的认定，但也需要严格审查。除满足规定的条件外，还必须经有关领导批准。

三、深入侦查，认定犯罪嫌疑人

通过上述侦查工作的开展，确定了重点犯罪嫌疑人，侦查工作有了相对稳定的目标。侦查人员应继续深入侦查，取得充分的证据来证实重点犯罪嫌疑人的犯罪事实或者排除其嫌疑。

（一）严密监视控制重点嫌疑人

要根据案件的具体情况，采取相应的侦查措施对重点嫌疑人进行严密控制，及时掌握其活动的动向和同其他人员接触的情况，防止其转移赃物、赃款或者隐匿、销毁罪证，严防其畏罪潜逃或自杀。在监控中，要不失时机地获取犯罪证据。

（二）收集犯罪证据

对重点犯罪嫌疑人的查证，必须围绕获取证据来进行。侦查人员要采取询问证人、勘验检查、搜查、组织辨认 、控制销赃、讯问犯罪嫌疑人、鉴定等侦查措施全面收集证据。需获取的证据有三类：一是对赃物的获取；二是对鉴定样品的收集与获取；三是对现场遗留物和犯罪嫌疑人进行辨认。

（三）审查核实证据

证据是审判和定罪量刑的依据。侦查人员收集证据最直接的目的在于运用证据揭露和证实犯罪。而要做到正确地运用证据揭露和证实犯罪，就必须对证据进行审查核实。审查核实证据，是指办案人员对已收集的证据进行分析研究，鉴别真伪，以确定其与案件事实之间的客观联系的侦查活动。审查核实证据的基本内容有：

1. 证据的客观真实性。证据的客观真实性是指证据不依赖于侦查人员主观意识而独立存在的本质属性。由于证据的客观真实性不会自然而然地清晰地呈现在我们面前。因此，审查证据的客观真实性理应成为我们审查证据的一个重要内容。

2. 证据的相关性。证据的相关性，是指证据所反映的事实与案件之间具有一定的内在联系。与案件无关的证据，不论是否真实可靠，都不能在诉讼中使用。

3. 证据的合法性。证据的合法性，是指证据必须经过法定机关的法定人员，依照法定程序方法收集和保全的特性。刑事诉讼法和相关法律对收集证据的方法和要求作出了十分严格而具体的规定。只有严格依法收集的证据，才能保证其确实充分、真实有效，否则难以为法律所认可、难以为法庭所采信。因此，严格审查证据的合法性也是审查证据的重要内容。

4. 证据的关联性。证据的关联性，是指各个证据要相互联系、相互补充、相互印证，能够形成完整的证据锁链，能够一致指向犯罪嫌疑人的犯罪行为，能够证明案件的主要事实。如果收集的证据相互矛盾、形成的锁链存在一定的漏洞，就很难证明犯罪嫌疑人的犯罪行为，不能起到揭露和证实犯罪的作用，而侦查人员的侦查行为也就失去了意义。

四、破案

破案是侦查工作的结果，是揭露和证实犯罪嫌疑人犯罪行为措施的综合称谓。破案是指侦查部门对所立刑事案件，经过侦查，在有证据证明犯罪事实确实存在并确为犯罪嫌疑人所为的基础上，依法抓获犯罪嫌疑人或主要犯罪嫌疑人的一项侦查活动。

（一）破案的条件

如果案件性质已经确定，主要犯罪事实和犯罪嫌疑人已经查清，并取得了揭露和证实犯罪的主要证据，即可依照《刑事诉讼法》规定的程序，将犯罪嫌疑人缉拿归案，通过讯问，进一步追查和证实其犯罪。破案必须具备以下三个条件，缺一不可。

1. 查清犯罪事实。公安机关依据经过侦查所掌握的证据，确认有犯罪案件的发生，应当追究行为人的刑事责任，并查清了犯罪事实。这里的犯罪事实不是全部的犯罪事实，而是指在破案阶段符合立案标准的犯罪事实已经查清，案件就可以确定。如犯罪行为实施的时间、地点，行为人的犯罪动机、目的，犯罪的手段、对象，犯罪的后果等，这些都是需要查明的事实，但是，在破案阶段并不需要将这些内容全部查清。

2. 有证据证明犯罪事实是犯罪嫌疑人实施的。有证据证明犯罪事实是犯罪嫌疑人实施的，是指经过侦查已经弄清究竟是谁实施了犯罪行为，并获得了相应的证据；这些证据相互印证，能够证明犯罪嫌疑人的犯罪行为，起到揭露和证实犯罪的作用。

3. 犯罪嫌疑人或主要犯罪嫌疑人已经归案。犯罪嫌疑人或主要犯罪嫌疑人已经归案，是指一人作案的犯罪嫌疑人必须抓获；两人以上共同作案的，主要犯罪嫌疑人必须抓获；犯罪集团作案的，首要分子和主要实施犯罪的嫌疑人必须抓获。这一条件包括两层含义：一是发生了案件并抓获了犯罪嫌疑人才能视为破案，仅仅知道犯罪嫌疑人是谁但尚未抓获归案不能视为破案；二是共同犯罪案件中，必须抓获了主要犯罪嫌疑人才能视为破案，已抓到了从犯和胁从犯，不能视为破案。

（二）破案时机的选择

破案时机的选择是破案前准备工作的一个重要问题。通常情况下，刑事案件只要具备了破案条件，就应当及时破案。但是，某些特殊情况下，破案过早或过迟都会给侦查工作带来极大的麻烦和不可弥补的损失。侦查人员应根据具体情况掌握破案时机分别采取提前破案、延缓破案和破案留根。

1. 提前破案。具备下列情形之一的，可提前破案：第一，案件的主要事实已经查清，需要进一步侦查，但犯罪嫌疑人有可能逃跑、毁灭证据或者继续进行犯罪的；第二，对重大暴力性案件，确认其有犯罪预备行为的；第三，对于有组织犯罪、带有黑社会性质犯罪的案件，初步掌握证明其犯罪证据材料的。

2. 延缓破案。具备下列情形之一的，可延缓破案：第一，破获本案可能影响其他案件侦查的；第二，共同犯罪案件中，决定破案可能引起其他犯罪嫌疑人逃跑、毁坏证据的。

3. 破案留根。针对重大的犯罪集团案件、内外勾结的走私、贩毒案件，从全局的需要出发只局部破案，利用特情深入犯罪分子内部侦查，将剩余的犯罪分子或更大的犯罪集团一网打尽。

（三）拟订破案计划

在破案条件具备、破案时机成熟后，应拟订破案计划，使侦查工作有个完满的结束。破案计划的内容主要包括：

1. 主要案情、侦查结果、获取的证据材料和破案的理由；

2. 侦查力量的组织与分工、强制措施的执行情况；

3. 破案后的处理工作。

（四）破案的程序

1. 制作《呈请破案报告书》。《呈请破案报告书》是侦查人员认为破案条件已经具备时制作的，报请领导审批的表格式文书。

2. 报批。公安机关经过侦查，对于符合破案条件的一般案件，办案部门应当制作《呈请破案报告书》。重特大、复杂疑难、有影响的案件应当更详细、更具体，并连同案件材料报县级以上公安机关负责人批准，才能宣布破案。县级以上公安机关负责人需要审查破案材料和破案报告。同时，办案部门或办案单位应当按照《呈请破案报告书》正文部分的四项内容要求，认真制作《呈请破案报告书》。

3. 办理强制措施的法律手续。侦查人员应当根据案件的性质和犯罪嫌疑人的具体情况，分别决定对犯罪嫌疑人采取何种强制措施，如监视居住、取保候审、拘留或逮捕等，并且按照法律、法规的要求，办理相应的法律手续。

4. 合理组织破案力量。组织破案力量是搞好破案的关键环节。为了合理地组织破案力量，办案人员应当充分考虑到案件的性质、社会危害后果以及犯罪嫌疑人的人数、性别、个人特征、体质状况、反抗程度等，并根据上述情况认真组织破案力量。特别是对于严重暴力性犯罪案件，在组织力量时，应当选派精干人员，必要时可以请武警给予协助。在组织分工中，既要分工明确，又要密切配合，防止犯罪嫌疑人逃跑、自杀、行凶和毁灭证据等行为的发生。

5. 抓捕犯罪嫌疑人。在确定应采取的强制措施种类、办理相关法律手续并组织好破案力量后，应当立即执行拘留或逮捕以剥夺犯罪嫌疑人的人身自由，或者执行取保候审或监视居住以限制犯罪嫌疑人的人身自由。对于那些不需要采取强制措施的，也必须采取有效的方式方法，使其行为受到有效控制，以免造成不应有的后果。

6. 讯问犯罪嫌疑人。对犯罪嫌疑人采取拘留或逮捕后，应当及时与看守所取得联系，将犯罪嫌疑人迅速安全地送到看守所羁押。同时，按照有关法律的要求，对其进行讯问，核实查清的案件情况、印证获取的证据材料。

第三节　终结程序

侦查终结，是公安机关、人民检察院、国家安全机关、军队保卫部门和监狱等有法定侦查权的机关，对自己立案侦查的刑事案件，认为案件事实和证据已经查清，不需要继续进行侦查时，对侦查工作作出结论和对案件作出进一步处理的活动，是侦查的最后程序。侦查终结作为侦查阶段的最后程序，是对侦查工作所作的全部总结。经过侦查终结，案件事实已经查清，获取了充分、确实的证据，为下一诉讼阶段的起诉工作打下了良好的基础，或者及时作出撤销案件的处理。因此，侦查终结是介于刑事诉讼过程中侦查阶段和起诉阶段的交叉点上的一道重要程序，它对于全面总结、科学评价侦查工作和为起诉工作奠定良好的基础，对进一步准确、及时追究犯罪分子的刑事责任和保障无罪的人不受刑事追究，都具有非常重要的意义。

一、侦查终结的条件和要求

根据刑事诉讼法规定，侦查终结程序应当同时符合下列条件和要求：

1. 案件事实清楚。案件事实包括犯罪嫌疑人的行为已具备犯罪构成的各个要件，情节的轻重等都已查清，经侦查不构成犯罪的事实也已查清。

2. 证据确实、充分。证据材料必须来源可靠，足以证明案件事实，全案证据没有矛盾或已排除矛盾，协调一致，形成完整的证据体系。

3. 法律手续完备。侦查过程中依法形成的文书和履行的法律手续完整齐全，采取专门调查和有关强制措施的各种法律文书及报批手续齐备，并符合法定要求。

4. 定性定罪准确。主要指罪与非罪的界限、此罪与彼罪的界限以及犯罪的情节轻重的界限都已划清，已经符合起诉的基本要求。

二、侦查终结案件的处理

（一）提出起诉意见

对于行为已构成犯罪并且依法应追究犯罪嫌疑人刑事责任的，侦查人员应当提出起诉意见，并制作《起诉意见书》一式三份，经县级以上侦查机关负责人批准后，一份存入《侦查卷》，两份随《诉讼卷》和证据一并移送同级人民检察院审查。

（二）提出撤销案件意见

根据《公安机关办理刑事案件程序规定》第168条，撤销案件包括下列几种情形：

（1）没有犯罪事实的；

（2）情节显著轻微、危害不大，不认为是犯罪的；

（3）犯罪已过追诉时效期限的；

（4）经特赦令免除刑罚的；

（5）犯罪嫌疑人死亡的；

（6）其他依法不追究刑事责任的。

以上六种情形只要具备其中之一就应当撤销案件，或者终结侦查。

对于应当撤销的案件，侦查机关应当制作《呈请撤销案件报告书》，经县级以上侦查机关的负责人批准后，再依据侦查机关负责人审核批准的《呈请撤销案件报告书》制作《撤销案件通知书》。

侦查机关决定撤销案件，如果犯罪嫌疑人已被逮捕在押，应当依据《公安机关办理刑事案件程序规定》第169条的规定，立即释放，发给释放证明，并及时通知原批准逮捕的人民检察院。此外，应立即撤销该强制措施，并按有关规定办理相关法律手续。

三、扣押物品的处理

（一）随案移交

经过审查，对那些能够证明案件事实和情节的物证、书证和视听资料等，应当依法随案移交给同级检察机关，并制作《随案移交物品清单》。

（二）发还

经过审查，对那些与案件无关的物品，或者虽然有关但案情已不需要继续留存的物品，应依照有关规定，及时发还原物品持有单位或个人，并制作《发还物品清单》。

（三）没收

经过审查，对那些供犯罪嫌疑人犯罪所用的本人财物，如果不宜随案移交，可以予以没收。对没收的财物，一律上缴国库，不得挪用和自行处理。对于容易腐败变质或其他难以保存的物品，经县级以上侦查机关负责人批准，制作《销毁物品清单》，可委托有关部门作价变卖，所得价款上缴国库。

（四）暂予保存

根据《公安机关办理刑事案件程序规定》，对于查获的不宜随案的物品、文件，应当拍成照片存入卷内，并在《罪证物品清单》上注明存放的地点，原物由侦查机关暂予保存。

四、侦查案卷组卷归档

（一）诉讼卷

诉讼卷也称主卷，是侦查机关在侦查终结后移送同级人民检察院审查起诉的案卷。一卷是诉讼文书、技术性鉴定材料卷，内容主要包括采取强制措施和律师介入、起诉意见书等程序性文书和各种技术性鉴定结论的文书等。另一卷是证据材料卷，内容主要包括证明犯罪嫌疑人犯罪事实的证据材料。

（二）侦查工作卷（公安内部材料卷宗）

侦查工作卷也称副卷，是装有侦查活动中的各种请示报告、领导批示、计划和法案等有关材料的卷宗。

（三）保密卷

保密卷是装有侦查活动中保密材料的卷宗，包括侦查中使用的秘密侦查手段，或案件中涉及国家的机密文件等。保密卷由侦查机关专门保存，其他人员或单位一般不能查阅。

五、补充侦查、要求复议、提请复核

（一）补充侦查

《刑事诉讼法》第68条规定：人民检察院对于公安机关提请批准逮捕的案件进行审查后，应根据情况分别作出批准逮捕或者不批准逮捕的决定。对于不批准逮捕的，人民检察院应当说明理由，需要补充侦查的，应当同时通知公安机关。人民检察院审查案件，对于需要补充侦查的案件主要有两种情形：一是提请批准逮捕的案件，检察机关认为案件证据不足或犯罪事实不清，而退回补充侦查的；二是公安机关侦查终结后，移送检察机关起诉，而检察机关认为犯罪事实不清、证据尚不确实充分或者遗漏罪行或同案犯人的，退回公安机关补充侦查的。

（二）要求复议

要求复议是指公安机关对同级人民检察院不批准逮捕决定或不起诉决定认为有错误时，依法要求同级人民检察院对其原决定重新进行审议的一种活动。根据《刑事诉讼法》第70条和第144条的规定，公安机关要求复议有以下两种情况：

1. 公安机关认为人民检察院不批准逮捕决定有错误时，可以要求同级人民检察院复议。按照有关法律、法规的要求，公安机关在收到人民检察院不批准逮捕决定后，应当立即释放在押的犯罪嫌疑人或变更强制措施，并将执行回执在收到不批准逮捕决定书后的3日内送达作出不批准逮捕决定的人民检察院。

对于人民检察院不批准逮捕的决定，公安机关认为有错误需要复议的，应当在5日内制作《要求复议意见书》，报经县级以上公安机关负责人批准后，送交同级人民检察院复议。

2. 公安机关认为人民检察院不起诉的决定有错误时，可以要求同级人民检察院复议。按照有关规定，公安机关在收到人民检察院作出不起诉的决定后，7日内制作《要求复议意见书》，经县级以上公安机关负责人批准，移送同级人民检察院复议。

（三）提请复核

提请复核是指公安机关对于人民检察院不批准逮捕和不起诉的决定认为有错误时，向同级人民检察院要求复议未被同级人民检察院接受后，而提请上一级人民检察院重新核查案件的一种侦查活动。提请复核也有两种情况：

1. 公安机关要求同级人民检察院复议不批准逮捕决定的意见未被接受后，而向上一级人民检察院提出的复核。公安机关要求复议的决定未被同级人民检察院接受后，认为需要复核的，应当在5日内制作《提请复核意见书》，报经县级以上公安机关负责人批准，连同同级人民检察院的《复议决定书》一并提请上一级人民检察院复核。

2. 公安机关要求同级人民检察院复议不起诉决定的意见未被接受后，而向上一级人民检察院提出的复核。按照有关法律、法规的要求，公安机关要求复议的意见未被接受的，如果认为有复核的必要，应当在7日内制作《提请复核意见书》，经县级以上公安机关负责人批准，连同有关材料一并报请上一级人民检察院复核。

【实训设计】

学生通过对以上内容的学习，根据章首的案例，完成以下侦查文书：

一、制作《受理刑事案件登记表》（附受理刑事案件登记表）；

二、根据现场情况分析案情，指出公安机关对犯罪嫌疑人三点情况分析的根据。

三、根据案情拟定相应的侦查方案。

受理刑事案件登记表

编号：

<table>
<tr><td rowspan="2">报案人</td><td>姓名</td><td></td><td>男、女</td><td>岁</td><td>住址</td><td colspan="2"></td></tr>
<tr><td>单位</td><td colspan="2"></td><td>电话</td><td></td><td>报案方式</td><td></td></tr>
<tr><td colspan="2">发案时间</td><td colspan="2"></td><td>发案地点</td><td colspan="3"></td></tr>
<tr><td rowspan="2">犯罪嫌疑人</td><td>姓名</td><td></td><td>男、女</td><td>岁</td><td>单位及住址</td><td colspan="2"></td></tr>
<tr><td colspan="2">特征及特殊标记</td><td colspan="5"></td></tr>
<tr><td colspan="8">简要案情（受害情况、损失物品数量、特征）：</td></tr>
<tr><td colspan="8">领导批示：</td></tr>
<tr><td colspan="8">处理结果：</td></tr>
</table>

受理人：　　　　　　　　　　　受理时间：　　年　　月　　日

第十一章　侦查模式

【案例导入】

某年某月某日，厦门市公安局禁毒支队的会议室里空气凝重。因为刚刚从福建省公安厅禁毒总队传来消息，据可靠情报，有一个贩毒团伙正在厦门寻找买主，打算出售一大宗毒品。厦门市公安局禁毒支队经过缜密调查，找到了在厦门的买货人并将其控制住，让这个买主配合警方破案。按照警方的设计，他们是要通过买方的线索找到卖方，打掉贩毒团伙，追缴毒品。经查货主绰号大郑，买卖的中间人叫小蒋。经过一段时间经营，货主大郑提出他有30公斤以上的冰毒，最后确定双方以4.3万元（每公斤）成交。要求买方准备好150万元现金，见了钱他交货。专案组准备150万元现金。双方敲定：10月17日中午11点，交货地点在厦门市湖光路咖啡厅。交易的当天早晨，专案组4路人马全部到位。专案组民警对这个现场进行了精心的布控和认真的观察，从这里一直到咖啡厅外围一公里的范围内，已经形成了多重包围。上午10点钟，卖货人大郑、中间人小蒋出现在侦查员的视线当中。他们在市区一家旅馆门前碰了面。然后搭上一辆出租车往交易地点驶去。大郑的车绕着咖啡厅兜了四五圈，才停下来。等小蒋拖着箱子走进咖啡厅以后，货主大郑又出现在门口。大郑在门口观望了足足10分钟，确信没有危险了，也走进了咖啡厅。几分钟后，里面发出信号，大郑已经出示了毒品，正在交易。战斗立即打响。在只有3平方米的房间内，大郑左冲右突，企图夺路逃跑。经过长达15分钟激烈的搏斗，大郑、小蒋终于束手就擒。警方在咖啡厅共抓获犯罪嫌疑人3名，当场缴获15公斤冰毒，之后又在大郑住的旅馆里搜出19公斤，总计34公斤冰毒。

第一节　侦查的构造模式

侦查模式是侦查制度系统的结构特征和侦查运行程序的表现形式，侦查模式不是侦查制度系统和侦查运行程序本身，而是对该类系统的特征和运行规律的提炼和抽象。侦查模式反映的是侦查制度系统的结构要素之间的关系，反映的是运行程序的价值取向和理念。因此，对侦查模式的抽象和揭示过程，实质上是一种对侦查理论原理的探寻和发现过程，其模式属于对侦查原理进行反映的重要的表象范畴。

和刑事诉讼模式有多种类型一样，侦查模式也有多种不同类型。为了更为深刻地认识侦查活动，从而更为深入和准确地探寻侦查原理，有必要按照一定的标准对侦查模式类型进行区别划分。划分侦查模式类型的关键之一是划分标准问题。这种标准实质是反映和评价事物本质的一种尺度和依据，由于事物本质可以通过若干种介质予以反映，人们常常能够从多种视角认识事物的本质，因此，和其他事物的类型划分标准一样，侦查模式类型的划分标准也有多种。以什么标准对侦查模式类型进行划分，这是一个重要课题。一般而言，标准的确立，一方面要看该种标准能否反映事物的本质，另一方面要看该种标准作为划分依据能否将事物的基本构成元素（元素集合）划分穷尽。

侦查的构造模式主要涉及侦查体制问题，即侦查程序中侦查权的配置、权力隶属和运行结构的模式。依照不同的标准，侦查构造模式可分为以下几种：

一、主体单一型和主体多元型侦查模式

主体单一型和主体多元型侦查模式是依据侦查权主体进行划分的侦查模式类型。该标准的含义是指一国侦查权的主体是谁，亦即按照法定或习惯，一国内哪些机关、单位和个人有权开展侦查活动。按照这种划分标准，侦查模式可分为两种基本类型：主体单一型和主体多元型。

（一）主体单一型侦查模式

主体单一型侦查模式中，拥有侦查权并履行侦查职责的主体为国家专门机关，具体为司法警察机关和司法机关，其中司法（公安）警察机关为最主要的侦查机关。有关单位和个人不享有侦查权，不得采取侦查措施进行搜集证明犯罪与否的证据。这种模式是反映刑事诉讼职权主义倾向的一个重要方面。国家基于这样一种理念和意志：犯罪是一种最具社会危害性的行为，国家在表达（立法）惩治犯罪的意志的同时，以国家强制力和强制工具直接进行揭露和证实犯罪的活动；同时，揭露和证实犯罪的措施和方法的使用既需要有国家强制力的直接保证，又由于该类措施和方法的采取和使用常常涉及重大国家利益，牵涉重要而复杂的社会关系，暂时限制甚至剥夺公民的基本权利，因此该项侦查权只能授予国家专门机关。在该种模式下，侦查活动的运行特点具有高度的强制性，类似于行政行为性质，侦查机关和被追诉对象力量失衡，被追诉对象（犯罪嫌疑人）在强大的国家侦查机关面前显得势单力薄，常常成为侦查的客体，难以获得刑事诉讼活动的主体地位。我国的侦查模式是较为典型的主体单一型。

（二）主体多元型侦查模式

主体多元型侦查模式中，国家在将侦查权授予国家专门机关的同时，也将一部分侦查权分配给辩护律师、私人侦探甚至犯罪嫌疑人（被告人）。应当认为，该种

侦查模式是刑事诉讼当事人主义模式的一项基本要求。为了保障刑事诉讼程序的公正性和追求诉讼程序价值，立法和司法实践追求刑事诉讼程序的对抗性，避免被告一方在强大的国家追诉机关面前消极被动，因此，被告一方没有协助侦查机关证明犯罪和自证有罪的义务，被告（犯罪嫌疑人）在侦查阶段一般享有两项重要权利：沉默权和聘请律师辩护或保释权。

二、集中型侦查模式和分散型侦查模式

集中型侦查模式和分散型侦查模式是依据侦查主体隶属关系进行划分的侦查模式类型。该标准的含义有两个方面：一是指侦查职责部门是否均隶属于统一的司法警察机关或司法机关；二是指同一机关系统内部的各级侦查部门是否相互隶属。按照这种标准，通常可将侦查模式划分为集中型侦查模式和分散型侦查模式。

（一）集中型侦查模式

集中型侦查模式具体表现为侦查职权部门均隶属于一国的警察系统，其他非警察机关不设侦查部门。法国是典型的集中型侦查模式。在法国，有两个警察系统，一是普通警察系统，另一是军事警察系统，两个系统内部均设有侦查机构，统一履行侦查职责，行使侦查职权。这种侦查模式是单一制国家之中央集权制度和法律统一程度在侦查制度上的具体体现和要求。应当认为，我国在建国之初的侦查模式具有一定的集中型侦查模式特点，在那个时期，侦查职权机构基本上设置在公安机关内部，除检察机关还负责一部分案件的侦查工作外，其他机关和部门内部均不设置侦查机构。集中型侦查模式中，上下级警察系统内部的侦查机构通常存在隶属关系，即领导与被领导关系，至少存在业务上的指导、监督和被指导、被监督关系。这种侦查模式一方面反映了国家结构形式，另一方面则决定于该种国家体制下和社会发展进程中的社会关系的复杂程度。随着国家中央集权状况的逐步变化，国家权力的分配对象必将随着社会关系复杂性的增加而愈为多元化。可以认为，当今世界已无绝对和纯粹意义上的集中型侦查模式了。

（二）分散型侦查模式

该种侦查模式一方面是指一国内部存在多个并不隶属于同一国家机关（部门）的侦查机构，另一方面是指各侦查机构之间并不存在完全意义上的隶属关系。在美国，侦查力量主要是由联邦和各州政府的侦查机关构成。联邦和各州的侦查机关之间没有行政隶属关系。联邦政府的侦查机关又分别隶属于司法、财政、内政和国防军部，各州的侦查机构又是各机关的不同的业务部门，因此，各侦查机关彼此间无任何行政隶属关系，甚至不存在业务指导和监督关系。类似（虽各具特点）的侦查模式在德国、英国、意大利等均有所体现。我国当前的侦查模式具有分散型侦查模式的一些基本特点。一方面，侦查机构设置在公安、检察、安全、军队和监狱内

部，彼此互不隶属；另一方面，同一部门内部的侦查机构只接受该级隶属机关的领导，上下级业务部门之间一般只存在业务指导和被指导关系（由于上下级检察机关之间是领导与被领导关系，因此上下级检察机关内部的侦查部门也应为领导与被领导关系，这是一种特殊情况）。

三、一步式侦查模式和二步式侦查模式

一步式侦查模式和二步式侦查模式是依据侦查程序步骤次数为标准进行划分的侦查模式类型。一起刑事犯罪案件的侦查，须经几级侦查机关，案件方可侦查终结，这是划分侦查模式类型的重要标准。该标准反映和体现的精神实质是指哪一种或哪一级侦查机关具有完全而彻底意义上的侦查权。按照这一标准，可将侦查模式划分为一步式侦查模式和二步式侦查模式。

（一）一步式侦查模式

一步式侦查模式是指一起刑事犯罪案件的侦查，自立案至侦查终结，立案决定权、侦查措施使用权、侦查终结决定权均由负责该案件业务工作的侦查机关独立拥有，侦查机关享有完全而彻底意义上的侦查权，案件经过该级侦查机关的侦查，或撤销案件，或移送公诉机关审查起诉，侦查机关并非另一机关的协助机关，一般不接受另一机关的指示和领导，意志完整独立。我国的侦查模式即属于这种类型，我国刑事诉讼法规定了“公检法三机关分工负责、互相配合、互相制约的原则”，公安机关侦查部门拥有完全而丰富的侦查职权，有权决定立案，有权采取侦查措施，有权决定采取除逮捕以外的其他强制措施，有权决定侦查终结并提出起诉意见。当然，对公安机关而言，应当接受检察机关的立案监督、侦查措施采取的监督、逮捕监督，检察机关在审查起诉时若认为犯罪事实情节不够清楚，证据不够充分的案件，有退回补充侦查或自行补充侦查的权限，但是，不能因此而否定我国侦查模式的一步式本质。至于侦查实践中曾经存在的预审工作阶段，这并非二步式侦查，预审工作只是侦查工作的一个组成部分。一步式侦查模式的价值追求取向是侦查独立，其缺陷是侦查机关具有过宽的侦查决定权，侦查监督效力难以体现，这是侦查本位主义的突出反映。

（二）二步式侦查模式

司法警察机关对刑事司法职能的履行，其权限受到严格限制，其侦查职能活动仅仅只是案件侦查工作的一个组成部分，司法警察实施的侦查活动一方面具有协助性质，另一方面具有初步侦查性质，侦查活动必须接受检察官、治安法官的领导和指挥，这是二步式侦查模式的实质。在法国，侦查程序分为两个阶段：初步侦查和预审。初步侦查权主体为司法警官、检察官以及预审法官，司法警官只是在检察官和预审法官均未到达犯罪现场以前才能独立进行侦查，检察官只是在预审法官未到

达犯罪现场以前才有权进行侦查，在检察官、预审法官到场的情况下，司法警官只有执行检察官、预审法官的指示、命令的权限，而无独立的侦查决定权。预审又分初级预审和二级预审，其中初级预审是由预审法官主持的正式侦查，因此，法国的侦查模式是典型的二步式模式，类似法国侦查模式的国家还有德国、意大利等国。二步式侦查模式是对司法警察行使侦查权的限制，有益于对侦查权的行使进行制约和监督，不足是司法警察对侦查活动消极被动，难以充分激发警察在侦查活动中主观能动性。

第二节 侦查的诉讼模式

侦查的诉讼模式是指以侦查权的行使为视角所形成的侦查机关、辩护方、检察机关、裁判机关在侦查阶段相互之间的法律关系、诉讼权力（利）及侦查权的运作方式。侦查的诉讼模式深受刑事诉讼模式的影响，现有的侦查诉讼模式都是以刑事诉讼的模式理论为基础的。

纠问式侦查模式和对抗式侦查模式是依据侦查程序对犯罪嫌疑人（被告人）诉讼权利保护程度为标准进行划分的侦查模式类型。侦查活动的重要特性之一是侦查措施的强制性，这种强制性作用的对象是公民的基本权利和自由，如人身自由权、生命健康权、不必自我归罪权、律师帮助权、隐私权等。应当认为，侦查程序阶段，犯罪嫌疑人（被告人）是否享有充分的法定诉讼权利，以及侦查程序中能否有效保障犯罪嫌疑人（被告人）该类诉讼权利的实现，已成为衡量一国诉讼公正、文明与否的尺度和标准。但是，由于各国之侦查制度有其各自的政治、经济、文化等制度发展因素的影响，一国之侦查法律制度也受其历史传统和历史承继因素的作用。因此，当前各国在侦查程序中，对犯罪嫌疑人（被告人）诉讼权利保护方面所呈现出的侦查模式各有差异，不过还是可以将这多种形态归纳为两种基本类型：纠问式侦查模式和对抗式侦查模式。

一、纠问式侦查模式

这种侦查模式具体表现为控、辩双方处于不平等的地位，侦查是国家追诉机关的单方面行为，嫌疑人负有接受追诉官员侦查和讯问的义务。尽管目前大陆法系各国普遍允许辩护律师参与侦查程序，承认嫌疑人的沉默权，但辩护一方在侦查中的参与权仍受到一定的限制，而难以与追诉一方相抗衡。纠问式侦查模式的极端表现是犯罪嫌疑人（被告人）是侦查客体而非诉讼法律关系主体，不但不享有沉默权，而且有自证有罪和如实供诉的义务；同时，律师在侦查阶段不介入刑事诉讼活动，至多只能部分介入，行使的是并非完全意义上的辩护权。从我国刑事诉讼法第93

条和第96条规定的精神来看，我国的侦查模式很大程度上具有纠问式性质。

二、对抗式侦查模式

这种模式具体表现为：侦查和辩护两方作为平等对抗的诉讼主体，均有权独立地调查和收集证据，侦查机关只有以犯罪嫌疑人（被告人）逃避追诉为由，才能采取强制措施限制其个人自由。一般而言，犯罪嫌疑人（被告人）不承担协助追讯机关揭露和证实犯罪的义务，不得被强迫自我归罪，享有沉默权，可以聘请律师进行辩护，讯问时，辩护律师可以在场见证或提供法律帮助。该种侦查模式倡导“控辩平衡”的诉讼游戏规则，侦查权限的行使受到很大程度且较为严格的制约，有利于在侦查程序阶段有效地维护嫌疑人的基本人权，侦查程序的重要价值所在是程序的公平、正义和对抗平衡。该种模式的缺陷是由于过分重视侦查程序的对抗性和严格依法性，容易导致最终的审判结果反映的不是案件的实质真实，而是程序是否正当。

第三节 侦查的破案模式

侦查破案模式，是指在侦查过程中，根据侦查活动的一般规律和案件自身特点，对侦查机关采用侦查方法的概括和抽象。侦查模式可以分为“从案到人”、“从人到案”等侦查破案模式。

一、“从案到人”的破案模式

“从案到人”的破案模式是以案件为中心展开侦查，进而发现线索认定犯罪嫌疑人。这种模式虽带有被动性，但它具有快侦快破的战斗风格，因此是打击现行刑事犯罪的主要侦查模式。“从案到人”破案模式的主线是先对“案”后对“人”，侦查工作放到案后做，所以是把研究分析犯罪现场情况和获取现场痕迹物证作为侦查工作的切入点的。“从案到人”是一种“被动回应型”侦查模式。即发现案件后，侦查部门根据有关法律规定组织侦查人员开展侦查破案，一般情况下，有现场的案件，如杀人、强奸、爆炸、放火、投毒等，案件确立之后要从现场勘查开始展开侦查。当前，多发性侵财案件数量巨大，如果侦查部门对每起案件都从现场展开侦查，不仅侦查效率低，也不现实。特别是抢劫、抢夺案件，犯罪现场勘察难以获取有价值的犯罪证据和侦查信息；盗窃案件犯罪分子大多是职业罪犯和累犯、惯犯，他们有丰富的反侦查经验，且普遍实行甲地作案、乙地藏身、丙地销赃以及长途奔袭等流动作案方式，使得摸底排查工作常常难以奏效；犯罪嫌疑人毁证灭迹、不交代或只交代警方掌握的案件，因而“从案到人”展开侦查变得越来越困难。

在新的斗争形势下采用这样的模式破案，必须提高破案的科技含量，加强刑事技术和技术侦查手段的建设，实现刑事侦查工作由数量规模型向质量效能型转变，由人力密集型向科技密集型转变。为此要求各级公安机关：第一，要提高现场勘查水平，推动现场勘查技术手段创新，努力提高发现和提取各种犯罪痕迹尤其是微小痕迹、微量物证的能力，把好侦查破案和刑事诉讼的源头关；第二，要提高检验鉴定水平，瞄准世界科技前沿，加快高、精、尖刑事技术的研究、开发和应用，加大科技成果转化为现实破案力的力度，提高运用刑事科技侦破案件的能力；第三，要推动技术侦查手段的创新和应用，在通讯、跟踪、监视等方面积极借助先进的科技设备，提高发现、甄别和证实犯罪的能力。

二、"从人到案"的破案模式

"从人到案"的破案模式是以人为中心展开侦查，即通过对被管控嫌疑对象主动开展全方位的情报调查和对有关情报资料的分析研究，发现违法犯罪线索和证据，进而破案。这种模式是从各方面的情报信息中发现犯罪嫌疑人，以此作为侦查工作的切入点的。其侦查的主线是先对"人"后对"案"，侦查工作放到案前做。因而，"从人到案"工作模式的重心是刑嫌调控。刑嫌调控工作就是围绕着犯罪嫌疑人所进行的动态控制，它离不开刑事特情、阵地控制和犯罪情报等刑侦基础工作。

刑事特情在刑嫌调控中的作用不可替代，因而必须拥有一批在重、特大案件，重点阵地及社会各层面上能够广伸触角、网罗信息的特情队伍，领导、指挥刑事特情，调查和控制刑嫌人员，发挥刑事特情控制和打击犯罪的作用。

阵地控制是刑嫌调控工作的主要载体，通过对刑嫌人员经常涉足的各类阵地进行调查控制，掌握刑嫌人员的现实表现和活动规律，并积极开展侦查，以获取证据，进而破获案件。利用犯罪情报信息系统开展刑嫌调控，就是将那些与刑嫌对象有关的表面、局部、支离片面的情报信息收集起来，并运用现代化的科学手段进行管理和分析，再通过整合各方面信息，配合深入调查核实，将多方面的信息编织成刑事犯罪线索链，继而达到控制的目标、实现刑嫌调控工作的信息化，改变长期以来各部门割据"情报孤岛"状态，使各部门、各警种之间建立起纵横交错的相互协作体系、相互扶持构架、资源共享的刑嫌调控网络，形成甲地调查上网，乙地控制打击的全新格局，使刑嫌调控工作得到有效的延伸和深化。

"从人到案"展开侦查，情报是主导，是基础，只有建立起强大的犯罪情报信息系统，建立起完善的犯罪嫌疑人监控体系，才能做到对犯罪嫌疑人"发现得了、控制得住、关联得上"，做到"以人挂案、以案挂人、主动出击"，使侦查队伍和侦查员始终有"盯不完的人、做不完的事、办不完的案"。

三、“从物到人”的破案模式

“从物到人”的破案模式是通过对各种被盗、被抢物品开展阵地控制侦查，发现线索，由物到人破案。阵地控制是一项查缉犯罪的主动进攻措施，如何把阵地牢固控制在手中，从而进一步提高侦查机关打击犯罪的力度。首先，必须要针对市场经济条件下行业格局的新变化，进一步拓宽阵地控制的范围和内容：继续以废旧物品回收业、旅店住宿业、典当寄卖业为阵地控制基础，根据本地区刑事犯罪的动态变化特点，将与犯罪活动相关的新兴行业、场所纳入控制范畴，如汽车修理厂、摩托车修理店、打金店、二手通讯市场、劳务市场、出租车行业、城乡接合部等，从中发现案件线索；其次，加强阵地信息化建设，构筑严密的阵地控制情报网络，把孤立的各个阵地形成一个整体，使地方和铁路、城市与农村、水上和陆地、省与省、市与市、县与县之间得以通力合作，互通情报，使得阵地的控制范围实现网络化，做到一方发案，四方围歼，形成一个有效的控制机制，使静态的阵地变成动态的信息系统，从而提高侦查、控制和打击犯罪的能力。

四、“从情到案”的破案模式

“从情到案”的破案模式就是利用犯罪情报信息，挖掘案件线索，开展侦查，进而破案。侦查破案就是搜集、分析和运用各种犯罪信息，揭露、证实犯罪的过程。面对当前严峻复杂的治安形势，面对狡猾的犯罪分子，侦查体制必须摆脱各守一方、各自为战的局面，要建立起信息量大、覆盖面广、综合性强、社会化程度高、系统功能完善、资源共享的刑侦信息化体系，将信息的查询检索引入侦查破案的各个环节，使刑事技术、刑事特情、刑嫌调控、阵地控制等基础业务和专门手段与犯罪情报信息紧密相连，使刑侦部门真正做到耳聪目明、反应迅速、先发制敌，如案件发生后，借助情报信息系统进行“网上分析案情”、“网上摸排”、“网上调控”、“网上追逃”、“网上打拐”、“网上指纹比对”、“网上串并”、“网上控赃”等措施，及时发现破案线索、缉获犯罪嫌疑人和查获赃物，及时串并案，侦破系列案件和积压案件，在案件尚未发生时，通过网上丰富的信息资源，分析辖区和周边地区的发案规律和特点，及时掌握发案类型、重点地段和时段，以及发案趋势，及时向派出所、治安、交巡警等部门提出防范、巡逻预警，采取有针对性的工作措施；及时整理汇总流入本地区的违法犯罪嫌疑人情况，通报给有关部门，有目标、有重点地开展盘查、清查、防范等活动，积极发挥信息预警作用。

第四节　中外侦查模式比较

侦查模式，是指侦查主体进行侦查活动时所采用的程式。侦查模式体现的正是侦查活动的中心环节。侦查模式不仅是一个国家刑事侦查制度的核心内容，而且能直接体现出该国统治阶级的意志。它的确立直接受到各国社会制度、法律制度以及历史、传统文化等诸多因素的影响和制约。同时，也直接影响到侦查效力和侦查质量。各国在设计本国的侦查模式时，都试图寻求到一种最完美、最实用、最简洁的侦查模式。从世界各国的侦查模式看，大体可分为两种形式：一步式侦查模式和二步式侦查模式。但具体内容上仍有很大差别，各国侦查模式都带有自身的特殊性。

一、英国侦查模式

英国采用的是一步式侦查模式。英国的刑事警察不仅负责对大部分刑事案件的侦查工作，而且还有对部分案件的起诉权。英国刑事警察在侦破案件时，主要是按地域划分管辖权，上级警察总局只对专案进行侦查，它们与各地警察局之间只是一种协作关系，没有垂直领导关系，因此，各地侦查机关相对独立。只是在侦破后将案卷连同材料一并移送检察院，为起诉做准备。

二、美国侦查模式

美国大多数侦查机关都采用二步式侦查模式。但是，许多州的初步侦查主体是巡警，而不是刑事警察。这是美国侦查模式上的一个重要特点。在美国许多州，巡警最先接手刑事案件，并负责对案件进行初步侦查。巡警接手案件的途径主要是：（1）巡警在执行巡查任务时自己发现、遇见犯罪分子或者犯罪嫌疑人。（2）巡警在巡逻时接到被害人、目击者的报案。（3）警察局总部得到有关案件的情况后通知在附近执勤的巡警。巡警遇有上述情况后，应当迅速赶赴发案地，并立即保护现场，向被害人、目击者进行询问，将第一手材料记录在案。在对现场进行初步勘查后，决定是否需要请专门技术人员到达现场。巡警对现场的勘查以静态勘查为主，尽量不变动现场的原貌。巡警在发案地要努力寻找破案线索，以便为后续侦查打下良好的基础。巡警在犯罪现场抓获罪犯的比率往往较高，据有关人员统计，美国每年捕获的罪犯中，平均有1/2是在犯罪后2小时之内抓获的。同时，由于巡警的主要职责是巡查，所以，巡警不能在一个案子上花费太多时间。一般情况下，巡警处理案件的前期工作平均仅为30分钟。巡警在完成初步的侦查工作后，要向警察局总部提交一份简要的书面报告。该报告应当包括如下内容：案件的性质、现场概况、有关人员的陈述、被害人的情况、保护现场的情况以及已知线索等。如果案情简单，巡警也可以以口头方式向上级汇报。

警察总局在接到巡警的报告后，根据案件情况和技术鉴定报告（如果已经作出），在对案件进行综合分析的基础上，决定是否正式立案侦查。对于决定立案侦查的案件，警察局将案件直接分配给有关的专业化侦查探组（专案组）或者就近分配给下属警探。后续侦查由刑事警察负责。其侦查活动一直延续至可以移交给检察官为止。美国的后续侦查一般都是刑事警察个人负责制，重大案件的后续侦查则由专案组负责侦查。事实上，主要的侦查活动还是由刑事警察完成的。巡警的初步侦查很粗糙，主要是为了保护现场、及时抓获在场的犯罪嫌疑人、抢救被害人。因此，有人认为，美国的侦查模式应当属于一步式，巡警的初查可以不视为侦查。

三、法国侦查模式

在法国，侦查工作分为初步侦查（非正式侦查）和正式侦查两个阶段。

初步侦查阶段。司法警察在发现或者接到发生犯罪报告后，应当迅速通知检察官，同时必须在48小时之内开展初步的侦查工作。所谓“初步的侦查”，是指在没有预审法官的领导、指挥下，由检察官指挥司法警察对发生的案件进行调查。具体包括：（1）寻找目击者、被害人、知情人，询问工作尽可能地将他们的个人情况以及提供的案件情况记录下来；（2）如果被害人需要抢救，还应当立即帮助急救；（3）如果存在犯罪现场，司法警察还应当对现场进行勘查；（4）如果犯罪嫌疑人能够迅速被抓获，司法警察还要对其进行初步的讯问，必要时将其带回警察局，对嫌疑人进行临时羁押，甚至可以拘留、逮捕；（5）如有必要，司法警察还可以对可疑人、物品、地点、场所进行搜查，对可疑物品进行扣押，搜查。但必须按照法律程序办理必要的手续。司法警察在48小时之内必须将初步侦查的结果以材料方式移送检察院，向检察官作出报告。司法警察所做的上述工作，都只是一种初步性的侦查，是否需要进入到正式的侦查阶段，要由检察官决定。检察官负责初步侦查的宏观工作，领导进行侦查并直接调动司法警察，司法警察只是具体的办事人员。检察官登记后认为有必要，就通知并指定一名预审法官负责案件的正式侦查工作。

案件一旦进入正式侦查阶段，预审法官就成为侦查工作的主要负责人，检察官、司法警察都必须听从预审法官的调遣和指挥。预审法官在向司法警察、检察官以及犯罪嫌疑人了解案件现有情况后，还必须对犯罪嫌疑人进行审讯，审讯内容都记录在案。预审法官根据初步侦查中的线索、材料，认为还需要从哪些方面进行进一步的侦查，可以向司法警察发出委托调查令，授权他们对特定问题开展深入的侦查活动。例如，需要进一步了解犯罪嫌疑人的个人情况和背景材料，需要鉴定被害人的伤势，需要进一步勘查现场等，就由司法警察具体运作。法律没有明文规定预审法官侦查的期限，因此，预审法官在认为案情已经查明时，就可以自行决定结束预审，并提出预审裁定意见，即是否构成犯罪、罪行的轻重等。预审结束后，预审法官应当将全部案卷送交检察官，检察官在接到案卷后 3 日内向预审法官提出自己的主张。这种主张包括三种情况：第一，要求继续侦查；第二，建议终止诉讼；第三，同意提起公诉。当检察官提出的疑问都得到解决时，案卷即被移送“起诉议事会”。经过预审法官的再次审查，认为没有问题时，结束侦查活动，案件进入起诉和审判阶段。

由此可见，法国的侦查活动采用的是二步式侦查。司法警察在侦查活动中只起辅助性作用。预审法官、检察官在侦查活动中的地位十分重要，他们对案件的成立以及是否起诉都有决定权。

四、德国侦查模式

德国属于典型的一步式侦查模式的国家。

德国的侦查以检察官为主，司法警察为辅。检察官既有立案的决定权，又有侦查权，而司法警察只是检察官在侦查工作中的助手。然而，从德国侦查活动的实际情况来看，检察官很少亲自进行侦查，他们只是负责作出决定，具体的侦查工作交由司法警察办理。司法警察在对接报的案件进行初步调查、了解后，认为有必要立案，立即报告检察官批准，检察官批准立案侦查的案件，司法警察便开始正式进行侦查。开展侦查活动中，需要采取强制措施时，需经法官批准，除非遇有紧急情况时，检察官、司法警察才可以采取临时性强制措施。侦查工作结束后，司法警察将案卷移送给检察院，检察院审查后决定是否起诉。德国的侦查模式较为单一，在侦查阶段，实际上是司法警察单独办案，检察官、预审法官都不参与。这点与中国的侦查模式有相似之处。德国的侦查模式中最显著的特点就是检察官只有法律上的侦查权，而在实际工作中，侦查任务主要由司法警察来完成。

五、意大利侦查模式

意大利的侦查模式实质上是二步式侦查。

意大利新刑事诉讼法典把刑事诉讼阶段分为三个部分：初期侦查阶段、审查起诉阶段和审判阶段。其中的初期侦查阶段具体又分为两个步骤。第一步，司法警察在接案后 48 小时之内必须进行初步侦查，并在 48 小时之内向检察官提出侦查报告，同时将初步侦查所收集的材料一并移送检察官。检察官要将情况记录在犯罪记录登记本中。第二步，检察官开始正式侦查。侦查活动由检察官领导司法警察完成，检察官可以直接调动和指挥司法警察。侦查期限一般为 6 个月，如果案情特别复杂也不得超过 18 个月。

六、日本侦查模式

日本的侦查采用二步式侦查模式。但是，在侦查手段上，又有特殊性。日本的侦查手段分为任意性侦查和强制性侦查两种。所谓“任意性侦查”，是指以受侦查对象的同意或侦查主体的承诺为前提而进行的侦查。具体讲，在侦查前，侦查人员将侦查的意图告诉侦查对象，或者在侦查前对侦查对象有一定的承诺，在这种情形下去侦查，其实质类同公开侦查。由于侦查人员不是在秘密状态下进行侦查，因此，法律上对任意性侦查没有作出特别的限制性规定，只要侦查人员采用适当手段即可。所谓“强制性侦查”，是指由法律明确规定、必须严格遵照执行法定程序进行的侦查，这种侦查可以视同正式侦查。这两种手段并不是二步式侦查的标志，而是说在侦查活动中侦查人员可以先使用任意性侦查方式，需要时再使用强制性侦查，也可以将这两种侦查手段同时运用在侦查活动中。规定两种侦查手段主要是为了侦查过程中不同阶段的需要。一般来讲，在侦查阶段的初期，由于犯罪嫌疑人不十分确定，为了保护公民的合法权利不受到侵犯，侦查人员往往多采用较温和的侦查手段。随着侦查活动的逐步深入，当案情越来越明朗，可以确定犯罪嫌疑人是谁时，侦查人员就可采用强制性侦查手段。

日本的侦查工作一般分为两个阶段：初步侦查和后续侦查。初步侦查往往由案发地附近的治安警察或巡警负责，但是对于重大案件的初步侦查，也可以直接由警察机构中的专案队负责。如东京警视厅刑事部的3个机动队就专门负责东京地区重大案件的初步侦查工作。初步侦查的工作内容主要是：迅速到案发现场保护现场、抢救被害人、询问目击者、证人、被害人，记录他们的陈述，处理紧急情况等。后续侦查也称为正式侦查。一部分后续侦查交由刑警进行，另一部分是由警察机构完成初步侦查后将案件移送检察院，由检察院中的侦查人员继续侦查。

日本的侦查活动主要由刑警负责，检察官对侦查工作作出一般性指示和指挥。例如，向侦查人员提出程序上的注意事项，对侦查计划、侦查措施、侦查协作等问题提出指导。当侦查人员将案卷移交给检察官时，检察官还可以作出补充侦查，弥补警方遗漏的证据，以保证侦查结论的科学性、可靠性。

七、中国侦查模式

中国的侦查模式应当归属在一步式侦查模式中。因为，整个的侦查活动都由侦查部门独立完成。但是，1997年以前，侦查机关内部对刑事案件的侦破分工，却是明显地分为两大部分：前期的侦查与后期的预审。前期的侦查工作由刑事侦查人员和技术人员共同完成，他们从现场勘查开始，负责收集证据、调查询问、寻找犯罪嫌疑人、进行技术鉴定、对犯罪嫌疑人采取必要的强制性措施等。当案情基本查清，抓获了犯罪嫌疑人，收集到犯罪的主要证据后，迅速将案件送往侦查机关的预审部门，由预审人员作进一步的审讯和侦查。预审人员的再次侦查主要任务是：深挖余罪，补充、完善诉讼证据，追缴赃款赃物，完备法律程序，为起诉行为的实现创造充分、必要的条件。这种侦查模式在新中国沿用了近50年。综合评价这种侦查模式的作用，客观地看，它在前30年中确实发挥了很大作用，基本适应当时的国情。但是，近20年从中国社会治安的情况以及侦查工作的效能看，这种侦查模式已经不能满足时代的要求。刑侦与预审部门的二步式侦查，人为地割断了侦查过程的连续性，一方面造成了刑侦与预审两个部门在侦查工作上的衔接问题；另一方面容易引发两个部门责任不清和相互推诿、扯皮的现象，导致延误侦破时间。同时还容易造成重复侦查，影响正常的诉讼时效，从而降低了办案效率。为此，公安部提出侦审合一，取消预审环节，使中国的侦查模式变成纯粹的一步式侦查。

【延伸阅读】

我国的侦查模式改革

我国的侦查模式属于职权式即单轨制、行政性侦查模式。目前的侦查模式下存在的问题主要有：现行侦查职能的分工不合理，侦查不够专业化、监督不够独立化，难以达到预期目的；目前的侦检关系使侦查活动处于失控状态，检察机关的监督有名无实，并与审判方式冲突；侦查程序中缺少中立的裁判者，缺乏充分的辩护权和犯罪嫌疑人的自我保护权，法律援助范围过于狭窄；律师提前介入的法律制度可操作性差，侦查人员基于旧的观念不愿配合。

当今世界两大法系国家的侦查模式，虽然由于不同的历史文化传统、诉讼价值观念、侦查目的等原因的影响，而在具体的侦查模式上表现出较大的差异性，但是两大法系国家沿着不同历史轨迹发展，在限制国家权力、保障公民权利以凸显侦查模式的诉讼性质方面越来越表现出了趋同的发展态势。因此，关于对我国侦查模式的设想是：我国应在坚持职权式侦查模式的同时，改善嫌疑人在侦查程序中的人权保障状况，改革监督机制。通过“侦检一体化”赋予检察机关侦查指挥权，在侦查程序中引入“中立性因素”建立强制侦查行为的司法审查机制。

第十二章　侦查形式

【案例导入】

2007 年 6 月 17 日 9 时左右，一辆停放在昆明市五华区路边的广州本田雅阁轿车被盗。同日 22 时许，又一辆本田轿车被盗。昆明市公安局五华分局成立了"6·17"专案组开展对被盗车辆的侦破工作。专案组通过对 2007 年全市被盗的本田系列汽车信息进行统计清理后发现，自 2007 年上半年，全市共有 8 起本田系列轿车被盗。发案时间主要集中在五六两个月。根据串案条件分析，五六两个月的 7 起案件从被盗车型、作案时机和时间间隔来看，具有一定的串案条件。案犯作案连续性较强，区域跨度大，作案手法老练，现场不留痕迹，销运赃物渠道诡秘，应当认定为专门盗窃街面本田轿车的系列案件。专案组加大了对案件的侦破力度，迅速部署开展了以下工作。一是进一步认真勘查现场，发现和提取有价值的痕迹物证；二是以案发现场为中心，对周边单位和人员逐一走访，从中发现案发前后在现场附近的可疑人员和情况；三是调取案发现场周边的监控录像资料，查找可疑人员和情况；四是对近期全市汽车被盗案件进行串并分析，对有串并条件的案件一并侦查；五是对洪化桥酒店后门被盗轿车车内的寻呼机实施监控；六是调取昆明市各高速公路出城收费站的监控录像，发现被盗车辆的动向。通过大量艰苦细致的侦查工作，专案组在调取昆明各出城高速路口的监控录像中发现，6 月 17 日晚被盗的 3 辆本田车均连夜从安石高速小喜村收费站离开昆明，去向不明。据此，专案组分析认为应该有一个或多个专门针对本田轿车的盗窃团伙在昆活动。应当对上述盗窃本田车案件立即开展并案侦查。

28 日 17 时许，专案组在技侦部门的协助下，在本市一个电器维修店将涉案嫌疑人王某抓获，当场从其身上缴获了 6 月 17 日被盗轿车车内的相关物品。在证据面前，王某如实供认了自 2007 年 5 月至 6 月 17 日伙同同乡卢某、杨某连续在昆明市盗窃本田系列轿车 7 辆的犯罪事实，王还交代了 2007 年 3、4 月盗窃了 3 辆本田汽车和 2 辆微型车的犯罪事实。"6·17"专案在短短的 12 天内迅速得到突破。专案组继续侦查，将该团伙 9 名犯罪嫌疑人全部抓获，缴获作案工具轿车 2 辆、本田汽车防盗密码解码器 1 部等物。经审讯，该团伙成员交代了自 2007 年 1 月份至今，先后流窜至昆明、哈尔滨、西安等地 4 省（市）5 个市、县，盗窃汽车 24 起，涉案总价值 500 余万元的犯罪事实。

第一节　专案侦查

一、专案侦查的概念

刑事案件是由犯罪分子实施的，对社会产生各种危害的行为结果。由于犯罪主体的千差万别及犯罪结果的危害程度不同，因此对侦查机关提出了不同的要求，侦查机关需要因地制宜地采取相应的侦查形式来应对。根据刑事案件危害程度的大小不同，可以将其分为一般刑事案件和重、特大刑事案件，专案侦查就是一种专门针对解决重、特大刑事案件的侦查形式。

所谓专案侦查，是指由刑事侦查部门实施的，针对一些重、特大刑事案件，组织一定的侦查力量，综合运用各种侦查措施和手段，实行专案专办的一种侦查形式。

由专案侦查的概念可知，专案侦查是一种特殊的刑事侦查手段，它与一般刑事案件侦查的区别主要体现在：

1. 侦查对象不同。一般刑事案件侦查的实施对象是案情较为简单，危害程度不大的刑事案件，而专案侦查实施的对象大多是案情较为复杂的重、特大刑事案件。

2. 侦查形式不同。一般刑事案件的侦查常采用简单的侦查措施，即使综合采用其他的侦查措施也是很少几种的简单相加，而专案侦查则强调多种侦查措施的综合采用，尤其是秘密侦查等手段的采用，使专案侦查的内容更为丰富多彩。

3. 组织形式不同。一般刑事案件侦查的组织指挥体系是固定的，是一定范围内的一个经常性工作机构，而专案侦查是由一定数量的侦查人员组成的一个临时专案班子，它随着案件的存在而存在、消亡而消亡。

二、专案侦查的意义

（一）专案侦查的实施能有效地提高破案率

专案侦查从本质上看是一种集中制的侦查模式，在这种模式下，侦查部门可以集中优势警力打歼灭战。面对当今刑事案件呈现出智能化、暴力化、集团化等特点的情况，一般刑事案件侦查的手段已经显得捉襟见肘，因而刑事案件的侦破难度也就变得越来越大了。为了能够打击犯罪，侦查机关需要依靠专案侦查来及时侦破案件，所以专案侦查也越来越成为侦查部门侦破重、特大刑事案件的一种重要侦查形式。通过这种侦查形式的实施，侦查部门可以及时打击犯罪，成功提高破案率。

（二）专案侦查的实施能有力强化侦查职能

侦查机关的侦查职能主要体现在侦查破案方面，尤其是尽快侦破危害后果严重的重、特大刑事案件。专案侦查能够集中优势兵力、综合运用各种侦查措施，迅速侦破重、特大刑事案件，因此，专案侦查这种侦查形式对于强化侦查机关的侦查职能有着重要的意义。

（三）专案侦查的实施能有效提高侦查水平

侦查机关在侦破一些案情复杂的疑难案件时，仅仅依靠少量的侦查力量和一般的侦查措施是难以达到目的的，必须要利用专案侦查的形式才能完成工作任务。通过专案侦查对复杂疑难案件的侦破，可以不断提高参战侦查人员的政治、业务等各方面的素质，最终提高侦查机关的侦查水平。

三、专案侦查的适用范围

（一）重、特大刑事案件

重、特大刑事案件因其案情较为复杂，给社会带来的危害后果严重，所以需要及时给予打击，因而侦查部门在侦查此类案件过程中就要采用综合的侦查措施和手段以保证破案。这种采用综合措施和手段才能解决的案件正是专案侦查的特点，故专案侦查可以为重、特大刑事案件的侦破服务。

（二）需要多部门协作侦查的严重暴力犯罪案件

严重暴力犯罪案件社会危害后果严重，影响极大，且其危害后果有可能迅速蔓延，所以需要尽快侦破。这种案件在处置过程中常需要侦查机关内部多个部门协作才能完成，有的案件甚至还需要侦查机关以外的其他力量的协助和政府部门的支持才能完成，因此，一般都需要组织专门的班子对案件进行专案专办。所以这类案件也可以使用专案侦查这种形式来侦破。

（三）有组织的犯罪案件

当今时代信息传导的方便快捷不仅为社会发展提供了支持，而且也为犯罪分子犯罪的组织实施方面提供了条件，所以系统化的犯罪案件已经是常见之事了。有组织的犯罪案件，由于其犯罪成员较多，组织严密，分工明确，手段狡猾，所以侦破的难度是比较大的。特别是一些带有黑社会性质犯罪集团实施的犯罪行为，其危害后果异常严重，有的甚至危害到某一地区的社会治安形势，所以打击难度之大可想而知。专案侦查这种侦查形式能够集中优势兵力打歼灭战，因此，可以适用于有组织犯罪案件的侦破工作中。

四、专案侦查的组织实施

（一）准备阶段

专案侦查的准备阶段就是在案件进入侦查之前，对参战的人、事、物等进行统筹合理的安排，使专案侦查的结构更合理，分工更明确，最终达到效率的最大化。专案组成员由案件管辖范围内相应机关的内部人员组成，一般根据案发现场所在区域和案件的重大程度，由省（自治区、直辖市），地（市），区（县）等各级刑侦部门的领导及侦查人员组成。这些人来自不同的机关单位，所以必须由一个较高机关单位统一领导指挥。专案组的指挥人员要根据每个成员的特点、专长对其进行分工，对于成员较多的专案组，可将人员分为调查小组、内勤资料组、审查小组、机动小组等部分，各组指定一名主要负责人对小组工作进行统筹安排和落实。一般在专案侦查初期，调查任务较重，可将主要力量安排在调查小组中，审查小组和机动组可暂且不设，等到抓获犯罪嫌疑人后，再安排人员成立审查小组进行工作。分组后，指挥人员应根据具体情况，将任务分解到每个小组中，明确方法和要求，并进行落实。

（二）实施阶段

准备工作结束之后，就正式开始进行案件的侦查工作。专案侦查的组成人员，各自在自己负责的范围内进行调查取证、摸底排队、监视守候等一系列工作，最大化地收集与犯罪有关的线索，最终达到破案的目的。在犯罪证据基本确凿后，要制订周密的抓捕计划实施抓捕。对重点犯罪嫌疑人的审查一定要安排骨干力量进行，避免出现失误，力争通过讯问获取更多的证据。

但是由于专案侦查所面对的案件大多是案情复杂的疑难案件，因此，在专案侦查的实施阶段往往会由于线索枯竭而陷入僵局。这种情况的发生是属于正常范围之内的，专案指挥人员此时一定要保持头脑冷静，认真分析、寻找案件侦查陷入僵局的原因，及时调整侦查方向，锁定侦查范围，重新刻画作案人等，以达到突破僵局的目的。出现这种情况后指挥人员要采用各种方法鼓舞参战人员的战斗信心，保证侦查人员工作的积极性不受影响。

（三）结束阶段

只要侦查人员认真、仔细地实施案件侦破行为，从理论上讲犯罪终究还是会被侦破的，因为只要犯罪分子实施了犯罪行为，就会在现场遗留下犯罪的证据。有一些案件在短的时间内没有侦破，不是因为犯罪分子做得天衣无缝，而是因为侦查工作做得不够认真、仔细，或者是因为侦查工作的技术含量不高、侦查人员的综合素质不高等原因所导致。在案情已经明了，主要犯罪嫌疑人已被抓获归案，犯罪证据已确凿的情况下，专案侦查工作就进入了结束阶段。这时，侦查人员应尽快进行案卷的整理和归档工作。对一些复杂的案件，要组织力量反复对证据材料进行审核，以确保案件侦查工作的质量，真正发挥专案侦查的优势作用。

第二节　并案侦查

一、并案侦查的概念

并案侦查是指把单个犯罪人或一个团伙所实施的系列刑事案件根据各案所表现出的相同特征为基础合并起来，实行统一组织、指挥和行动，进行由此及彼，由一案挂多案的侦查形式。

并案侦查是侦查部门实行专案专办的一项重要措施，因此，它除了具有专案侦查的一般特点之外，还具有自己的办案特点：

（一）系列性的特点

一些犯罪分子实施犯罪行为时，在各案中常表现出明显的特征，而由其实施的多个案件都表现出此种特征，这些特征是将各案联系起来的纽带，且使这些案件成为一批各自独立，而又互相联系的案件。

（二）综合性的特点

正面侦查和秘密守候等措施结合侦破案件就是并案侦查的综合性。采用并案侦查通常从两个方面出发：一是采取正面的侦查措施，对案件的侦破从现场勘查开始，然后收集痕迹、物证、调查摸底、排查重点嫌疑人，一步一步地接近侦查目标。二是通过守候巡逻抓现行，阵地控制发现赃物线索，审查前科犯侦查余罪或深挖同案犯，以及通过刑嫌调查控制、分析检索档案资料发现犯罪线索。

（三）联合性的特点

符合并案侦查的案件发生以后，侦破工作不是光靠侦查机关一个机关能够解决的问题，很多的时候是需要“多兵种”参加的联合作战的工作，更有甚者是多部门、多单位联合攻坚的一种任务。因此，必须要有严密的组织和统一的指挥，只有这种组织上的广泛性和统一指挥，才能调动各方面的力量携起手来，联合作战。

二、并案侦查的意义

（一）可以集中证据侦破案件

刑事案件发生以后，在犯罪现场上肯定会遗留下犯罪证据。符合并案侦查的刑事案件发生以后，在各案的发案现场肯定同样会遗留下犯罪证据，但是由于时间、地点等条件的影响，在各案遗留下的证据不一定是相同的，所以侦查部门可以把各案所获得的犯罪痕迹、物证综合起来，使那些零散的、利用效率低的证据联系起来，成为侦破案件的有力证据。

(二) 可以加强侦查协作

普通刑事案件侦破不需要大面积的侦查协作，但是符合并案侦查条件的案件，在侦破时，需要多方面的协作。这样可以将各个不同区域的侦查力量集中起来，实行侦查协作，联合作战。针对当前系列犯罪案件日趋增长的形势，并案侦查既增强了整体作战的能力，又密切了侦查部门地区间的联系，大大加快了破案的进程。

(三) 可以提高破案率

单个机关开展侦查工作由于受到地域管辖等不利因素的影响，在办案过程中破案时间就会相应延长。而利用并案侦查这种侦查形式，可以把各地或者同一地方的案件联系起来，一旦所并的案件中有一起案件突破，就意味着所并的几起、几十起案件的侦破，因此，并案侦查可以大幅度提高案件侦查的工作效率。

三、并案侦查的条件

(一) 各案之间痕迹、物证相同，或者有直接联系

看几起案件是否可以进行并案侦查，首先就要分析几起案件现场遗留的痕迹、物证是否存在相同或相似之处，如果某一类案件现场遗留的痕迹、物证是相同或者是相似的，那么就能够认定这些案件可以进行并案侦查。例如遗留痕迹的特征，遗留物品的种类、产地、特征和使用上有相同或相似之处，那么就能判断是同一个人或同一伙人所为。此条件是并案侦查中最准确、最直接的并案条件，因为痕迹能准确、直观地反映犯罪行为人的形态特征和行为特征。

(二) 各案犯罪人的特征相同

并案侦查的另一个条件是看各案中犯罪行为人的个人特征是否相同。几起案件中反映出犯罪行为人的体貌特征、居住特征、职业特征、前科劣迹特征以及衣着特征是否具有相同或相似之处，也是分析判断这些案件是否为同一个人或同一伙人所为的重要条件。当然，要注意区分其中哪些是稳定特征，哪些是可变特征。所谓的稳定特征，就是犯罪行为人不能改变或不易改变的个人特征，如职业特征以及体貌特征中的身高、体态等；而可变特征是指容易被犯罪行为人改变、伪装的个人特征，如衣着特征、发型特征等。如果相同点是本质特征，那么就可以实施并案侦查；如果差异点是本质特征，那么就不能实施并案侦查。

(三) 各案中的作案手法和行为习惯相似

犯罪行为人实施犯罪行为就会在犯罪现场留下自身相应的特征。如果发现数起案件中的犯罪行为人的作案手段相同或相似，例如实施侵害的具体方法、过程、作案工具、被害人损伤的部位和特征、现场被侵害的部位以及伪装现场和破坏现场的方法等，这些也是判断案件是否为同一个人或同一伙人所为的重要条件。犯罪行为人实施犯罪行为后在现场遗留下的特征不是故意的，而是犯罪行为人自己无法注意

到的习惯行为，正是这样的特征才能成为并案侦查的条件。

（四）各案中的作案时间、地点及侵害对象相似

犯罪行为人对作案时间、作案地点及侵害对象的选择，也是犯罪行为人行为稳定的具体表现之一。在一般情况下，犯罪行为人在实施数起犯罪案件时，在选择实施的时间、地点及对象方面会有一定的稳定性，分析几起案件被害客体是否相同或有相似之处，如被害人都是女性、都在某路段等，也是认定是否可以并案侦查的一个重要条件。

四、并案侦查的步骤和方法

并案侦查主要有发现并案、认定并案、开展侦查三个步骤，在每一个步骤中，其方法是灵活多样的。

（一）全面收集证据，发现并案依据

及时、广泛地收集关于犯罪人及其活动的各种信息，是发现并案的主要途径，也是并案侦查的前提条件，这些途径主要是：

1. 了解现场，发现并案。侦查人员在进入犯罪现场以后，通过对案件现场的情况进行调查取证，可以收集到与犯罪有关的证据。侦查人员把这些犯罪的证据与以往发生案件的证据进行比对，就可以从中发现并案的依据。例如犯罪各案现场都使用同一支枪支进行犯罪的特征，就是可以并案的直接依据。

2. 应用技术，发现并案。犯罪现场的很多情况我们是无法直观发现或者认定的，需要通过技术手段来认定，如血液、毛发、纤维等证据，需要通过可靠的技术力量来进行分析，最终确定是否可以并案。在此过程中，要经常对上级下达的通缉信息以及网络等载体上的犯罪情况进行仔细观察，从中发现并案的线索。

3. 分析档案，发现并案。并案不只是出现场干警的专项工作，侦查部门的内勤、案件统计人员也是并案依据发现的主要力量。侦查部门的内勤、案件统计人员要密切关注犯罪分子的档案，如他们实施犯罪的惯用手段、犯案时间、犯罪地点、年龄等情况，只要对这些情况能够充分掌握，就能与新发案件进行对比，从中发现并案线索。

4. 通过调查，发现并案。由于犯罪分子、侦查机关等多方面的原因，导致不是所有的案件在发案后很短的时间内都能立案侦查。所以，在进行大量的调查和走访工作中，可以使一些侦查机关未知的案件浮现出来。这就要求侦查人员要经常地深入群众进行调查走访，收集相关证据，把以往案件与通过调查、走访出来的案件进行充分联系，这样能够发现一些可以并案侦查的案件。

5. 通过联防，发现并案。侦查机关在办案的过程中经常有一些与群众、企事业单位、社会团体等地方机关做联防的工作，这些工作的实施可以在很大程度上提

高社会的安定系数。一些地方机关和个人对犯罪情况是很了解的，所以可以通过联防这种形式把这些人集中在一起对案件进行“会诊”，从中发现并案的线索。

6. 利用协查，发现并案。侦查人员在加强自身工作力度的同时，要注意收集、整理各地发来的协查通报和堵捕逃犯的信息，这些犯罪分子一般在逃跑的过程中还会实施一些犯罪行为，更有一部分犯罪分子就是流窜犯，通过对这些情报的掌握，可以尽快地并案。

（二）充分分析信息，认定并案证据

并案工作一定要做得认真仔细，切不能马虎大意，实施错误的并案策略，错过破案时机。认定并案的方法有：

1. 比较认定法。侦查机关工作人员对收集的犯罪并案证据要进行充分的分析，如果发现案件证据的差异点是本质的，那么认定案件的并案结论就是错误的；反之，如果案件证据相同点是本质的，那么认定案件的并案结论就是正确的。

2. 类比认定法。通过对两个或两个以上不同案件进行比较，找出它们的相似点或相同点，然后，以此为依据，把其中某一案件的有关材料或结论推移到另一案件中去，如果另一案件发展趋势和前一案件相同，那么就可以考虑并案侦查。通过这种类比推理的方法，可以一步一步地认定全部系列性案件。

3. 归纳和演绎认定法。此种方法就是对前一系列案件的特征进行全面仔细的归纳和总结，演绎出以后发生同样的案件应该有什么样的特征和结果，如果以后发生相似的案件也有以前案件的特征，那么就可以认定并案。

4. 技术检验鉴定法。利用技术检验鉴定法，就是把各案案件现场上的各种痕迹物品集中起来，逐个加以检验鉴定，找出它们的同一性和共同特征，认定并案。如犯罪分子在每个案件都遗留下同一指指纹，那么就可以并案。

（三）组织精干队伍，全面开展侦查

串联并案的目的是为了组织并案侦查，破获系列性犯罪案件。在串联并案的基础上，组织并案侦查的主要方法是：

1. 建立由上级机关为领导模式的并案侦查组织指挥体系，对参战的每个成员进行分类、分组，进行统一指挥。要做好并案侦查工作，就要建立案件的组织指挥体系，这样在整个案件的侦查过程中才会有章可循。

2. 侦查人员对案件的证据等相关信息进行认真仔细的研究分析，以此为据确定侦查范围，制订侦查计划。通过对收集到的各案的证据进行认真仔细的分析，能够把所有认定犯罪嫌疑人的证据串连起来，可以缩小侦查范围，缩短破案时间。

3. 全面开展侦查工作，打破僵局，发现线索。并案侦查工作开始以后，要利用各种侦查措施，对案件的共性进行归纳总结，以便在案件的侦破过程中，能打破僵局，及早破案。

4. 调用各种侦查措施和手段，发现线索、查获犯罪嫌疑人。由于并案给侦查工作带来了案情上的新认识，所以要加大力度并应用各种侦查措施和手段，在锁定的范围内，利用案件的共性发现犯罪嫌疑人。

5. 侦查人员抓捕犯罪嫌疑人以后，要充分利用犯罪证据对犯罪嫌疑人进行审讯，深挖罪行，力争此犯罪嫌疑人的所有犯罪行为都能得到应有的惩罚。

6. 破案后，侦查人员必须对每一起案件的各种证据进行认真复核，去伪存真，保证案件的质量。侦查机关在破案以后，不能大意，要时刻保持冷静的头脑，要把证据做成铁证，使犯罪分子逃避法律惩罚的想法变成空想。

现代科学技术的发展，给我们的生活带来了翻天覆地的变化，使我们的生活变得丰富起来，同时也给犯罪分子提供了新的犯罪思维和手段。当前大部分犯罪分子的犯罪手段均体现出明显的智能化特征，使侦查部门在获取犯罪证据方面的难度变得越来越大，这就要求侦查机关必须改变一些传统的取证方法，以保证案件及时有效地侦破。如建设犯罪信息资料网络，这样侦查人员就能从广阔的领域，广泛搜集各种犯罪信息，以扩大侦查人员的破案视野和提高控制犯罪的能力，可以很好地打击系列犯罪案件。同时，侦查人员还要注意一些职业性比较强的犯罪情况，如走私、贩毒、诈骗等犯罪活动，侦查人员如果能够很好地掌握这类犯罪的情况和特征，就可以很好地预防此类案件的发生，达到预防犯罪的目的。

第三节　破案战役

一、破案战役的概念

破案战役是指侦查机关内部组织的、在一定时间和范围内，统一调配力量、统一组织指挥、集中侦破一批刑事案件的斗争形式。

破案战役是侦查机关自己组织的一种刑事司法活动。破案战役的目的是在一定的时间和范围内，对发生在一定区域内的某类多发性案件进行集中处理的活动。破案战役的实施可以很大程度上打击犯罪分子的嚣张气焰，有效提高侦查机关的破案率，为社会的安定创造空间，为我国创建社会主义和谐社会打好基础。破案战役是侦查机关针对犯罪分子实施的一种斗争形式，理解它需要从以下两个方面着手：

（一）集中优势兵力打歼灭战

破案战役是集中打击犯罪的一种活动，它是根据治安形势发展不平衡和警力有限的实际状况，在刑事犯罪活动猖獗的地方集中兵力开展的活动。集中兵力能够形成技术上的优势，迅速造成声势，有利于充分发动群众、震慑犯罪分子，也有利于锻炼队伍，增长才干。

（二）打击、预防、建设、管理相结合

破案战役突出打击的是现行犯罪活动，狠抓大案、要案、隐案和积案的侦破，深挖余罪，以预防犯罪行为的发生。通过开展破案战役，能够加强业务建设，深入了解敌、社情，积累犯罪资料，建立档案，物建秘密力量，同时还能发现内部单位的漏洞和薄弱环节。面对存在的问题，要采取针对性措施，及时加强预防工作，从根本上扭转破案率不高、侦破不力的被动局面。

二、破案战役的组织

破案战役的组织，一般是以县（市）为单位独立地进行，特殊情况下根据斗争的需要，也可以跨地区联合组织实施。从破案战役的概念可以知道，破案战役是一种有组织、有目的的刑事司法活动，所以在什么时间、什么地点组织破案战役，就要根据当地的实际情况，做到实事求是。为此，必须重视调查研究，准确地掌握刑事犯罪情况。组织破案战役，一般是在刑事案件上升，积案较多，破案率不高，侦破工作十分被动的情况下进行。领导机关部署破案战役，事先要调查研究，了解下情，区别不同情况，实行分类指导。基层公安、保卫组织对于本地的治安情况十分熟悉，如何组织行动，既要研究上级的部署，更要联系本地的实际，安排自己的工作，防止使破案战役形式化、模式化。

三、破案战役的步骤和方法

破案战役虽然只是公安机关内部的一种专项活动，但是它的实施也是有章可循的。破案战役实施的步骤和方法如下：

（一）破案战役的准备

1. 制订破案战役的行动方案。在破案战役实施之前，首先要拟订战役计划，明确进攻目标和战役要求，规定行动时间和组织纪律，这是破案战役实施的先决条件。任何活动都离不开规则，破案战役也是如此，也只有制订了行动方案，才能在整个活动过程中做到有的放矢。

2. 建立完善的组织机构。虽然破案战役只是侦查机关内部的一种活动，但是它也需要一些其他方面的配合，如其他地方的侦查机关、社会企事业单位等，所以要建立完善的组织机构。组织机构的人员以本单位的人为主，按照各自的专长等进行分工。在实施活动之前为了达到更好的目的，要做到动员、训练参战人员，部署工作，强调政策，交代方法，保证活动的顺利开展。

3. 认真审理未破案件的材料。破案战役的一个主要目的就是对积案的处理，所以在实施行动之前要对积案进行分类排队，逐个研究，清理各方面线索，选择具备破案条件或者可以并案侦查的案件，组成若干破案小组，制定具体措施，以便在破案战役开始后，就能将一些重大案件的犯罪嫌疑人缉拿归案，造成破案战役的强大声势。

4. 全面发起舆论攻势。在破案战役的准备过程中，不仅要鼓动参战人员，还要利用各种宣传形式，广泛发动群众，号召坦白检举，激发群众同犯罪分子作斗争的积极性。这样的措施可以给实施过犯罪行为的人员产生极大的心理压力，促使其主动交代自己的罪行，同时这样的声势可以预防那些将要实施犯罪行为的人员，促使其放弃实施犯罪行为的念头。

（二）破案战役的实施

1. 调动机关内部成员协作侦破。要调动机关内部的人员参加战斗，特别是公安派出所的基层工作者和保卫组织，因为他们对社会的情况很了解，可以尽早地从他们那里了解一些情况。同时参战人员要深入调查摸底，以扩大线索，摸清底数、保证用最短的时间侦破案件。

2. 充实审讯力量。破案战役实施以后，在短的时间内会产生明显的效果，对于抓捕归案的犯罪嫌疑人不能掉以轻心，要进行认真细致的审讯，保证犯罪分子的所有罪行都得到应有的惩罚。为此要调整、充实审讯力量，加强对在押犯的审讯，开展政治攻势，号召坦白检举，深挖余罪，扩大战果、查破积案。实践证明，相当一部分犯罪嫌疑人不只实施了一个犯罪行为，侦查人员利用审讯达到了很好的效果。

3. 公开与秘密侦破手段相结合。组织公开与秘密力量对重点地区、复杂场所和特种行业进行控制，通过抓获现行犯和劳改劳教逃跑人员，破获一批案件。对于久侦未破的重大疑难案件，要群策群力，集中智慧，力争迅速攻破一批，鼓舞士气，以利再战。

（三）破案战役的终结

破案战役结束以后，要召开有关单位负责人和侦查机关内部参战人员的座谈会，要及时总结此次活动开展以来收到的成效，总结此次活动的成功经验和失误的地方，以有利于以后开展同类活动的过程中能够做到更好。同时要向社会发布破案成果，以告诫犯罪分子犯罪必然要受到惩罚，最终达到预防犯罪行为的发生，为社会的安定提供保障。

【延伸阅读】

并案侦查意识的提高

随着流窜犯罪、系列犯罪的不断增多，侦查部门应当进一步增强串并案意识。及时串并案件不仅可以提高侦查破案能力，而且能够大大降低破案成本，缩短破案周期。在侦查实践中，涉案地公安机关大都是按照个案进行侦查，缺乏应有的串并案工作意识，特别是缺乏“小案并大案”、“大案串小案”以及“案后串并”的工作意识，以至于一些串并案条件非常充分的案件未能及时与这些后果严重的刑事犯罪案件并案侦查。工作实践表明，对于侵财犯罪案件，犯罪分子在实施犯罪过程中，因客观环境的变化，犯罪主体多表现为“非盗即抢”、“非抢即杀”。在作案过程中由盗窃发展为抢劫，再由抢劫演变发展为抢劫杀人的案件在实际工作中较为常见，这就要求侦查人员只有在工作中不断强化串并案工作意识，掌握好串并案工作的时机、方法和策略，才能不断提高打击、防范和控制系列犯罪案件特别是系列命案的工作能力和水平。

第十三章　侦查管理

一个系统的不同部分不应相互独立地加以研究。各个部分，只有根据它们的相互关系，而且最终根据它们与整体的关系，才能得到理解。

——［英］帕特里克·贝尔特

第一节　侦查体制

一、侦查体制的概念

体制是指行政系统的权力、组织结构、职能配置、运行机制等的关系模式。侦查体制是指侦查部门的机构设置和侦查权限划分的管理制度。

从概念中我们可以知道：侦查体制主要包括“机构设置”和“侦查权限划分”两部分内容。刑侦体制和运行机制是密不可分的，体制是机构设置与管理权限的划分，运行机制是刑侦系统内部实现自身功能的运行方式。

二、我国的侦查体制

根据我国法律的规定，我国的公安机关、国家安全机关、人民检察院、军队保卫部门和监狱都拥有侦查权，都是国家的侦查机关。

（一）我国公安机关的体制

我国公安机关的体制是：在国务院设立公安部，它是全国公安系统的领导机关；在省、自治区人民政府设立公安厅，在直辖市人民政府设立公安局；在省辖市人民政府设立公安局。在县或相当于县的市人民政府设立公安局，在城市区人民政府设立公安分局；在铁道部、交通部、林业部、民航总局设立公安局，并在它们的所属部门设立相应的公安机关。此外，还有其他经人民政府批准设立的公安机关。

1. 我国公安机关的职权。国家法律赋予我国公安机关治安行政管理、刑事、军事性质三个方面的基本权力。公安机关在治安行政管理方面的权力，主要体现为行政管理权、行政干预权、治安管理处罚权、传唤审查权等。公安机关在刑事方面的权力，主要表现为侦查权、刑事强制权、预审权、刑事惩罚权等。公安机关可以依靠武装力量，有权对警卫、守卫、守护目标采取武装保卫措施，有权执行逮捕、押解、巡逻等任务；有权进行边防检查、边境守卫，打击破坏国家边境安全的国内外敌对势力；有权对危害国家安全的暴乱、持枪抵抗的犯罪人、恐怖活动分子实行武装镇压。

公安机关根据自己权力和任务的范围，主要有以下五个方面的专业工作：

（1）侦查工作。包括对危害国家安全的犯罪和其他刑事犯罪的侦查。

（2）治安行政管理工作。包括户口管理、公共秩序管理、特种行业管理、危险物品管理、城市道路交通管理、公安外事管理、中国公民出入境管理、消防监督等。

（3）保卫工作。即保卫企业单位、事业单位、机关、团体内部的安全。

（4）警卫工作。主要是警卫国家规定的列名保卫对象、警卫目标的安全。

（5）监管工作。主要羁押依法逮捕、拘留正处于审讯、起诉、审判阶段的犯罪嫌疑人，以及被判处1年以下有期徒刑或拘役的犯罪分子。

2. 我国公安机关的组织机构

公安机关的组织机构，不同级的机关是有差别的，但任何一级公安机关都有以下三种机构：

一是职能机构。是直接执行公安机关保卫国家安全，维护社会治安秩序的机构，有依法使用权力手段的资格。它由公安机关首长和专业机构组成。公安机关首长有权领导和指挥各专业部门执行任务、办理案件、处理事件，有权依照法律和制度对本机关职能范围内的事务执行审核、批准、决定。专业机构是公安机关的实战单位，依照法律法规、行政职权执行任务。公安机关的主要专业机构有：政治保卫部门、其他刑事犯罪侦查部门、技术侦查部门、文化单位保卫部门、治安管理部门、监管部门、警卫部门、边防管理部门、交通管理部门、消防部门、经济犯罪侦查部门、缉毒部门。

二是政治机构。各级公安机关均设有政治工作部门，配备有政委、教导员等专职政工人员。其任务是贯彻落实党的路线、方针、政策，负责公安队伍的组织建设、思想建设和干部管理工作，保证各项业务工作的顺利完成。

三是保障机构。主要有秘书、咨询、后勤、技术装备、教育、科研等部门，其任务是为公安机关提供各方面的保障条件。

（二）我国检察机关的体制

最高人民检察院是我国最高检察机关，由全国人民代表大会产生，依法实行法律监督职能，对全国人大及其常务委员会负责并报告工作。地方各级人民检察院包括：省、自治区、直辖市人民检察院；省、自治区、直辖市人民检察分院，自治区、省辖市人民检察院；县、市、自治县和市辖区人民检察院。省一级和县一级人民检察院根据《人民检察院组织法》和工作需要，可在特殊区域和场所设置派出机构，如在监狱、劳教场所、林区、工矿区设置人民检察院。检察派出机构由人民检察院提请本级人大常委会批准。地方各级人民检察院对同级人大及其常委会负责并报告工作。地方各级人民检察院接受最高人民检察院的领导，下级人民检察院接受上级人民检察院的领导。铁路运输检察院是国家设置在铁路运输系统的法律监督机构，是我国检察机关的组成部分，由铁路运输检察分院和基层铁路运输检察院组成，直接由所在的省、自治区、直辖市人民检察院领导。专门人民检察院是在特定的组织系统内设置的检察机关。我国的专门人民检察院是军事检察院，它是国家设置在人民解放军系统的法律监督机构，属于军队建制，在最高人民检察院和解放军总政治部领导下工作。军事检察院的职权是对军职人员的案件行使检察权，而侦查权是其中的重要权力之一。

1. 我国检察机构的职权

根据我国法律规定，检察机关的职权主要有以下几个方面：刑事案件侦查权、逮捕权、起诉权、侦查监督权、刑事审判监督权、对执行刑事判决、裁定和监督改造机关的活动是否合法的监督权、民事审判监督权、行政诉讼监督权、司法解释权。

最高人民检察院的职权是：有权指导、部署和检察各级人民检察院的工作；有权制定检察工作条例、细则；由全国人大常委会授权对检察工作中具体应用法律进行司法解释；依法行使各项检察权；依照法律权限管理检察机关干部，对有关检察人员提请任免；确定全国检察机关的人员编制。

地方各级人民检察院按照法律规定的管辖范围和权限行使各项检察权；侦查直接受理的刑事案件；对侦查机关的侦查活动是否合法实行监督；对受理的刑事案件向同级人民法院提起公诉；对人民法院的审判活动是否合法实行监督；对同级人民法院第一审案件的判决、裁定确有错误时，按程序提出抗诉；上级人民检察院对下级人民法院已发生法律效力的判决、裁定如发现确有错误的，按审判监督程序提出抗诉；监督执行人民法院的判决裁定，监督监狱、看守所、劳教所的活动是否合法。

2. 我国检察机关的机构设置

我国检察机关的机构设置由人民检察院组织法规定，与它的职权和业务范围相一致，有检察长、检察委员会、检察业务机构三个方面。检察长属于人民检察院的领导机构。检察委员会是人民检察院工作的指导和决策机构。检察业务机构是围绕各项职权开展业务工作的职能机构。各级人民检察院的主要业务机构有：

（1）刑事检察机构。主要是审查公安机关呈请批准逮捕和移送起诉、免予起诉的案件；提起公诉，提出抗诉案件；出庭支持公诉或支持抗诉；对侦查机关的侦查活动、人民法院的审判活动是否合法进行监督。

(2) 职务犯罪侦查机构。主要开展贪污、贿赂以及人民检察院直接受理的侵权、渎职等犯罪案件的侦查业务工作，一般分为反贪侦查部门和反渎职侵权检察部门。

(3) 监所检察机构。对刑事判决、裁定的执行和监狱、看守所、劳教所的活动是否合法实行监督。

(4) 民事、行政检察机构。依法对民事审判和行政诉讼活动实行监督。

(5) 控告、申诉检察机构。受理控告、申诉案件，处理来信、来访事务。

(6) 技术机构。对案件中的证据进行鉴定、复验及技术协助。

(7) 研究机构。调查研究社会治安状况、犯罪规律以及检察工作中执行政策法律的基本情况并负责法制宣传。

最高人民检察院除设立上述机构外，还设立了铁路运输检察厅。

(三) 其他侦查机关的体制

军队保卫部门的侦查体制：我国军队现行保卫部门的编制分为五级，即总政治部设保卫部，总参、总后、总装、空军、海军、二炮、武警及各大军区设保卫部，军设保卫处、师设保卫科、团设保卫股。除大军区以上单位的保卫部门设侦查（技术）处（局），负责侦查工作，多数军级单位的保卫部门不设专门的侦查机构，但指定专人负责侦查业务。军以下单位由于案件较少，保卫干部有限，不设专门的侦查干部。保卫部门的设置是按系统划分的，在一个系统内部，下级保卫部门接受上级保卫部门业务指导。不同系统的保卫部门之间没有隶属关系。

监狱的侦查体制：我国监狱的现行侦查编制分为四级，即司法部监狱管理局设狱政处，由狱政处负责全国监狱系统内侦查业务的指导工作，各省、自治区、直辖市监狱管理局设狱侦处或狱侦科负责全省狱内侦查工作的指导、监督、检查和狱内重大案件的侦破工作，各监狱设狱侦科（组）、监区和中队设专（兼）职狱侦干事负责狱内侦查工作。

(四) 我国现行侦查体制的特点

我国侦查体制的主要特点有以下几个方面：

1. 条块结合制。依据侦查权纵向分配的不同情况，可将侦查体制划分为集中型侦查体制、分散型侦查体制和结合型侦查体制。我国整个公安体制是“条块结合、以块为主”，属于中央和地方结合型的体制或者可称为以分散为主、集中为辅的体制。与之相适应，我国公安机关的侦查体制也属于中央和地方结合型的侦查体制，确切地讲，是以分散为主、集中为辅的侦查体制。

这种条块结合制具体表现为：一方面，侦查部门上下级之间是领导关系，上级侦查部门有权指挥下级侦查部门，全国侦查部门作为一个整体执行侦查职能；另一方面，侦查部门作为同级人民政府的一个部门，又必须接受同级人民政府的领导，各级侦查部门及公安部门的人事、财政权力都由地方政府掌握。因此，从这种意义上讲，我国的侦查体制是条块结合制。

2. 相对专业制。1997 年刑侦改革前，派出所承担了大量的破案任务。一方面，派出所既有行政管理权，又有刑事侦查权，极易造成权力混淆和滥用；另一方面，派出所以防范和行政管理为主要职责，无法满足侦查破案专业化的要求，办案质量和效率得不到应有的保障。1997 年刑侦体制改革后，派出所不再承担破案任务，这就强化了侦查部门的侦查破案职能，强调了侦查部门是打击犯罪的主力军，而公安派出所则相对成为防范犯罪的主力军。

3. 队建制。目前，我国刑侦机构统一实行了队建制。县（市）公安局和城市公安分局设刑警大队；地（市）公安局设刑警支队；省（自治区、直辖市）公安机关设刑警总队；公安部设刑侦局。实行上级刑侦部门与分、县公安局双重领导，刑警总队对下级刑侦部门由指导变为领导。队建制的最大特点是强调了刑侦部门的“行动性”。队建制使刑警队伍从机关化到实战化，有更强的系统性、专业性，可以打破条块分割，减少中间环节，增强实战功能。队建制便于侦查部门快速反应、协调反应、主动反应。

4. 分级管理制。刑事案件实行分级管理制度。责任区刑警队驻扎在责任区内，开展对刑事案件的侦查工作；重大案件由县公安局和城市区公安分局刑侦部门负责侦查，地（市）公安机关刑侦部门负责指导，并直接参与一部分重大案件的侦查。特别重大案件由地（市）公安机关刑侦部门组织侦查，省、自治区公安机关刑侦部门督促指导，并直接参与一部分特别重大案件的侦查工作。

5. 责任制。刑侦体制改革的目的就是最大限度地调动刑警工作的积极性，通过制定科学的目标管理考核标准，把破案责任落实到每一个刑警队、侦查员身上，层层有责任、人人有压力，体现出干多干少不一样、干好干坏不一样。目前，侦查部门已普遍建立起一种任务到人、奖优罚劣，能上能下、能进能出，人人有责任、人人有压力的侦查破案体制和机制。

6. 一步侦查制。1997 年 6 月 9 日以前，我国侦查部门一直实行侦审分开的侦查体制，即将刑事案件的侦查分为侦查和预审两个阶段，分别由公安机关内部的侦查部门和预审部门负责。侦查部门负责收集证据，查获犯罪嫌疑人，查清犯罪事实。预审部门负责审查核实证据并进一步收集证据，深挖犯罪，扩大战果，查清全部犯罪事实、侦查终结、对案件提请审查起诉或撤销案件。自 1997 年 6 月 9 日以后，我国实行将侦查、预审两部门合并的侦查体制，让侦查人员既破案又办案，对一起刑事案件一办到底，即整个刑事案件的侦查过程没有明确的阶段划分，由一个部门的侦查人员从头到尾负责的侦查体制。

7. 充实基层制。侦查工作的基层机构主要是指县（市）、区侦查部门及其所属的作战实体责任区刑警队。加强基层机构建设对于任何政府部门或单位都是一条重要原则，对于侦查部门来说，更有其特殊的意义。因为侦查基层单位要和犯罪嫌疑人短兵相接，直接进行较量，侦查工作的基本职能和战斗力集中表现在它们的行为上；基层机构和群众联系密切，保卫国家和人民生命财产的职能要靠它们来完成；基层单位工作水平决定着整个侦查工作的质量。

在我国现有的刑侦体制中，特别强调了"责任区刑警队"的建设问题。为适应形势需要，刑警大队下设若干个责任区刑警队和专业队，这是刑侦最基层的作战单位。责任区的划分，根据行政区域面积、人口数量、治安状况等因素综合考虑确定。每个责任区建立一个刑警队，使刑警队覆盖全社会面。同时，要求地（市）级以上侦查部门要转变工作作风，深入基层，加强调查研究，提高对下级指导、协调和服务的水平。

三、外国的侦查体制

（一）外国的侦查机关与侦查权

由于各国法律制度不同，侦查职能的分配有一定区别，因而行使侦查权的机关也不完全一样。综观各国宪法和法律规定以及司法实践状况，有权行使侦查的机关主要有三个，即国家安全机关或国家情报机关、警察机关、检察机关。

外国侦查职能分配的模式有以下五种：

1. 检察机关主持侦查，警察机关辅助侦查。原联邦德国的法律就是这样规定的。但在司法实践中，大部分刑事案件都是警察机关组织的侦查。

2. 警察机关为主要侦查机关，检察机关从事一部分刑事案件的侦查，并监督、控制、辅助警察机关的侦查。如日本、前苏联都是这种体制。

3. 警检合一，检察官包揽全部刑事案件的侦查，有的检察官兼任刑警队长直接组织指挥侦查破案。如瑞士部分地区的法律就是这样规定的。

4. 检察机关是单独的公诉机关，警察机关独揽侦查权。目前英国的警、检两家实际上就是这样分工的。

5. 司法部统管侦查，下属检察机关和警察机关均有侦查权。如美国、法国等。

目前，不少国家司法界人士对警、检两家侦查分工提出了调整意见，认为检察机关的侦查职能不宜过于宽泛，应当减轻其侦查任务。一是因为它的警力不足；二是情报网络、手段措施和业务水平不如警察机关；三是侦查管辖范围过宽不利于行使法律监督的主要职能。因此，有的国家已开始收缩检察机关的侦查权。

（二）外国侦查体制的基本特点

在现代各国的侦查体制中，尽管在侦查职能的划分方面存在许多差别，但都有若干共同特点。

其一，在侦查分工方面，危害国家安全的犯罪案件，由国家安全机关或情报机关负责管辖和实施侦查；危害社会公共安全的犯罪案件由警察机关和检察机关管辖和实施侦查，其中涉及职务犯罪的案件由检察机关管辖并组织侦查。警检机关虽有严密分工，但又是相互配合的。

其二，承担普通刑事案件侦查的部门，大多隶属于国家各级警察机关，而警察机关又基本上隶属于各级政府，其中有隶属于内务部系统和隶属于司法部系统两种模式。有的国家侦查部门的地位较高，直接隶属于内政部或司法部，如美国的联邦调查局、原德意志联邦的刑事警察局等，可以代表国家的警察当局参加国际刑事警察组织。

其三，各国侦查部门在领导体制上基本上都实行“条块结合，以块为主”的模式。各级侦查部门大多数都是各级政府管辖的警察机关的职能部门，上级侦查部门对下级侦查部门属于业务指导或者合作关系。联邦制国家的警察机关，上下级侦查部门基本上属于合作关系；其他国家，多属于业务指导关系。

其四，在侦查部门内部，形成了侦查情报、侦查技术、案件侦查三大业务职能系统，为共同实现部门总体职能服务。在侦查实战系统，都是以案件性质作为划分作战队伍的依据。

四、国际刑警组织

国际刑事警察组织已有80余年的历史了，它经历了国际刑事警察会议、国际刑事警察委员会、国际刑事警察组织三个阶段。1956年6月，国际刑事警察委员会在维也纳召开第25届年会时，修改了章程和总规则，并将“国际刑事警察委员会”更名为“国际刑事警察组织”，简称国际刑警组织，英文缩写“ICPO”，法文缩写“OIPC”。总部设在法国里昂。

（一）国际刑警组织的性质、宗旨和原则

国际刑事警察组织是一个各成员国政府间刑事警察合作的世界性组织。它不是政治性的或军事性的组织，也不同于民间的国际团体和地区性的国家间组织。

国际刑警组织的宗旨，是在各国法律规定的限度内，保证和促进各国刑警当局间尽可能广泛的相互支援，建立与发展有助于预防和镇压普通刑事犯罪的各种制度，加强各国警察之间的合作，维护各国的社会秩序。

国际刑警组织具有一定的权力能力和行为能力，但其权限和行为是严格控制在该组织章程规定的范围之内的。这个组织不是一个“超国家”的权力机关，它的一切权力均来源于各个会员国，它的存在和活动是以各个会员国所缔结的章程为依据的。在国际法律关系中它只能享有作为主权国家在章程上所赋予的那一部分权力，如果超越了法定的限度和范围，就会构成国际法上的非法活动。

国际刑警组织开展自己的活动必须遵守五条原则。即：（1）各个会员国一律平等；（2）国际刑警组织及各会员国之间的合作权限于刑事犯罪和刑事警察事务；（3）与各国合作不得违反本国法律；（4）合作自愿原则；（5）合作不能涉及政治、军事、宗教及种族事务，国际刑警组织和会员国在办理合作事务的过程中不得从事任何政治、军事、宗教、种族的干预与活动。

（二）国际刑警组织的机构

国际刑警组织的机构有全体大会、执行委员会、总秘书处、国家中心局、顾问。国际刑警组织会员国全体大会是最高权力机构。大会由会员国官方代表参加，每年一次，会期一周，讨论决定该组织方针、财政活动计划、选举官员等重大问题。执委会是该组织的议事和执行机构，由13人组成，设正副主席4人，委员9人，每年开会2次。其任务是筹备每次全体大会的议程，向大会提交工作计划和预算草案，监督总秘书处的工作，行使大会授予的权力。总秘书处是国际刑警组织的常设工作机构。总秘书处由秘书长和受委托办理本组织工作的行政人员和技术人员组成，其职能是实施大会和执委会的决议，处理日常事务，从事各种会议的秘书工作，拟订工作计划，负责与各会员国有关当局的联络，协调各国刑警机构同犯罪作斗争的行动，管理犯罪情报，编印出版刊物。总秘书处下设总秘书处常务办公室、警察事务部、研究及图书资料部、技术支援部、行政管理部等职能部门。国家中心局既是会员国的一个警察部门，又是国际刑警组织的法定机构，是它的有机组成部分，是国际刑警组织的延伸，而不是它的分支机构。国家中心局在有限的范围内有义务与国际刑警组织秘书长保持密切联系，但不接受其行政指令的约束，而是按照本国的法律进行活动。国家中心局又是各会员国之间刑事警察进行合作的决定机构。一国与另一国的刑警进行合作，必须通过两国的国家中心局。各国国家中心局一般都设在本国最高警察机关内。国家中心局的职能是在办理国际性犯罪案件方面，指挥协调各自国家的警察行动；负责与国际刑警组织总部与各会员国的联系，接受总部和各成员国委托的协助侦查破案的有关工作；搜集有关情报，共同做好预防犯罪工作。国际刑警组织由于工作需要设置了一些顾问，以帮助出谋划策，解答有关问题。顾问是咨询性质的职务，它的产生经大会同意后由执委会任命。

（三）国际刑警组织的工作范围

国际刑事警察组织的根本任务是揭露各种刑事犯罪活动，缉拿和逮捕犯罪分子，搜集和交流有关刑事犯罪的情报。其工作范围主要有：（1）情报工作。情报的搜集、传递与交换，情报的咨询与服务。（2）通信工作。包括中心站和台站的建立，通信网络的建立，通信服务等工作。（3）侦查工作。虽然从本质上讲，侦查是国家的内部事务，是国家主权的体现，一个国家、一个国际组织不能在另一个国家开展侦查活动，因而，国际刑警组织未经会员国授权是不能在其国内实施侦查的。但由于国际刑警组织的性质和宗旨的特殊性，在工作实践中它享有有限的侦查权。主要表现在：为了查明某一犯罪案件事实，可以组织广泛的调查活动；为了揭露与证实犯罪人，有权搜集各种犯罪情报和各种犯罪证据；根据会员国的委托可受理刑事案件的技术鉴定；为了打击国际性的刑事犯罪，可以在全世界范围内通缉罪犯；可以向会员国发布预防犯罪通报，请求查寻犯罪嫌疑人的下落，但国际刑警组织无权在会员国逮捕或拘留刑事犯罪分子或犯罪嫌疑分子，无权开展搜查、现场勘查、取保候审、审讯等侦查手段和侦查活动。（4）协查工作。这是国际间刑事警察合作的主要内容。协查的案件仅限于普通刑事案件，协查的主要对象必须涉及两国或两国以上。（5）通缉罪犯。一个会员国的普通刑事罪犯逃往另一个会员国，可通过这种特殊合作形式，请求他国协助逮捕归案。一个会员国的通缉令可通过国际刑警组织渠道发到其他会员国。（6）证据的搜集与送达。国际性犯罪案件，罪犯及犯罪活动涉及几个国家，证据分散，需要有关国家合作，共同收集证据。送达证据的方式由请求国与被请求国共同商定。（7）刑事技术工作。是该组织一项重要任务，包括刑事登记、痕迹检验、文书检验、刑事影像、技术援助和技术培训等。（8）引渡工作。（9）预防犯罪工作。

第二节　侦查管理机制

一、侦查管理的概念

侦查管理是指通过侦查组织、指挥、协调和控制等职能，设计和维护一种环境，使身处其间的各种侦查资源能够发挥最大的作用，以期高质量、高效率地实现既定侦查目标的一项综合活动。

侦查管理的主要内容是通过对人、组织结构、规章制度的综合设计和管理，使各种侦查资源在侦查活动中能够得到最大限度的合理利用，产生最强大的合力，以达到侦查工作的高质量和高效率。

二、侦查管理的基本原理

侦查管理的基本原理来源于现代管理理论，因此，认真研究现代管理的基本原理和理论，并将它们与侦查活动的具体情况相结合，合理地运用于侦查管理实践中，就能够创造出众多适应侦查工作特点的管理原则和管理方法。侦查管理的基本原理主要有：

（一）系统原理

系统原理是侦查管理的重要理论。所谓系统是指“由两个以上要素组成的具有整体功能和综合行为的统一集合体”，即由多个要素构成的具有一定层次结构并与客观环境发生联系的整体。侦查管理的对象都是存在于一定层次的系统之中的，系统中的每一个基本要素都不会孤立地存在，它既处于自身的系统之中，又与其他系统发生各种形式的联系。因此，为了达到管理目标的优化，就必须从系统的整体出发，对侦查管理的各个方面进行系统分析，即侦查管理的系统原理。

（二）反馈原理

反馈原理是指控制系统把信息输送出去，又将其作用结果反馈回来，并对信息的再输出发生影响，直至达到预定目的。反馈原理是指在因果性和目的性之间建立起一种紧密联系，保证系统始终围绕既定目标运转的理论。反馈原理的应用对侦查管理活动具有极为重要的意义。由于侦查活动涉及众多不确定因素，因此，侦查方案的制定、选择和实施，都必须是建立在前一个侦查行为结果的基础之上的。如果没有适时、适量和准确的反馈信息，就不可能对侦查活动进行进一步部署。

反馈的最终目的在于要求对客观变化作出正确的反应。侦查管理活动要符合客观实际，关键在于是否有灵敏、正确和有效的反馈。反馈的灵敏程度、正确程度和有效程度，是衡量一个管理系统功能强弱的重要标志。由于现代侦查系统的日趋庞大，侦查管理工作也将会随之越来越复杂。针对这种情况，侦查的管理者即使具有较高的管理才能也不可能在侦查活动中洞察一切，一次就能够达到对案件本质的认识，他们常常需要通过决策、执行、反馈、再决策、再执行、再反馈的多次循环反复，直至侦查目标的实现。因此，侦查管理活动中几乎每一个工作环节都离不开反馈，从而使侦查管理对反馈的需要也显得更加的迫切。

（三）能级原理

管理学中的能级是指任何稳定的管理系统，必须是一个由具有不同层次，不同能级组成的复杂系统，系统中每一个单元都根据本身所具有能量的大小和单元之间能够产生的相互作用而处于不同的地位，从而发挥各自的作用。侦查管理的任务是要建立一个合理的能级，使不同岗位上的人员都能最大限度地发挥作用。能级原理在侦查管理中的实施具体表现为：首先，应确定各个系统管理能级的划分；其次，能级应和权益相对称；再次，能级应与人才动态对应。

（四）弹性原理

侦查管理中的弹性原理是指管理系统必须保持足够的弹性，能够及时适应系统内外部各种可能的条件变化，使管理工作得以连续有效地进行。运用弹性原理指导侦查管理活动，能够增强侦查管理系统的应变能力，提高侦查管理的有效性，避免和克服突发因素对侦查管理工作所造成的消极影响。

（五）动力原理

动力原理是指在管理活动中，积极有效地使管理的诸要素发生作用，产生强大的合力，在合力的作用下，使管理活动持续、高效地进行。管理活动中的基本动力有三类，即物质动力、精神动力和信息动力。物质动力主要是对个人的物质鼓励和社会的经济效益；精神动力主要包括人生信仰、精神鼓励和经常性的思想政治工作；信息动力在管理活动中以其及时、准确、适量的内容来推动管理系统的运转。这三种基本动力在具体发挥作用时，必须做到综合运用，协调一致，共同指向系统目标，避免产生内耗。

三、侦查管理的基本原则

侦查管理的基本原则是根据侦查工作的性质、规律和特点，通过对各种现代管理基本原理的认识理解，要求侦查管理人员在实际工作中必须遵循的规范和准则。侦查管理的基本原则是：

（一）从严治警的原则

侦查机关是国家的执法机关，是国家和人民利益的忠诚保卫者。因此，加强对人民警察的严格教育、严格管理、严格训练和严格执法，是侦查管理中从严治警原则的重要内容。

（二）依法管理的原则

侦查机关依法管理是依据法律进行的管理。侦查管理的依据主要是国家颁布的有关法律和侦查机关制定的各种法规、条令、条例、工作细则等。侦查机关依法管理的目的在于将侦查活动以法的形式确定下来，以期规范侦查人员的行为，提高侦查破案的效率。

（三）效益原则

管理活动的根本目的就是充分发挥管理的挖潜增效能力，以付出低消耗，产出高效能，创造出更多、更好的经济效益和社会效益。管理是为了创造效益，没有效益的管理是无益的。因此，效益既是侦查管理的目的，同时也是侦查管理的重要原则。

四、侦查管理的内容

（一）刑事案件的管理

刑事案件是侦查活动的客体，对刑事案件的管理是根据法律的有关规定来确定刑事案件的立案标准和管辖范围。侦查机关为了有效、准确地打击各类刑事犯罪活动，必须加强对其管辖范围内的刑事案件进行管理，这对于充分发挥各侦查机关在侦破刑事案件工作中的主动性和积极性，明确侦查责任制，强化对侦查工作的领导和监督，协调各侦查部门之间，上下级侦查部门之间的协同作战，都具有重要的意义。

刑事案件管理的主要问题是案件的管辖问题。正确地划分刑事案件的管辖范围，是保证刑事诉讼活动顺利进行的重要环节。

（1）刑事案件的职能管辖。刑事案件的职能管辖是指公安机关、人民检察院和人民法院之间直接受理刑事案件范围的分工。职能管辖是根据公、检、法三机关的不同职能和刑事案件的不同情况，解决刑事案件的管辖问题。职能管辖是司法机关依法行使职权原则的具体化。

（2）刑事案件的级别管辖。刑事案件的级别管辖是根据侦查机关的级别和刑事案件的性质、种类和危害后果而划分的侦查管辖。不同性质、不同危害后果的刑事案件由不同级别的侦查机关进行立案侦查。

（3）刑事案件的专门管辖。针对某些刑事案件有较为突出的地域特征和行业特征，世界许多国家都规定了刑事案件侦查的专门管辖。在我国，监狱，军队保卫部门，军事检察院，铁路、民航、交通、林业等专门公安机关分别负责各自系统内刑事案件的侦查工作。

（4）刑事案件的指定管辖。遇有管辖不明或发生管辖争议的刑事案件时，同一性质的侦查机关应由其共同的上级侦查机关依据有利于开展侦查工作的原则指定管辖。

（二）刑事科学技术管理

刑事科学技术管理是根据刑事科学技术工作的规律和特点，运用现代管理科学的理论和方法，通过发挥计划、组织、指挥、控制和服务等管理职能的作用，对刑事科学技术系统中的人、财、物进行有效的管理，使刑事技术系统的整体作战能力得到充分的利用和发挥，以满足侦查工作的实际需要。

在侦查中，刑事科学技术工作集中了大量的人才和数量众多的技术设备，要充分利用刑事技术系统中的人、财、物，发挥刑事技术人员的特长，提高仪器设备的使用率，就必须通过科学有效的管理活动来加以实现。

刑事科学技术管理的任务是：理顺管理体制，抓好刑事技术队伍的建设；制定刑事技术工作规划，实现管理的服务职能；做好现场勘查工作，提高痕迹物证的采集率和利用率；加强网络信息建设，增强对痕迹物证的鉴定和复核；组织刑事技术的总结和交流，推进刑事技术科研工作的发展；普及刑事技术知识，加强对基层技术部门的技术指导。

刑事科学技术管理的内容包括刑事技术人员的管理、刑事技术基础工作的管理、刑事技术器材的管理、刑事技术科研管理、刑事技术目标管理等。

（1）刑事技术人员的管理。刑事技术工作获取最大效益的前提是加强对人的管理。在刑事技术管理工作中，做好对刑事技术人员的管理，就能够有效地提高他们在工作中的积极性和创造性，使其能够更好地为侦查破案服务。对刑事技术人员管理的内容主要有：技术人员的选配与培训，技术人员的考核与奖励。

（2）刑事技术基础工作的管理。刑事技术基础工作是刑事技术管理的基础，刑事技术管理的计划与决策，组织与训练，指挥与协调，监督与控制等职能作用，只有建立在良好的基础工作之上，才能产生出最佳的管理效益。刑事技术基础工作的范围广泛，主要包括：日常工作中的各项规章制度；办案、科研所需要或用于计划、决策、考核等各项反馈的信息资料；直接用于侦查破案的各类档案建设等。

（3）刑事技术器材的管理。随着科学技术的发展，刑事技术部门的器材和装备也在不断得到改善，刑事技术的器材装备无论是在数量上还是在质量上都比过去有较大程度的提高。目前，就刑事技术器材管理而言，主要是通过建立一整套有计划的、合理的器材设备的购置、使用、维护、检查和修理等管理措施，提高仪器设备的利用率，充分发挥仪器设备在侦查破案中的作用，避免盲目购置和不规范使用仪器设备等问题的出现。

（4）刑事技术科研管理。随着科学技术的发展，刑事犯罪的手段方法也越来越狡猾、诡秘，这就给刑事案件的侦破带来了更大的难度。因此，为了适应同刑事犯罪作斗争的需要，就必须加强刑事技术的科学研究，探索各种侦破刑事案件的新技术和新方法，提高刑事技术手段的现代化水平。

刑事技术科研管理的任务是通过一系列的工作，把刑事科研的人、财、物等诸多要素合理地组织起来，充分发挥其作用，提高刑事科学技术管理的效果，有效地为侦查工作服务。刑事技术科研的管理要根据刑事技术工作的特殊性和刑事技术本身的规律，建立和完善刑事技术科研体系，通过计划、组织、指挥、控制、协调、服务等管理活动，有层次、有重点、有计划地对刑事技术科研工作进行有效的管理。刑事技术科研管理的内容包括：刑事技术科研内容与课题的申报管理、刑事技术科研成果的鉴定与推广应用管理。

（5）刑事技术目标管理。刑事技术的目标化管理是指将刑事技术管理过程中的各个环节、各项工作统一到预期提出的内容和目标上来，用评级或记分的方法进行考核评比，为刑事技术人员创造一种公平竞争的环境和机会，拉开各刑事技术点和各刑事技术人员之间的距离，调动刑事技术人员的工作积极性，提高刑事技术工作的效能，促进刑事技术水平的提高。

刑事技术目标管理的程序分为四个部分，即计划统筹、实施、检查考评、总结评比。刑事技术目标管理的内容包括：现场勘查率；痕迹物证采集率、利用率；技术破案率；鉴定书、检验意见书出具的情况；运用新技术、新方法的成效情况；各类资料档案的建设情况；刑事技术科研情况；刑事技术人员的配备以及技术器材的管理使用情况；各级技术点的建设情况，上级刑事技术部门对基层技术点的指导情况等。

（三）侦查情报管理

1. 侦查情报管理的意义。侦查情报是指通过各种合法、及时、有效的手段和方法获取的具有侦查价值的各种信息。侦查情报工作是为了适应侦查实践的需要而产生和发展起来的，它是同刑事犯罪作斗争的重要手段，也是侦查工作的一项重要的基础业务建设。侦查情报在侦查工作中的重要性决定了其在整个侦查活动中的地位和作用。侦查实践表明，侦查情报的建立和发展，不仅可以多方面地收集犯罪信息，提供侦查破案的线索和证据，提高刑事案件的破案效率，而且能够及时发现和控制重大的预谋犯罪案件、团伙犯罪案件，达到主动出击、先发制人的目的。

侦查情报管理是指对与侦查有关的信息按照侦查工作的需要进行搜集、整理、储存、检索和传递的一系列专门业务活动。在科技和社会物质文明高速发展的今天，侦查情报涉及的种类和范围越来越广泛，侦查情报的表现形式越来越趋向多样化和复杂化，侦查情报的传递方式越来越趋向高速化和自动化，侦查情报在侦查工作中越来越具有举足轻重的作用。面对现代侦查工作的需要，就必须采取科学的、合理的管理方法来对侦查情报工作进行系统的管理，使侦查情报更好地为侦破刑事案件服务。

侦查情报是侦查机关开展侦查活动的重要依据和基础，侦查情报管理对侦查工作的意义主要表现在：第一，管理好侦查情报，可以为侦查工作争取主动权。一切侦查活动都是由情报开始的，没有情报，侦查工作就会寸步难行。现代侦查工作的要求是主动进攻，先发制人，把刑事犯罪活动制止、揭露在危害产生之前，而侦查情报管理工作是采取主动进攻手段的中心环节。第二，管理好侦查情报可以为揭露流窜犯罪和系列犯罪案件提供有力的证据，提高破案的效率。第三，管理好侦查情报有利于加强地区之间、部门之间的协作和国际刑警组织之间的合作。第四，管理好侦查情报有利于预测犯罪趋势，为制定战略和战役性部署提供依据，为预防犯罪提供方向和重点。

2. 侦查情报管理的基本内容。侦查情报的种类繁多、内容分散，为了能够有效地使用侦查情报资料，就必须建立侦查情报的管理系统，通过对侦查情报的搜集、整理、储存、检索和利用，更好地为刑事案件侦查服务。侦查情报管理的基本内容有：

（1）侦查情报的搜集。侦查情报的搜集是指侦查部门和侦查人员运用各种侦查措施和侦查手段以及其他合法有效的方法，去获取各种与犯罪有关的情报资料的过程。侦查情报的搜集是侦查情报部门获取和积累情报资料的一种手段，也是做好情报管理工作的前提和基础。

侦查情报搜集的内容和范围十分广泛，只要是侦查破案、预防犯罪所需要的信息以及与刑事犯罪活动有关的一切事实、现象和其他信息都属于侦查情报搜集的范围。其具体的范围包括：人员情报资料、案件情报资料、物品情报资料、犯罪线索情报资料。

侦查情报的种类、特性不同，对其搜集方法的要求也有所不同。侦查情报搜集可采取侦查情报部门的专业人员搜集和依靠广大侦查人员搜集相结合，侦查部门搜集与其他部门提供相结合，集中搜集与平时工作积累相结合的方法进行。具体的搜集方法是：通过各种侦查措施和侦查手段进行搜集；通过运用刑事技术手段搜集；利用侦查隐蔽力量和治安耳目搜集；通过侦查破案工作搜集；通过查对刑事档案搜集；通过其他方法搜集。

（2）侦查情报的储存。侦查情报的储存是指将搜集到的侦查情报按照一定的方法和规则进行分类、整理，形成有序的档案，以备应用的一项专门工作。

侦查情报储存的内容包括：犯罪分子基本情况储存，指纹储存，犯罪分子外貌特征储存，犯罪手段与方法储存，案件痕迹物品储存，有关人员提供的线索、情况储存，样品、样本资料储存。

侦查情报储存的方式有文字储存、图像储存、音像储存、实物储存、痕迹的复制品储存。侦查情报资料储存的方法主要有手工储存和计算机储存，其中以计算机储存为主。

（3）侦查情报的检索。侦查情报的检索是指根据侦查工作的需要，通过检索语言和检索指令，在大量的储存情报中，查找出符合提问特征的侦查情报资料的过程。侦查情报检索是一项专业性极强的工作。不同种类的情报的检索差别很大。侦查情报的检索一般都需要专业技术人员进行。

侦查情报检索的方法可以分为两大类：一类是人工检索；另一类是计算机检索。侦查情报的人工检索是指运用手工的方法检索侦查情报资料；侦查情报的计算机检索是将计算机技术运用于侦查情报资料领域所产生的一种检索方法。

（4）侦查情报的利用。侦查情报的利用是指在侦查破案和预防犯罪过程中，以侦查情报作为线索和依据，在分析、判断案情，制订侦查计划，确定侦查方向和侦查范围，发现嫌疑线索，获取有关痕迹物证，查明犯罪事实和犯罪人以及制定预防犯罪的规划，组织预防犯罪的网络，实施预防犯罪的具体工作的实践过程。

在侦查实践中，对侦查情报的利用因其对象、范围的不同，可以分为个案侦查中的情报利用，类案侦查中的情报利用，有组织犯罪侦查中的情报利用，预防犯罪中的情报利用。

（四）侦查队伍的管理

1. 侦查队伍管理概述。侦查队伍的管理是指通过对侦查人员的发现、选拔、培训等一系列活动，发挥侦查人员的积极作用，更好地为侦破刑事案件服务。侦查队伍的建设关键在于侦查队伍的管理，因此，加强对侦查队伍的管理具有极其重要的作用，具体表现在：

（1）侦查队伍的管理是侦查人员各项管理的核心。由于侦查人员是侦查活动的主体，也是构成侦查管理系统的基本要素，因此，无论是政治思想的管理，还是行政管理、业务管理，都直接或间接地涉及对侦查人员的管理。侦查的管理从根本上说是以人为中心的管理。

（2）侦查队伍的管理是发挥侦查人员作用，实现侦查工作目标的关键环节。侦查队伍管理的好坏，直接影响着侦查工作的成效。一个管理好的侦查队伍，能够在侦查工作中合理地安排侦查力量，积极创造条件，恰当地协调各方面的关系，充分调动侦查人员的工作积极性和创造性，最大限度地发挥每一个侦查人员的作用，提高侦查破案的能力，实现揭露和打击刑事犯罪的目的。

（3）侦查队伍的管理是建设侦查队伍，推进侦查工作发展的重要动力。侦查队伍的管理，包括侦查队伍的组织、规划，侦查人员的选拔、使用和培养，都离不开侦查队伍的建设，它是推动侦查事业发展的内在动力。

2. 侦查队伍的人员结构。侦查人员是组成侦查队伍的基础。侦查队伍的管理就是要合理地筹划侦查人员的总体结构和局部结构。不同部门的侦查队伍、人员结构的差别较大。侦查机关人员构成的总原则是根据各部门侦查工作的特点和任务，确定侦查人员与其他人员的比例。

我国侦查队伍人员的构成主要由专业人员、行政人员和政工人员组成，其中专业人员是侦查队伍的重要组成部分，应当包括侦查指挥人员、侦查人员、刑事技术人员（包括刑事技术科研人员）、侦查情报管理人员、刑事调查人员、侦查管理人员等。

在侦查队伍的人员结构系统中，根据侦查部门以侦查破案为中心工作的原则，专业人员与行政人员应各自占有一个合适的比例，以加强和充实侦查队伍的力量。

3. 侦查队伍管理的内容。侦查队伍管理的内容主要包括侦查人员的选配、侦查人员的培训和侦查人员的考核与奖惩。

（1）侦查人员的选配。侦查机关是国家机器的重要组成部分，它担负着保护人民，惩罚犯罪，保卫社会主义经济建设的神圣职责。侦查队伍素质的高低，直接影响到侦查工作的成败，因此，科学地选配侦查人员是侦查管理工作的一项重要任务。

由于侦查工作是一项特殊性质的脑力和体力相结合的劳动，它要求从事侦查工作的人员必须具备完备、系统的专业知识，良好的心理素质和强壮的身体，以适应侦查工作的需要。在侦查人员的选拔方式上可采取多种多样的形式，如采取笔试、面试、心理测试等方法进行选拔。

（2）侦查人员的培训、提高。随着社会经济、文化、科学技术的不断发展，侦查工作对侦查人员的要求也越来越高，因此，提高侦查人员的文化素质和专业知识水平就成为侦查队伍管理中亟须解决的问题，而对侦查人员进行培训，是提高侦查人员素质的有效途径。

培训侦查人员的目的在于提高他们的政治理论水平、侦查业务水平，从而提高他们侦查工作的能力，因此，对侦查人员的培训要紧紧围绕这个目标来设置培训的内容和课程。同时，在对侦查人员的培训中要注意提高侦查人员的专业知识水平和实际办案能力。培训的方式上应根据侦查工作的特点、需要和侦查人员的实际情况，在加强理论学习的过程中，通过模拟现场的勘查，刑事案件侦破实例的分析，典型经验的介绍，疑难问题的解答等方式，有目的、有重点地进行培训，使侦查人员通过培训——提高——再培训——再提高的过程，不断增强同各种刑事犯罪作斗争的能力。

对侦查人员的培训，必须加强培训的组织管理工作。首先，要制订培训计划；其次，要创造必要的培训条件；最后，要建立健全侦查人员培训的管理制度，如培训的责任制度、管理制度、考试考核制度、检查评估制度。

（3）侦查人员的考核与奖惩。考核是侦查管理部门根据《人民警察法》，以及《国家公务员条例》等有关法律、法规，对侦查人员所承担的工作情况、完成的工作量和创造的效益进行公正合理的评价，并依据其表现予以奖励或惩罚的活动。考核的内容主要是从侦查人员的德、能、勤、绩等方面进行综合评价。

奖惩是依据有功必赏、有过必罚的管理原则实施的。只有奖惩严明，才能鼓励先进，教育后进。在奖惩的实施中要坚持精神鼓励与物质鼓励相结合、惩处与教育相结合，做到功过分明，奖惩得当，以此调动侦查人员的积极性。

【延伸阅读】

在1998年以前，我国公安机关一直采用侦审分立的侦查体制，即将刑事案件的侦查分为侦查和预审两个阶段，分别由公安机关内部的侦查和预审部门负责。侦查部门负责收集证据查获犯罪嫌疑人，预审部门负责审查核实证据，深挖犯罪，提请审查起诉。1998年以来开展的刑侦体制改革实行侦审合一，将侦查和预审部门合并，整个刑事案件的侦查由一个部门负责到底。借鉴国外侦查体制的立法与司法实践，笔者认为我国的侦查体制存在以下问题。

其一，我国传统上的侦查与预审的分立模式是不合理的。我国传统上实行的侦审分立的侦查体制类似于外国的二步式侦查体制，但又与二步式侦查体制有着根本的不同。外国二步式侦查体制的初步侦查部门是负责实施必须马上进行的侦查行为的，既承担着收集证据的责任，又承担着审查核实证据的责任。后续侦查部门则是由专门负责特定种类案件侦查的部门实施不必马上进行的后续侦查行为。这样，初期侦查反应灵活，能适应发案时的紧急需要，而后续侦查又能保证对案件进行深入的专业化侦查。而我国的侦查分立则是由侦查部门和预审部门分别承担收集证据和审查核实证据的责任。从司法实践来看，这种分立模式是违反侦查工作的实际运行程序的，因为收集证据和审查核实证据在侦查过程中是难以截然分开的，实践中通常是边收集边审查、边审查边收集。侦审分立将这两种本来无法分开的活动硬性分开并由不同的部门负责，结果导致侦查和预审部门分工不清，要么互相推诿，影响对刑事案件的及时侦查，要么重复劳动，导致侦查效率低下。

其二，我国改革后的侦审合一体制也存在很大弊端。按公安部的有关规定，我国刑侦改革的一个重要思路是：取消派出所的刑事侦查权，设立兼跨数个派出所辖区的刑警中队，全面负责案件的侦查和预审工作。其结果必须产生以下问题：首先，与以前负责简单刑事案件侦查的派出所相比，现在的刑警中队管辖范围明显扩大，必然会导致在农村，特别是在山区，被害人和其他知情人报案及公安机关勘验、搜查和收集其他证据路途太远，给刑事案件的报案和立案侦查带来困难；其次，与以前负责较重大刑事案件侦查的公安局、公安分局相比，刑警中队又显得人员不足，难以根据案件的不同成立专门化侦查组织。这样，几乎所有案件都由一班人员侦查到底，不利于进行专业化侦查和提高侦查质量。由此可见，我国在构建侦查体制的时候，存在着对各地具体情况兼顾不够的机械化倾向。

那么，在我国现阶段，合理的侦查体制该如何构建呢？借鉴国外的成功经验，我们认为应具体情况具体分析，根据不同地区、不同案件的实际情况设立不同的侦查体制。有的地区以一步式侦查为主，有的地区以二步式侦查为主；有的案件实行一步式侦查，有的案件实行二步式侦查。通常情况下，对案情简单，证据显露的案件可采用-步式侦查，以节约人员投入，提高诉讼效率。对案情复杂、专业性较强的案件则采用二步式侦查，以提高侦查的精密程度，强化犯罪控制能力。必须强调的是，这里的二步式侦查不是恢复原来的侦审分立的传统做法，而是借鉴国外的成功经验，由距离发案地较近的警察部门进行初步侦查，实施勘验现场、收集证据、控制犯罪嫌疑人等必须紧急实施的侦查行为，然后再转交给负责特定种类案件侦查的专案组进行专门化的、深入的后续侦查。这样，既能根据刑事案件的特点，灵活反应，又能适应复杂案件的要求，提高疑难案件侦查的专业化程度。

——摘自陈永生《侦查体制比较研究》

第十四章　侦查协作

【案例导入】

某年某月福建省福清市三个农民偷渡到英国伦敦，三个农民的家属几乎同时接到了丈夫在英国伦敦被绑架的电话，要求他们准备25万元赎人，报案2小时后，我国公安机关经对打电话人语音的鉴别，确定是一个犯罪团伙所为，并立即将绑匪口音、人员结构、人质状态，由省公安厅将案情传到英国警方，经过人质家属与犯罪分子通电话测出犯罪分子的藏身之地，英国警方出动三架直升机、几十部警车，数百名警察把绑匪的8个据点团团包围，将5名被绑架人质安全解救，抓获60名涉案犯罪分子。这起案件的侦破再一次显示了国际间侦查协作带来的打击犯罪的威力。

第一节　侦查协作概述

侦查协作是指公安机关互通情报、互相支援、协同作战的一种侦查办案形式。它包括犯罪线索的传递、犯罪信息、资料和犯罪嫌疑人情况的查询，侦查、调查中收集证据、核实材料，强制措施的执行，查询、扣押、冻结与犯罪有关的物证、书证等方面的协助和合作。就协作的层次而言：一是国内层面的侦查协作，具体包括内地侦查部门之间的侦查协作和区际刑事警务合作（即内地侦查部门与港、澳、台警方之间的协作）；二是国际层面的侦查协作，或者说国际侦查协作。1998年，公安部为了使侦查办案工作逐步走上制度化、规范化的轨道，在总结以往办案协作经验和教训的基础上，参照有关法律、法规，在修改后的《公安机关办理刑事案件程序规定》中增加了“办案协作”一章，该规定是侦查协作的重要法律依据，必将促进侦查协作的深入开展，发挥侦查机关的整体作战优势，共同打击刑事犯罪活动。

一、侦查协作的必要性

侦查协作是侦查工作适应犯罪活动动态化和手段的现代化、有组织化的新特点的必然要求，侦查工作如果不打破行政区域的界限，必然会使侦查效果大打折扣，同时对犯罪嫌疑人的查控必然会更多地借助于其他警种的技术支持、手段配合和力量援助，大力加强侦查协作。

（一）侦查协作的产生是由犯罪活动的复杂性所决定的

刑事犯罪活动复杂，没有地域的限制。改革开放以后，社会人、财、物的流动空前活跃，客观上给犯罪分子提供了许多便利条件。犯罪分子利用现代交通工具的便利条件，甲地作案、乙地销赃、丙地藏身，大跨度地流窜作案，犯罪分子出于反侦查需要，也需要跨区域作案，所以侦查机关在其管辖外实施侦缉行动就成为必须和必要。然而，公安机关对犯罪的侦查管辖却是有地域界限的，我国现有的侦查管辖主要以“属地管辖”为主。在犯罪的动态化成为常态的时候，仅以“属地管辖”为主来分配侦查管辖权就很不适应了，这就形成了作案活动地域的无限性和侦查管辖地域的有限性之间的矛盾。解决这一问题的根本方法，是开展侦查协作。将协作机制融入地区间、警种间、部门间，形成恢恢天网，疏而不漏，有力地打击刑事犯罪活动。

（二）侦查协作是提高公安机关整体作战优势的客观要求

在当前刑事犯罪活动发生了很大变化的形势下，侦查机关在人力、物力、财力、技术装备等方面虽有较大提高但不能随侦查任务的加重呈比例增加的情况下，刑事侦查部门通过侦查协作增强整体作战的优势，便成为了必然选择，形成了以刑事侦查专业队伍为骨干，以公安派出所为依托，各警种积极参与，紧密配合，各地区密切协作，统一指挥，快速反应的整体作战格局，通过协作能实现优势互补、警力互补，从根本上增强遏制犯罪的力量。

（三）侦查协作是充分利用和节省侦查资源的客观要求

由于案犯作案后大跨度地空间移动，随之而来的便是侦查力量的空间移动。但是，由于侦查本身所固有的滞后性影响，造成了两种移动在时间上和空间上的差距。二者之间的差距越大，消耗的侦查资源就越多，反之越小。要缩小这种差距，需要案犯流入地公安机关协作侦查，通过侦查协作，彼此间协调侦查破案的有关事项，缩短时空距离，提高单位时间的利用价值，加快侦破进程。

（四）侦查协作是避免侦查分工所带来的弊端的客观需要

我国目前实行的是“条块结合、以块为主”的侦查体制，即上级侦查机关负责指导、协调下级侦查机关的业务工作，基层侦查机关主要负责本辖区的案件侦查。这种体制随着犯罪流动性的加大，其弊端则越来越充分地表现出来，主要是相互配合、相互协同不够，导致各自为战，地方主义、部门本位观念非常突出，有可能出现错过破案时机，降低破案效率，增加破案成本等不良现象。所以侦查机关对侦查协作的需求也就特别急切，根本的出路在于从机制上着手，建立完善的侦查协作机制。

二、侦查协作的原则

（一）及时协作的原则

在侦查协作中，迅速、及时地收集犯罪证据、查获犯罪人、惩治犯罪，实现诉讼经济的要求是至关重要的。在侦查过程中，有利于侦查的时间是有限的，犯罪行为发生后，犯罪现场、被害人以及作案人自身的一些变化将随着时间的延续而发生各种各样的变化，在进行侦查协作时必须及时进行：对于请求查询犯罪信息资料和查证线索的，应认真查办，及时反馈；对外地公安机关发来的通缉、通报，保证在24小时内印发有关部门，并督促有关部门落实措施。

（二）无偿协作的原则

在具体办案过程中，各地公安机关相互配合、相互协作乃是应尽之责，对异地侦查部门提出的各种协作要求，只要手续完备，不得以任何借口拖延、推诿或不执行协作，不得收取任何形式的手续费、交通费、住宿费及其他费用。

（三）依法协作的原则

依照《公安机关办理刑事案件程序规定》的有关规定，提请协作的侦查部门应当按规定制作办案协作函件和办理相应的法律手续，提出具体的协办事项和要求，否则因法律手续不完备，协作地侦查部门有权拒绝协作。同时当协作地侦查部门接到协作请求时，应当指定业务部门依法行使职权。

第二节 侦查协作的形式与组织实施

一、侦查协作的形式

侦查中侦查机关协同作战的形式多种多样，就协作主体而言，可以是不同系统侦查机关之间的协作，可以是侦查机关上下级之间的协作，可以是不同地区侦查部门之间的协作，还可以是侦查机关各职能部门之间的协作；就协作内容而言，协同作战既可以是单项的，也可以是多项的；就组织形式而言，协同作战既可以是临时成立的，也可以是有相对固定协调机构的协作组织，如联防协作区、联防协作片和专项联防协作等。从协同作战的具体内容和形式而言，它主要有以下几种情形：

（一）联合侦查

联合侦查是指不同辖区侦查机关对已经发生的涉及各辖区的刑事案件，联合组织力量，统一进行侦查的一种侦查破案的协作形式。联合侦查中一般有两种情形：一是联合并案侦查，在不同辖区发生的多起刑事案件，根据现场的痕迹物证、手段方法以及反映出的犯罪分子的人身形象等，能判定是同一人或同一伙人所为，这些辖区的侦查部门应将这些案件的材料汇集起来，重新分析案情，联合组织力量开展侦查工作。另一种情况是，对于发生在不同辖区的影响恶劣、危害严重的刑事案件，或同时涉及军队、行业和地方的案件，常常由上级侦查机关或主要犯罪地侦查机关组织有关侦查机关联合进行侦查。

（二）交流和查询刑事犯罪情报

交流和查询刑事犯罪情报是指各地侦查机关以电话、电传和网络等形式，进行犯罪情报的交流与查询。侦查协作要交流和查询的刑事犯罪情报是多方面的，从宏观角度讲，包括协作范围内各种带有突出性的犯罪活动，尤其是恶性犯罪的新苗头和新动向；有组织犯罪、流窜犯罪、跨区域犯罪的活动；境外、国外犯罪渗透活动状况以及接合部、毗邻地区的犯罪动向等。从微观角度讲，包括某一案件线索；转移、销售赃物线索；负案在逃犯的线索及犯罪手段、特点相同案件的线索等。通过建立情报交流的制度和网络平台，实现情报资源的共享，为侦查部门快速反应赢得先机，比如将现场的犯罪痕迹物证通过全国犯罪信息核查系统，可实现全国范围内对现场的手印、枪弹等痕迹进行核查，以便发现破案的线索。

（三）协查

各地侦查机关为了适应犯罪动态化发展的需要，目前大多设有专门的协查机构，这种机构的主要职责是配合外地公安机关在本地开展有关的侦查活动。为了做好查缉犯罪嫌疑人的工作，各地公安机关应建立和完善通缉、通报制度，落实专人负责，及时查证和反馈，及时布置控制工作，发现和抓获犯罪嫌疑人。为了提高查缉工作的效率，请求地侦查部门应把犯罪嫌疑人的有关资料向有关协作地侦查部门通报，并办好相应的法律手续，派人前往进行缉捕活动。

（四）“会诊”疑难案件，进行技术支援

对案情复杂、久侦不破的案件，承办单位可邀请协作地区侦查部门有丰富破案经验的指挥人员、侦查员和专家，对案情和侦查工作进行“会诊”，找出形成疑难案件的原因，提出开展侦查工作的建议，从而采取有针对性的措施，把案件的侦查推向深入。对重、特大案件，可以互相进行技术的支援，派遣刑侦技术专家进行现场勘查和对痕迹物证进行复核鉴定等，从而实现了专家技术资源的共享。

二、侦查协作的组织实施

（一）提出协作请求

当请求地侦查部门在侦查中认为需要异地侦查部门协作的，除情况紧急外，都应当制作《办案协作函》，并办好相应的法律手续，向异地侦查部门提出协作侦查请求。《办案协作函》的主要内容包括：请求侦查的内容；提出请求的事实根据；协作侦查中应注意的事项和要求。需要异地侦查机关协助执行传唤、拘传、拘留、逮捕以及查询、扣留或冻结与犯罪有关的物品、文件时，要办理相关的法律文书。

（二）接受协作请求

负责协作的侦查部门接到异地侦查部门请求协作的函件后，应对协作请求进行审查，审查的主要内容包括：请求侦查的事项是否具体；请求的事项是否合法；法律手续是否完备。对于不具体、不完备的应通知补充，对不合法的可拒绝请求。

（三）开展协作侦查

决定接受办案协作请求后，协作地办案单位应组织精干力量，研究案情、商讨对策，制订行动方案，积极地开展侦查活动。在侦查中如果请求地侦查部门是派人前往的，可以参加到侦查工作中来，以当地为主，请求地为辅进行协作侦查。

（四）反馈协作结果

协作侦查结束后，协作地侦查部门应将侦查结果通报请求地侦查部门，通报中写明侦查的过程、获取的证据材料、抓获的犯罪嫌疑人、查询情报资料的结果等。对于一些善后工作，如赃款赃物的移交、嫌疑人的押解等，由双方进一步协商解决。

总之，加强侦查协作是同刑事犯罪活动斗争的客观需要，是刑事侦查部门长期的任务。随着对外开放的日益发展，刑事犯罪活动将不断发生新的变化，侦查协作的深度和广度都将不断扩大。侦查人员，尤其是领导干部要摈弃陈旧的思想观念，消除地方保护主义和本位主义，代之以全国“一盘棋”的思想，必须加强理论学习，从宏观上切实地体会到大刑侦观念的战略意义，从微观上认识到侦查协作的必然性和实际作用，进而在犯罪侦查中积极落实侦查协作。

第三节　国际侦查协助

国际社会的发展总是伴随着全球犯罪和跨国犯罪的升级，国际犯罪分子利用现代科技带来的便利条件及国界对犯罪追诉的限制，大肆进行跨国走私犯罪、毒品犯罪、人蛇贩运犯罪、洗钱犯罪、金融诈骗犯罪及国际恐怖主义犯罪等，犯罪的跨国化使得个别国家的局部打击和单一防范变得无能为力，必须在超国家层次上作出反应，因而迫切需要与国外侦查机关加强协作与配合，联手对付跨国性犯罪。

国际侦查协助，是指不同国家的侦查机关之间，为了打击跨国犯罪，根据两国缔约的双边关系或者参加的国际公约，彼此相互协作，代为对方进行一定的侦查行为。

我国《刑事诉讼法》第 17 条对刑事司法协助（包括国际侦查协助）作了原则性规定，2001 年 3 月 26 日颁布施行的《中华人民共和国引渡法》详细规定了引渡这一国际刑事司法协作的重要形式。同时，我国刑事司法协助的主要法律依据是我国缔结或者参加的国际条约。我国已先后同波兰、俄罗斯、加拿大、美国等国家签订了含有刑事司法协助内容的双边协定或条约。我国司法机关进行刑事司法协助，根据我国缔结或者参加的国际条约的规定途径和方式办理，但我国声明保留的条款除外。无相关条约规定的，按照互惠原则通过外交途径办理。

一、国际侦查协助的基本原则

国际侦查协助的基本原则是世界各国普遍接受和采用的，在进行国际侦查协助中具有普遍性、广泛指导性的最为一般的原则。刑事侦查协助的价值理念由国家主权、平等互惠、保护人权和双重犯罪原则四个价值理念构成，四个价值理念又以实现现代法治诉求与建立国际和谐社会为终极目标，且相互关联、互为条件、缺一不可。

（一）国家主权原则

世界是由主权国家组成的，主权是一个国家对内的最高权力和对外的独立权，尊重国家主权是各种形式司法协助的最一般的原则。在调整相互的国际刑事关系中，在认定和处理国际犯罪中，虽然各个国家的意志仍发挥着极为重要的作用，但都必须以尊重别国国家主权为前提，不得以非法的方式强迫别国提供司法协助或对外国的司法活动进行干预，不得在别国进行司法活动，保障各国独立自主地进行司法活动。

（二）平等互惠原则

又称平等互利原则，各国无论大小、贫富、强弱在国际侦查协助中有诉讼权利义务同等和对等之意。即双方各自司法机关在合作中的活动权限和特定要求方面，根据条约的规定或经平等协商，相互给予同样的优惠和便利。具体而言，在司法互助内容方面，一般应在同等范围的程序上互相开展；在司法互助程序中，应确保不同国家的法律制度和司法机关处于平等地位；在诉讼中，不同国家的国民在国外应享受国民待遇，不得歧视。任何国家不能将自己的意志强加于他国，不得在别国谋求司法特权。

（三）保护人权

随着时代的发展，人权作为“权利的一般表现形式”，日益受到国际社会的关注，成为当今世界的价值目标和法律目标。国际社会在立法和处理国际关系时把保护人权作为一项重要的基本原则，如刑事司法国际合作中的政治犯罪不合作、本国国民不合作、酷刑不合作、一事不再理等原则的适用，是人权原则的充分体现。国际侦查协助中的人权保护问题不能妥善解决，势必影响协助的有效实现，进而危及国际社会共同利益的保护。在保护人权的要求和国际刑事司法合作的需要都越来越强烈的情况下，人权保护与国际刑事司法合作就被自然地捆绑在一起，成为不可分割、相互联系的统一体。因此，在国际侦查协助中应贯彻“保护人权”的原则。

(四) 双重犯罪原则

此一原则是指刑事司法协助所指向的案犯的行为，在刑事司法协助的请求国与被请求国双方法律均认为是犯罪行为或者是双方缔结或共同参加的条约上所指定的罪行，才能予以提供司法互助。双重犯罪原则原是引渡中适用的一项原则，随着国际刑事司法合作的形式从单一到多样化的发展，双重犯罪原则也成为多种司法合作形式普遍适用的原则。目前，“双重犯罪”标准在许多国家的国内立法和双边条约中得以确认。如美国《关于执行从或向外国移交罪犯条约的法案》第 2 条规定，据以判决之犯罪符合该章所规定的双重犯罪原则的情况下，才可以将罪犯移出或移入美国。

二、国际侦查协助的基本形式

(一) 调查取证

根据案件的情况，请求方往往需要到被请求方处调查取证，以利于案件的审理。由于证据在刑事诉讼中处于中心位置，是诉讼各方关注的焦点，大量的刑事诉讼活动是围绕证据进行的，因而协助被请求方调查，也就成为国际刑事侦查协助的内容。调查取证是获取证据的重要途径。主要范围包括：询问证人、被害人、鉴定人和其他诉讼参与人，讯问嫌疑人、罪犯，调查核实有关人员的身份及履历情况，进行勘验、检查、鉴定，调取物证、书证、视听资料，委托搜查和查封财产，等等。

(二) 交换情报

迅速获取有关国际犯罪的情报，是协作中最频繁、最经常的内容。各国侦查机关都应充分利用现有渠道并积极拓展其他渠道进行交换和查询，通过情报互换、传递达到交流与合作的目的。从目前已有的国际公约来看，各国间应当及时交换的情报有以下几个方面：(1) 有关犯罪活动的情况；(2) 保护性措施的情况；(3) 有关犯罪对象的情况；(4) 犯罪嫌疑人的情况；(5) 犯罪证据；(6) 有关强制措施的情况；(7) 审判结果；(8) 公约要求的其他情况。

(三) 文书送达

文书送达是指一国承办案件的专门机关应另一国专门机关的请求，将正在开展刑事司法协助案件的司法文书，按照一定的程序和方式送达本国境内案件关系人的活动。在跨国刑事诉讼中，协助送达刑事诉讼文书是每一起案件不可缺少的首要环节。在我国与其他国家签订的刑事司法协助条约中，往往将送达刑事诉讼文书列为协助范围的第一个项目。相互带送起诉书、传票、拘捕通知书、不起诉决定书、刑事判决书等司法文书。在送达文书的方式上，根据各国的司法实践，主要有外交送达、委托外国主管部门送达等。

(四) 引渡

引渡是指一国把在该国境内而被他国追捕、通缉或判刑的人，根据有关国家的请求移交给请求国审判或处罚的一种国际司法协助制度。引渡制度是国家有效行使管辖权和制裁犯罪的重要保障。在国际法上，国家没有必须引渡的义务，引渡的法律依据应为含引渡条款的国际条约、国际公约以及相关国内立法。在国际刑事司法协助中遵循双重犯罪、政治犯不引渡和本国国民不引渡这三个重要的原则。

(五) 通缉查控在逃的国际罪犯

对于犯罪嫌疑人逃往其他国家或地区的，请求国可以向国际刑事警察组织发出红色通缉令，红色通缉令被公认为是一种可以进行临时拘留的国际证书，它的通缉对象是有关国家的司法机关已发出逮捕令、要求成员国引渡的在逃犯。各国国际刑警组织国家中心局可据此通报布置本国警力予以查证、布控和组织逮捕行动，将其缉拿归案。

要实现侦查效率的最大化，就应实现现有侦查资源的最优化利用，树立全局意识和全国一盘棋的“大侦查”观念，从思想意识上冲破过去那种拘泥于“专案专查”的思维定式，大力促成“专案专查”与“协作侦查”、“配合侦查”、“互动侦查”等侦查形式的有机结合。

三、国际侦查协助的途径

(一) 通过国际刑事警察组织

国际刑事警察组织英文缩写为 ICPO，成立于 1923 年，是一个在世界范围内以协调预防和打击国际刑事犯罪为目的各国警方进行联系和合作的国际组织机构。目前，共有 181 个成员国，其总部设在法国里昂。中国于 1984 年恢复国际刑警组织的成员国地位，同年 10 月，国际刑警组织中国国家中心局在北京成立，隶属于中华人民共和国公安部刑侦局。香港设有国际刑警支局，1999 年澳门成立国际刑警组织中国国家中心局澳门支局。

国际刑警组织的总秘书处，是国际刑警组织真正的、常设的办事和协调机构。国际刑警组织的宗旨是保证和促进各成员国刑事警察部门在预防和打击刑事犯罪方面的合作。它的主要任务是汇集、审核国际犯罪资料，研究犯罪对策；负责同成员国之间的情报交换；搜集各种刑事犯罪案件及犯罪指纹、照片、档案；通报重要案犯线索、通缉追捕重要罪犯和引渡重要犯罪分子；编写有关刑事犯罪方面的资料等。它有非常强大的犯罪数据库，依赖它目前功能特别强大的 1 - 24/7 系统平台，意为每星期 7 天，每天 24 小时，全天候提供犯罪信息的通报、接收、查阅，形成一个遍布全球的犯罪信息传输网络，永不间断地为现有的 181 个成员国国内的警方提供犯罪情报支持，有针对性地采取行动，打击跨国犯罪。

我国与国际刑警组织各成员国合作密切，特别在近几年，平均每年发出红色通缉令40多份，抓捕押解外逃犯罪嫌疑人20多人，成功侦破了一系列的跨国刑事案件。今后，在国际侦查协助中，加快国际合作的步伐，要更紧密地加强与国际刑警组织的合作，打击国际犯罪和跨国犯罪。

（二）通过外交途径

在国际侦查协助中通过外交途径，也是一种常见的、特定的合作方式。通过外交途径就是通过国家外交机构之间的会晤、洽谈、协商来表达的合作的意愿和条件，提出协作的事项和要求。

【延伸阅读】

侦查协作模式上的创新与完善

互联网的出现为侦查协作开辟了第二战场，互联网为协作模式的创新提供了条件。将案情（包括已破和未破案件）、指纹、赃物、在逃犯罪嫌疑人等上网，目前网上“追逃”措施已被公安部应用。在《公安部关于实行破案“追逃”新机制的通知》中规定，先将被通缉人（包括检察机关需要在全国通缉的在逃犯罪嫌疑人）信息填写《在逃人员登记/撤销表》，及时录入“公安部在逃人员信息数据库”。《公安部通缉令》以传真形式下发，并在“全国公安信息网络”上发布。各地公安机关接到《公安部通缉令》后，要立即部署查缉工作，及时落实查缉、协查、防范、搜查等各项措施。《公安部通缉令》有明确时限要求的，要按规定时限将查缉措施部署完毕。各部门、各警种要充分发挥职能优势，强化日常工作，“全国在逃人员信息管理系统”查询、比对，力争在网上查获被通缉人员。被通缉人户籍地、居住地、立案地公安机关要明确缉捕责任人，加强协作配合，加大查缉力度。

侦查协作的发展需要一个坚实的基础作支撑。它需要获得派出所、交警、巡警、治安等单位的户口管理、情报资料收集、犯罪嫌疑人调控、巡逻、围追堵截等方面的支持。这些单位各自具有不同于其他警种的显著优势，在侦查协作中的作用不容忽视，如果他们与直接承担侦查任务的机关没有展开有效协作，将有相当一部分的犯罪分子逃脱法律的制裁。例如，每到开展外来人口登记、出租房屋登记等行动时，就会有一批犯罪分子浮出水面。由于目前各警种间协作职责不清，影响了侦查机关与这些机关间整体作战优势的发挥和各警种的积极性。

侦查协作模式的完善在于明确各警种的任务。可规定巡警在侦查工作中的职责可限定为发现犯罪嫌疑人、追捕犯罪嫌疑人，交警利用其交通管理的职能拦截犯罪嫌疑人，尤为复杂的是明确派出所的职能。派出所的基础工作对侦查协作而言至关重要，为加强派出所在侦查协作中的作用，应淡化派出所的破案功能，派出所集中力量搞好基础工作。案发时只要派出所能够提供有力的情报信息，案件侦破是指日可待的。

第十五章　侦查监督

监督是管理过程持续最长的一种功能，因为它是在执行决策的全部过程中实现的。

——［苏］阿法纳西耶夫

第一节　侦查的内部监督

侦查的内部监督，是指侦查机关的自我监督，即侦查机关的各层次、各部门、各单位以及侦查人员相互之间的监督。这种内部监督是侦查机关的自我调节、自我控制机制，是保证侦查工作正常运转和加强侦查队伍建设必不可少的手段。

一、侦查机关内部监督的类型

（一）从空间走向来划分，可以分为纵向监督、横向监督和斜向监督

1. 纵向监督。包括自上而下的监督和自下而上的监督。自上而下的监督是指上级侦查机关对下级侦查机关、本单位的领导对下属人员的监督，是内部监督的最基本的形式。监督的具体方法有四种：一是通过请示、报告进行监督，即对应由上级进行决策的重大问题，或者疑难问题，下级必须向上级请示，不能擅自决定；对上级下达的指示、交办的任务，下级必须及时报告执行的进展情况和存在的问题，以便上级进行指导。任务完成后，要向上级报告。要坚决克服事前不请示、事后不报告的错误做法。为了使领导及时了解情况，掌握信息，及时指导，及时发现问题，纠正偏差，除了重大问题要随时报告外，还要建立报告制度，包括某一方面业务工作报告和综合报告、统计报表等，这样才能做到不犯错误或少犯错误，有了错误也能很快纠正。二是通过督办、检查进行监督。上级侦查机关向下级部署重大任务后，要经常检查其执行情况，督促其认真执行，必要时还可派员跟踪检查、指导，以保证任务的落实。三是通过调查研究，了解情况，发现问题，及时指导，纠正偏差。四是通过考核评比进行监督。通过考核了解下属单位和人员执行上级计划、决策的情况，对其工作做出评价，发现问题，加以纠正。

自下而上的监督，包括下级侦查机关对上级侦查机关的监督、下级工作人员对

各级领导干部的监督。这种监督采取的方式主要是批评和教育。下级侦查机关和下级人员如果认为指示、决定有错误或有不符合实际情况等问题，应当提出意见，建议领导机关和领导人收回成命或对指示、决定进行修改，必要时可以越级向上反映。对上级违反法律、违反政策的指示、命令，应当抵制。对上级的官僚主义、不正之风，每个侦查人员都有权提出批评。

2. 横向监督。侦查机关内部的横向监督主要有两种途径：一是同级侦查机关、同级业务部门和侦查人员之间进行的互相监督。在共同工作中，相互之间发现对方存在的问题，要沟通信息，互通情报，互相帮助，积极建议，开展批评，必要时要向上级报告。这种监督因为相互之间没有隶属关系，监督者既要坚持原则，又要与人为善，注意方法，避免引起误会，影响效果。二是同级职能部门在其职责范围内对其他职能、业务部门的职能监督。这种监督主要是严格执行有关规章制度，在制度上把关。

3. 斜向监督。主要是指上级机关的业务主管部门对下级机关有关业务工作的监督。如上级公安机关的刑侦部门对下级公安机关刑侦工作的监督和指导，监狱管理局狱侦处对某监狱狱侦科的监督和指导等。

（二）从时间顺序来划分，可分为事前监督、事中监督和事后监督

1. 事前监督。是指在任务下达之前，领导者要事先预见到下级在执行任务中，可能会遇到什么困难、受到什么干扰、发生什么偏差等，预先采取防范措施，或者上级机关通过调查研究，发现问题的苗头，及时采取措施，防患于未然。事前监督是一种超前控制，在侦查工作和队伍管理中得到广泛的应用。在队伍管理中，对侦查人员的违法违纪问题，也要特别强调事前监督。

2. 事中监督。是指在侦查行为进行过程中的同步监督。这种监督贯穿在侦查行为的始终，其好处是发现问题快，纠正错误快。这种监督也可叫做实时监督。

3. 事后监督。是指在一项工作结束之后或某种错误发生之后采取的监督措施。一项工作结束后，要认真进行总结，找出经验和教训、成绩和问题，对工作进行考评，以便奖惩，也有利于今后更好地完成任务。某种错误发生以后更要认真弄清错误的情节，分析原因和危害，找出责任者，根据有关规定作出适当处理，以教育本人和他人。这样做，可以变坏事为好事。

此外，侦查机关还可以运用现代科技手段实行远距离直接监督。侦查指挥人员，可以运用现代先进的技术设施，掌握外出执勤人员所处位置和有关情况，可根据需要，随时调度指挥。这种技术方法，将随着我国侦查机关技术装备水平的提高，得到越来越广泛的运用。

二、侦查机关内部监督的机构

侦查机关的一切内设机构，都具有监督职责。这里主要讲的是在侦查机关内部设置的专门从事监督工作的机构。

（一）党的纪检机构

党在侦查机关的纪检机构，在公安部有中央纪律检查委员会派驻的纪律检查组，在各级侦查机关还有党的基层委员会设立的纪律检查委员会或者纪律检查委员。根据党章的规定，党的各级纪律检查委员会的主要任务是：维护党的章程和其他党内法规，协助党的委员会加强党风建设，检查党的路线、方针、政策和决议的执行情况。

各级党的委员会要经常对党员进行遵守纪律的教育，作出维护党纪的决定，检查和处理党的组织和党员违反党的章程和其他党内法规的比较重要或复杂的案件，决定或取消对这些案件中的党员的处分，受理党员的控告和申诉。

（二）行政监察机构

根据《中华人民共和国行政监督条例》的规定，监督机关是人民政府行使监察职能的专门机构，负责对国家行政机关及其工作人员和国家行政机关任命的其他人员执行国家法律、法规、政策和决定、命令的情况以及违法违纪行为进行监察。目的是为了改善行政管理，提高行政效能，促进行政机关及其工作人员廉洁奉公，遵纪守法。设在侦查机关的监察机构，是人民政府监察机关派出的监察机构。

（三）侦查机关的督察机构

目前，督察机构建立比较健全的是公安机关的督察机构。1995 年制定的《中华人民共和国人民警察法》第 47 条规定："公安机关建立督察制度，对公安机关的人民警察执行法律、法规、遵守纪律的情况进行监督。" 1997 年 6 月，根据《人民警察法》的规定，国务院颁布了《公安机关督察条例》，这是我国完善公安机关内部监督制度的第一部专门的行政法规。《督察条例》的颁布，是改革公安工作、加强公安队伍建设的重大举措，是把公安队伍管理和内部监督机制纳入法制化、制度化轨道的重要步骤。它对推动公安工作和队伍建设法制化进程，对依法从严治警，加强公安机关的廉政建设，保障公安机关和人民警察依法行使职权，更加有效地维护国家政治稳定和社会安定，保证改革开放和社会主义现代化建设的顺利进行，具有十分重要的意义。

根据《督察条例》的规定，县级以上公安机关设立督察机构，公安部设督察委员会；公安部和县级以上公安机关的督察机构建立由专职人员组成的督察队。公安部督察委员会领导全国公安机关的督察工作，负责对公安部所属单位和下级公安机关及其人民警察依法履行职责、行使职权和遵守纪律的情况进行监督，对公安部部长负责。县级以上公安机关督察机构，负责对本级公安机关所属单位和下级公安机关及其人民警察依法履行职责、行使职权和遵守纪律的情况进行监督，对上一级公安督察机构和本级公安机关行政首长负责。

公安机关的督察机构，实行监督的重点是现场督察。现场督察是指督察人员深入现场，对公安机关及其人民警察正在进行的警务活动实施的动态性监督。通俗地讲，就是对公安民警在同老百姓打交道时履行职责，行使职权和遵守纪律的情况进行监督。

公安机关督察机构组建以来，已经发挥了很大作用。目前需要在健全机构、配备人员、建章立制、队伍建设、规范勤务制度等方面进一步努力，使其不断完善，发挥更大的作用。

其他侦查机关，根据工作需要也相应成立了一些督察机构，在侦查过程中发挥越来越重要的作用。

（四）侦查机关的法制机构

法制机构，是侦查机关内设的重要法律监督机构。法制机构除担负法律、政策研究，受领导委托出庭应诉外，还担负着大量的法律监督工作任务。如法律审核把关；法律咨询服务；掌握侦查机关行政复议、行政诉讼以及国家赔偿情况；受理行政复议申请并负责对行政复议中涉及的规范性文件的审核；审查申请行政复议的具体行政行为是否合法与适当，拟定行政复议决定等。

第二节　侦查的外部监督

侦查的外部监督是指侦查机关以外的政党、国家权力机关、行政机关、人民政协、检察机关、审判机关、社会组织、群众团体、新闻舆论媒体和广大人民群众对侦查机关和侦查人员的监督。外部监督是保证侦查机关和侦查人员正确执法、正确用权、有效履行职责、完成各项任务的重要条件。

一、外部监督的渠道

（一）党的监督

党对侦查机关的监督，主要是通过以下几个途径实现的：

1. 党通过自己的路线、方针、政策，对国家行政机关、检察机关、法院、军队等，实行领导，并监督其贯彻执行。侦查机关必须在政治上同中央保持一致。

2. 党通过各级党委对侦查机关实行领导和监督，侦查机关必须接受同级地方政府和党委的领导和监督。

3. 党通过侦查机关的党组织以及广大党员对侦查机关的党员干部，特别是对党员领导干部实行监督，以保证党的路线、方针、政策在公安工作中得到正确的贯彻的执行，保证侦查任务的顺利完成。

（二）国家权力机关的监督

国家权力机关是指全国人民代表大会、地方各级人民代表大会及其常务委员会。根据我国宪法规定，国家一切权力属于人民，人民行使权力的机关是全国人民代表大会和地方各级人民代表大会。国家行政机关、审判机关、检察机关都由国家权力机关产生，并对它负责，受它监督。侦查机关是国家机关的组成部分，必须受国家权力机关的监督。这种监督，表现在以下几个方面：

1. 国家权力机关颁布宪法、法律、地方性法规、自治条例、单行条例等，并监督侦查机关执行；

2. 国家权力机关有权撤销同宪法、法律相抵触的有关侦查工作的行政法规、决定、命令和决议等；

3. 各级人民政府要向同级人民代表大会报告工作，其中包括侦查工作，必要时，侦查机关的领导人要向同级人民代表大会常务委员会作专门工作报告并听取意见；

4. 国家权力机关通过人民代表行使质询权、提出议案或视察工作，对侦查机关实行监督；

5. 国家权力机关通过行使任免权来实行监督，如全国人民代表大会可以任免公安部部长。

（三）国家行政机关的监督

国务院是我国最高的国家行政机关，有权监督全国所有的国家行政机关的工作。公安、国安、监狱等侦查机关是国家行政机关的组成部分，必须接受国家行政机关的领导和监督。侦查机关要向国家行政机关请示报告工作。

国务院有权依据宪法和法律，制定行政法规，并监督侦查机关执行。如国务院有权改变和撤销公安部不适当的命令、指示和规章。县级以上地方各级人民政府可以发布有关地方侦查工作的决定和命令，可以任免所属侦查机关领导干部，有权改变或撤销所属侦查机关不适当的决定。国家行政机关通过监察部门对侦查机关和侦查人员执行法律、法规、政策和决定、命令的情况以及违法违纪行为进行监督，处理侦查机关和侦查人员违反政纪的问题；通过审计部门对侦查机关的财政收支进行审计监督，以维护财政纪律；通过统计部门对侦查机关实行统计监督，以保证在侦查统计中严格按统计法办事。

（四）检察机关的监督

根据我国刑事诉讼法和人民检察院刑事诉讼规则的规定，人民检察院对侦查活动监督的内容主要包括对侦查机关专门的调查活动以及采取的强制性侦查措施所进行的监督。

1. 审查批准延长羁押期限。根据我国刑事诉讼法的规定，审查批准延长羁押期限是指人民检察院对于侦查机关提请批准延长羁押期限的案件或者人民检察院直接立案侦查的案件需要延长羁押期限的案件进行审查，对于符合刑事诉讼法规定的条件的犯罪嫌疑人决定批准或者不予批准延长羁押期限的诉讼活动。这是人民检察院监督的重要手段之一。

2. 对监管未决犯活动的监督。主要有两个方面的内容：一是对犯罪嫌疑人的羁押是否合法。即对被拘留、逮捕、禁闭的犯罪嫌疑人的羁押是否符合法律规定的条件和程序，羁押期限是否符合法律规定等。二是监管人员的监管活动是否合法。

3. 对侦查行为是否合法进行监督。重点是发现和纠正以下违法行为：（1）对犯罪嫌疑人刑讯逼供、诱供的；（2）对被害人、证人以体罚、威胁、诱骗等非法手段收集证据的；（3）伪造、隐匿、销毁、调换或者私自涂改证据的；（4）徇私舞弊、放纵、包庇犯罪分子的；（5）有意制造冤、假、错案的；（6）在侦查活动中利用职务之便牟取非法利益的；（7）在侦查过程中不应当撤案而撤案的；（8）贪污、挪用、调换所扣押、冻结的款物及其孳息的；（9）违反刑事诉讼法关于决定、执行、变更、撤销强制措施规定的；（10）违反羁押和办案期限规定的；（11）有其他违反刑事诉讼法规定的行为的。

人民检察院在侦查活动监督工作中，可以通过以下途径及时发现侦查活动中的违法行为：（1）通过办理审查批准逮捕、审查起诉案件进行；（2）通过介入侦查机关侦查活动进行，如参与公安机关对重大案件的讨论，参与复验复查等；（3）通过受理有关控告、检举、申诉等进行；（4）通过对批准逮捕、不批准逮捕等决定的执行情况进行监督，发现侦查活动中的违法行为。

对于侦查机关侦查活动中的违法行为，人民检察院应当通过以下方式予以纠正：（1）口头通知纠正。适用于侦查活动中存在的情节较轻的违法行为。一般由履行职责的检察人员直接提出。（2）发出纠正违法通知书。适用于情节较重的违法行为。人民检察院发出纠正违法通知书，应当经过检察长批准。（3）追究刑事责任。

对于人民检察院侦查部门侦查活动中的违法行为，情节较轻的，侦查监督部门或者公诉部门可以直接向侦查部门提出纠正意见；情节较重或者构成犯罪，需要追究刑事责任的，应当报告检察长决定。

（五）审判机关的监督

审判机关的监督，是指各级人民法院通过刑事诉讼和行政诉讼对侦查机关实行监督。《中华人民共和国刑事诉讼法》第 7 条规定，“人民法院、人民检察院和公安机关进行刑事诉讼，应当分工负责，互相配合，互相制约，以保证准确有效地执行法律”。这种互相制约，也就是互相监督。在行政诉讼活动中，对因不服侦查机关的行政复议决定，及对侦查机关作出的具体行政行为不服，提起行政诉讼的案件，侦查机关必须出庭应诉，这也是一种严厉的监督活动。

（六）人民政协的监督

中国共产党领导的多党合作和政治协商制度是我国的一项基本政治制度。我国宪法指出：“中国人民政治协商会议是有广泛代表性的统一战线组织，过去发挥了重要的历史作用，今后在国家政治生活、社会生活和对外友好活动中，在进行社会主义现代化建设、维护国家的统一和团结的斗争中，将进一步发挥它的重要作用。”接受政协和政协委员的监督，是侦查监督的一个重要方面。参加政协的民主党派、团体和政协委员对政府工作包括侦查工作的监督，是人民政协行使政治协商、民主监督和参政议政职能的体现，是完善中国共产党领导的多党合作和政治协商制度的一种方式，也是反映社情民意，协助共产党的人民政府加强与各族各界人士联系，实现决策民主化、科学化的一条重要渠道。人民政协、政协委员对侦查机关实行监督的主要方法是：

1. 通过提出提案对侦查工作进行监督。政协提案是指参加政协的党派、团体和政协委员向全体会议或常务委员会提出的，经提案委员会审查立案，交付有关单位办理的书面意见和建议。实践说明，在政协提案中，有许多是具有真知灼见，反映广大人民群众意愿的，对改进侦查工作发挥了重要作用。

2. 通过视察、检查、评议活动，对侦查工作进行监督。政协通过政府机关组织政协委员到侦查机关视察、参观和指导工作，对办理政协委员提案的情况进行检查、评议，对侦查机关改进工作起了很好的作用。

3. 通过咨询、询问活动对侦查工作进行监督。在政协开会期间，可以请侦查机关的负责人到会当面进行咨询、询问，了解社会治安情况和侦查机关的工作情况等。

4. 政协常委会通过侦查机关的工作汇报对侦查工作实行监督，也可邀请政协委员到侦查机关听取汇报。

侦查机关的领导者应当充分认识接受政协委员监督的重要意义。政协委员不仅有广泛的代表性，而且许多委员都是各方面的专家、学者，文化层次高，参政议政能力强，他们可以从不同的角度指出我们工作中的问题和差距，并提出很有见地的建设性意见。常言道，当局者迷，旁观者清。政协委员看问题更加超脱，可以跳出一定的思维定式，更客观地、更敏感地认识和发现问题。只要我们主动地、真心实意地向他们请教、听取他们的意见，他们就会提出很好的意见。对他们提出的提案，侦查机关应抓紧认真办理，做到件件抓落实、件件有交代。

(七) 社会监督

我们社会主义国家的一切权利属于人民，所以，侦查监督除需要有内部监督和专门机关监督外，还需要有社会监督。社会监督是以社会组织、群众团体的名义所进行的监督，如通过工会、共青团、妇联等的监督。此外，社会监督还包括人民群众的监督。

社会监督采用的基本方式有两种：一是通过批评、建议、检举、申诉、控告、来信来访等方法，对侦查机关和侦查人员实行监督；二是通过报纸、刊物、广播、电视等社会舆论工具对侦查机关和侦查人员的违法违纪行为进行曝光和批评，起到监督作用。

来信来访是人民群众向侦查机关反映情况，对侦查机关实行监督的重要方法。信访工作是侦查机关联系群众，接受群众监督的重要渠道。侦查机关在信访过程中，发现和纠正了侦查机关和侦查人员违法乱纪问题。这说明，群众来信来访在一定程度上反映了群众的呼声，可以发现我们的工作作风和工作方法以及在执法工作中存在的问题，对我们改进工作作风和工作方法及纠正错误有着重要作用。领导机关对人民来信来访不能都层层下转，重要的要直接查办。侦查机关应当把这项工作做好，领导同志还应当抽出一定时间，亲自接待和处理一些群众的来信来访。

二、以正确的态度对待外部监督

(一) 加强教育，提高认识，自觉地接受监督

要经常对广大侦查人员进行监督重要性的教育，使大家都能认识到接受各方面监督对搞好侦查工作，加强队伍建设，加强廉正建设的重大意义，从而自觉地欢迎监督，接受监督。

(二) 增加透明度，实行政务公开

为了便于人民群众对侦查机关实行监督。侦查机关应当增加透明度，实行政务公开，并采取有效方法，为人民群众行使监督权提供必要的条件。该保密的，一定要保密好。应该公开的，要让人民群众知道，绝不能借口保密，剥夺人民群众的监督权。凡是需要让人民群众监督的管理制度，应当向群众公开；凡是需要让人民群众执行的法规，应当让群众知道；凡是需要让人民群众接受的侦查方式，也要让人民群众明白。政务公开的重点，是公开执法依据、执法制度，工作制度和要求，与群众利益密切相关或群众关注的“热点”事项，特别是办事程序、办事结果。在公开内容上，应公开侦查机关刑事执法内容。在公开形式上，可采取设置公开栏、印发宣传品、举行新闻发布会、利用新闻媒体、利用互联网等多种形式。

(三) 采取多种方法，主动接受监督

各级侦查机关已经建立了一些制度，采取了一些行之有效的措施，主动接受监

督。如公安系统建立新闻发布会制度；实行局长接待日制度；开展社会协商对话制度；公开办公制度；设立监督电话；民警值勤佩戴臂章、警号，实行挂牌服务；组织群众评议社会治安，实行开门评警；发放警民联系卡；等等。在一年一度的爱民月活动中，广大基层民警普遍向管段群众报告工作，征求意见，听取批评，这早已成为公安机关的优良传统。在今后的工作实践中，应当更自觉地把侦查工作置于社会和群众的监督之下，做到为政清廉，为警清廉，依法办事，执法严明，更好地为四化建设服务，为人民服务。

【延伸阅读】

检察机关在侦查监督实践中的突出问题

1. 口头纠正违法和书面纠正违法的适用倒置。一般说，口头纠正违法适用于轻微违法，书面纠正违法适用于严重违法，实践中书面纠正违法和口头纠正违法这两种监督形式的适用出现了倒置倾向。比如有的地方对以下情形采用口头纠正：传唤超过12小时；连续使用行政传唤、刑事传唤变相羁押嫌疑人；对被拘留的犯罪嫌疑人未依法通知其家属或所在单位；讯问时未告知犯罪嫌疑人权利；一人搜查；未将用作证据的鉴定结论告知犯罪嫌疑人、被害人等。对以下情形采用书面纠正：违法延长拘留期限、单人或交叉讯问、讯问笔录抬头填写不完整、侦查人员不签名、扣押清单的签名不齐全、法律手续填写不规范、无证搜查、制作虚假的辨认笔录、丢失物证等。实际上在传唤超过12小时的情况下，诉讼当事人的人身权利遭到了侵犯，应该列入严重违法的范围，实践中却多用口头纠正违法。而侦查人员在笔录上未签名较为多见。侦查人员漏签姓名属于证据固定过程中的瑕疵行为，违法程度比较轻微。上述情形的出现主要是因为公安机关将《纠正违法通知书》列入了考核指标，有的检察机关因顾及双方关系而有意减少制发《纠正违法通知书》的数量，更多地采用口头形式提出纠正意见，但严重损害了侦查监督的严肃性和权威性。

2. 监督的效果无法跟踪落实。口头提出的纠正意见往往“止于口头”，公安机关一般也只是口头接受，实际是否整改，检察机关并不掌握。公安机关回函内容多是“接受意见，进行整改”。具体的整改方式主要是：上级公安机关对具体办案单位进行通报批评、责令改正、扣发绩效奖金若干、责令加强学习，等等。从这些整改内容看，其实公安机关都是用行政管理的手段回应检察机关的侦查监督。显然，对提出监督意见的检察机关而言，这些反馈和整改都是答非所问，因为刑事侦查行为才是监督者真正关注的对象，被监督者接受监督意见并进行整改也应该体现在刑事侦查行为上。只有对违法侦查行为予以改正并保证侦查行为的合法性，才是对监督意见的真正落实。

3. 侦查监督超范围的情况时有发生。实践中，有些检察机关在侦查监督的范围上过于宽泛。凡是办案中发现的问题，一律纳入监督的视野。但侦查机关在刑事侦查过程中从事的活动并不必然全部是刑事侦查行为。如《呈请拘留报告》等公安机关内部呈请审批的手续不规范、领导签字欠缺问题，是侦查机关内部管理不完善的问题；又如一般的侦查懈怠问题、收集证据不全面等问题，是办案人的责任心和执法质量不高的问题，是侦查机关内部管理问题。如不涉及诉讼质量或侵犯诉讼权利，不应列入侦查监督的范围。否则监督效果可能适得其反。

——转引自冯英菊：《侦查监督实践中存在三个突出问题》，载《检察日报》2010年1月24日。

参考文献

1. 薛炳尧主编:《侦查学基础理论》, 中共中央党校出版社 2009 年版。
2. 王传道主编:《侦查学原理》, 中国政法大学出版社 2001 年版。
3. 任惠华主编:《侦查学原理》, 法律出版社 2002 年版。
4. 瞿丰、杨维根主编:《侦查总论》, 中国人民公安大学出版社 2000 年版。
5. 王传道编著:《侦查学原理》, 中国政法大学出版社 2001 年版。
6. 韩德明:《侦查原理论》, 中国人民公安大学出版社 2005 年版。
7. 马忠红:《侦查学基础理论》, 中国人民公安大学出版社 2006 年版。
8. 何理主编:《刑事侦察学导论》, 警官教育出版社 1994 年版。
9. 周欣主编:《中外刑事侦查概论》, 中国政法大学出版社 1999 年版。
10. 王福相主编:《侦查学总论》, 中国人民公安大学出版社 2003 年版。
11. 王庆明主编:《刑事侦查学总论》, 北京大学出版社 1994 年版。
12. 瞿丰主编:《侦查论》, 中国人民公安大学出版社 2002 年版。
13. 何家弘主编:《新编犯罪侦查学》, 中国法制出版社 2007 年版。
14. 徐立根主编:《侦查学》, 中国人民大学出版社 1991 年版。
15. 公安部教材编审委员会编:《侦查学》, 群众出版社 1999 年版。
16. 王国民主编:《新编刑事侦察学》, 中国人民公安大学出版社 1996 年版。
17. 王传道主编:《刑事侦查学》, 中国政法大学出版社 1996 年版。
18. 郭晓彬主编:《刑事侦查学》, 群众出版社 2002 年版。
19. 程小白、瞿丰:《新编侦查学》, 中国人民公安大学出版社 2001 年版。
20. 王利杰、李自云主编:《刑事侦查教程》, 中国人民公安大学出版社 2001 年版。
21. 翁里主编:《犯罪侦查学》, 浙江大学出版社 2002 年版。
22. 张玉镶、文盛堂:《当代侦查学》, 中国检察出版社 1995 年版。
23. 公安部教育局编:《刑事侦查学教程》, 群众出版社 1997 年版。
24. 任惠华主编:《刑事案件侦查》, 法律出版社 2000 年版。
25. 李玉玺主编:《刑事案件侦查》, 中国人民公安大学出版社 2003 年版。
26. 文定杰主编:《刑事侦查学》, 国防科技大学出版社 2003 年版。
27. 李自飞主编:《军队刑事侦查学》, 解放军出版社 2003 年版。

28. 杨建和主编：《公安管理学基础》，中国人民公安大学出版社 2005 年版。
29. 徐立根主编：《物证技术学》，中国人民大学出版社 2000 年版。
30. 邹明理主编：《司法鉴定概论》，成都科技大学出版社 1998 年版。
31. 王大中主编：《现场勘查新概念及再现》，中国人民公安大学出版社 2003 年版。
32. 何家弘主编：《同一认定——犯罪侦查方法的奥妙》，中国人民大学出版社 1989 年版。
33. 何家弘主编：《神证、人证、物证》，大众文艺出版社 2003 年版。
34. 贾治辉、徐为霞主编：《司法鉴定学》，中国民主法制出版社 2006 年版。
35. 邹明理：《侦查与鉴定热点问题研究》，中国检察出版社 2004 年版。
36. 任惠华：《中国侦查史（古近代部分）》，中国检察出版社 2004 年版。
37. 郝宏奎主编：《侦查论坛》（第 1—5 卷），中国人民公安大学出版社版。
38. 赵永琛 、何家弘主编：《侦查论丛》（第一卷），法律出版社 2003 年版。
39. 林维业、吴远亮主编：《新世纪公安侦查工作思考》，中国人民公安大学出版社 2003 年版。
40. 刘香梅：《刑事侦查程序理论与改革研究》，中国法制出版社 2006 年版。
41. 邱俊芳、薛竑：《刑事诉讼法精要与依据指引》，人民出版社 2005 年版。
42. 谢佑平、万毅：《刑事侦查制度原理》，中国人民公安大学出版社 2003 年版。
43. 陈瑞华：《刑事诉讼的前沿问题》，中国人民大学出版社 2000 年版。
44. 澳门特别行政区检察院出版及发行：《区际刑事司法协助研究》。
45. 杨建和主编：《公安管理学基础》，中国人民公安大学出版社 2005 年版。